泛海书院丛书

评论集

——洪远朋教授学术评介选编

洪远朋 主编

復旦大學出版社

洪远朋简介

洪远朋，男，1935年10月25日生，江苏南通如皋人。1953年江苏省财经学校毕业后，分配在江苏省工业厅工作。1956年考入复旦大学经济系政治经济学专业，1961年大学毕业后师从蒋学模先生做社会主义经济理论专业的研究生。1964年学成后留校任教，一直从事经济理论与实践等教学与研究至今。

洪远朋是复旦大学经济学院教授，博士生导师。曾任复旦大学经济系主任、经济学院院长、经济学院学位委员会主席、复旦大学理论经济学博士后流动站站长、国家社科基金学科组成员、中国《资本论》研究会副会长、全国综合性大学《资本论》研究会会长、复旦大学泛海书院院长等。主要教学和研究领域：《资本论》、社会主义经济理论、经济理论比较研究、利益理论与实践。主要著作和教材有：《政治经济学入门》、《<资本论>难题探索》、《新编<资本论>教程》（1-4卷）、《通俗资本论》、《社会主义政治经济学新论》、《马克思主义政治经济学述评》、《经济利益理论与实践丛书》（8本）、《新时期利益关系丛书》（12本）等50多本，以及论文300多篇，曾多次获国家级、省部级教学和研究成果奖。

1984年洪远朋成为国家教委特批教授，1989年与蒋学模、伍柏麟教授合作的《政治经济学课程的教学改革》获普通高等学校优秀教学成果国家级特等奖，1990年获国家级有突出贡献的中青年专家，1992年起享受国务院颁发的政府特殊津贴，1992/1993年度被列入英国剑桥国际传记中心的世界名人录，收入《国际传记辞典》第23版。2012年6月荣获上海市2009—2011年度高校系统"老有所为"精英奖，2012年10月荣获上海市第十一届哲学社会科学学术贡献奖，2014年获世界政治经济学学会马克思经济学奖。

六十多年来，洪远朋教授培养的专科生、本科生、硕士生、博士生以及博士后研究工作者，分布于全国各地，可谓桃李满天下。

洪远朋和夫人周建平教授在一起

洪远朋和老师蒋学模教授在一起

洪远朋和老师张薰华教授在一起

中国《资本论》研究会第13次学术研讨会全体代表合影(洪远朋在右十)

新时期我国社会利益关系发展变化研讨会暨《利益关系总论》新书发行会合影（洪远朋在左六）

复旦大学经济学系1956级同学进校60周年纪念会合影（洪远朋在左二）

洪远朋在参加博士生论文答辩

全家福(左起)：洪远朋、周建平、金梦含、伍洲、洪辉、伍国贤

序言

2016年，是我离开原工作单位，进入复旦大学的60周年，进了复旦之后，就没有离开复旦，是老复旦人，是复旦老人。60年来，忙忙碌碌、庸庸碌碌，没有功劳，有点苦劳。60年来培养学生"成千上万"，直接排在名下的有博士生61人，硕士生57人，博士后研究人员16人，本科生及其他专科生、培训班生，真是不计其数，可谓"桃李满天下"。作为一个大学，特别是名牌大学的"教书匠"，不仅要教书，还要搞科研写书、写文章，60年来发表论著121本，其中主要著作（指副主编以上）57本，参编著作60本，参编译作4本（篇），还有论文360多篇。（著作见本书附录，主要文章见有关论文集①）

这些论著数量不少，多为滥竽充数，质量很差，多为自吹自擂。到底情况怎样？我想把对这些论著的自我评价和客观评价放在一起，出一个《评论集》供读者评论。

何谓"评论"？说起来简单，但要真正把它说清楚还不是很容易。简单说来或狭义地说，"评论"就是"议论"。例如，说一本书的好坏、优劣。广义地说，评论还包括评价，例如评定一本书、一篇文章的价值高低；也包括评介，即评价和介绍，例如，新书简评、作者简介；等等。还有评述，即评论和叙述；还有评奖，评出应获得奖励的人、单位、论著、事件；等等。

---

① 《经济理论的过去、现在和未来——洪远朋论文选集》（复旦大学出版社2004年9月版）、《论〈资本论〉——洪远朋〈资本论〉研究文集》（复旦大学出版社2013年10月版）、《论利益——洪远朋利益理论与实践研究文集》（复旦大学出版社2014年10月版）、《论价值——洪远朋价值、价格研究文集》（复旦大学出版社2016年11月版）。

这本《评论集》,既不是狭义的,也不是很广义的,可以叫混杂的,把它分成四个部分,或者叫四篇。

第一篇叫"简评篇",就是把我主要的经历和主要著作,简单介绍一下。包括人生档案,以及50篇访谈录、简介摘编。每一篇介绍,每一个访谈录,都包括作者的自我主观评价和客观的外部评价。

第二篇是"书评篇",主要包括三个部分:一是对我关于政治经济学研究、教材、通俗读物等著作的评价;二是对我关于《资本论》教材、研究与宣传方面论著的评价;三是对我关于利益理论和实践研究方面论著的评价。

第三篇是"综评篇",是对我在教学研究、为人方面的综合评价。包括洪远朋的学术思想与成就、洪远朋教授的治学之路,以及洪远朋教授的批判与创新,等等。

第四篇是"奖评篇",一是获奖项目,据粗略统计,我共获奖45项,有国家级的、省部级的、学校级的各种奖项。二是获奖证书,基本上是一个奖项就有一个获奖证明,本书只摘选了几个主要奖项的奖状。三是获奖感言,就是在上海市学术贡献奖颁奖典礼上的获奖感言和世界政治经济学会"马克思经济学奖"的获奖感言。

本书就自我评价来说,多有自高自大、自说自话之嫌,欢迎批评指正;就客观评价来说,鼓励鞭策"言过其实"居多,望今后继续多多指教。

目录

简评篇

人生档案
　　——洪远朋简介 / 3

一生嗜读《资本论》
　　——记复旦大学教授、经济学家洪远朋 / 17

著名经济学家
　　——洪远朋 / 20

洪远朋、周建平：琴瑟和鸣，碧海无波 / 23

"革命尚未成功，同志仍需努力"
　　——访2012年上海哲社学术贡献奖获得者之一、经济学院教授洪远朋 / 29

简介摘编 / 32

书评篇

对政治经济学研究、教材、通俗读物的评价 / 53

　　对《政治经济学入门》的评说 / 55

　　《政治经济学入门》自评 / 56

　　一本富有特色的政治经济学入门书
　　　　——评《政治经济学入门》/ 60

它为什么得了一等奖 / 62

政治经济学的启蒙读物

　　——推荐《政治经济学入门》一书 / 63

《马克思主义政治经济学述评》前言 / 65

对社会主义政治经济学体系的新探索

　　——评洪远朋的《社会主义政治经济学新论》/ 78

《经济理论的轨迹》前言 / 82

《经济理论比较研究》序言 / 86

马克思主义价格理论是我国价格改革的理论基础

　　——洪远朋教授《价格理论的发展与社会主义价格的形成》评介 / 89

社会主义价格理论的新探索

　　——评新著《价格理论的发展与社会主义价格的形成》/ 93

合作经济前途无量

　　——评洪远朋主编《合作经济的理论与实践》/ 97

关于《资本论》教学、研究与宣传的评价 / 101

不倦的探索　可喜的硕果

　　——评介洪远朋的《〈资本论〉难题探索》/ 103

评介《新编〈资本论〉教程》/ 109

研读《资本论》的好教材

　　——评《新编〈资本论〉教程》(第一卷) / 113

我所编写的《通俗〈资本论〉》/ 115

推荐《通俗〈资本论〉》/ 117

关于新版《通俗〈资本论〉》/ 119

对新版《通俗〈资本论〉》的热议 / 121

《通俗〈资本论〉》出版回顾 / 123

对利益理论和实践研究的评价 / 127

经济利益理论研究的新视野

　　——评《经济利益关系通论》/ 129

理论经济学研究的新进展
　　——经济利益理论评介 / 132

与君同享"共享利益论"
　　——复旦大学经济学院洪远朋教授访谈录 / 139

探索共享利益理论与实践的力作 / 143

利益是社会关系的核心
　　——《利益关系总论》评析 / 146

新时期我国社会利益关系发展变化研讨会及《利益关系总论》新书发行会在上海举行 / 151

Interest Relationship in China: Evolution and Solutions（评社会利益关系演进论）/ 153

综 评 篇

洪远朋：《资本论》到"资本家" / 159

根茂实遂　功崇业广
　　——记著名经济学家洪远朋先生 / 163

洪远朋的学术思想与成就 / 169

最早创立综合经济利益理论和政策的经济学家
　　——复旦大学经济学院原院长洪远朋 / 180

洪远朋：政治经济学的批判与创新 / 218

洪远朋：最早建立社会利益理论体系的政治经济学家 / 228

人才济济，共谋发展
　　——洪远朋教授院庆专访 / 234

洪远朋：学术卓越爱心育人，不畏劳苦勇攀高峰 / 238

我的综合经济观 / 241

奖 评 篇

获奖项目 / 279

获奖证书(摘选) / 284
上海市学术贡献奖颁奖典礼上的获奖感言 / 289
世界政治经济学会"马克思经济学奖"获奖感言 / 291
ACCEPTANCE SPEECH FOR WORLD MARXIAN ECONOMICS AWARD (Ⅱ) / 295

附录：洪远朋论著目录 / 300
后记 / 310

简 评 篇

人生档案
——洪远朋简介

1. 一张名片

洪远朋教授1935年10月25日生于江苏南通如皋一个小职员之家,16岁那年,正在江苏如皋中学上高二的他离开家乡转入江苏省财经学校读书。1953年在该校加入中国共产主义青年团。1953年,毕业分配到江苏省工业厅工作,后来成了科员级干部。1956年作为调干生考入复旦大学经济系政治经济学专业读本科5年,1960年3月6日加入中国共产党。1961年大学毕业后师从蒋学模先生做社会主义经济理论专业的研究生。1964年学成后留校任教,经历助教、讲师、副教授、教授直至博士生导师。洪远朋早在1984年就被国家教委特批为教授,据说在当时是新中国成立后最年轻的经济学教授之一。

洪远朋教授历任复旦大学经济系主任、经济学院院长、经济学院学位委员会主席、复旦大学理论经济学博士后流动站站长。曾兼任国家社科基金学科组成员、中国《资本论》研究会副会长、全国综合大学《资本论》研究会名誉会长、复旦大学泛海书院院长、《世界经济文汇》编委会主任、中国社会科学院马克思主义研究院特聘研究员等。2000年10月开始退休、返聘至2013年8月31日。2012年6月获"老有所为"精英奖。

六十多年来,洪远朋教授一直从事《资本论》、社会主义经济理论、比较经济理论、经济利益理论、合作经济理论等教学与研究工作。给本科生、硕士生、博士生、进修生开设的课程有:政治经济学、政治经济学研究、《资本论》、《资本论》研读、社会主义政治经济学、经济理论比较研究、经济学名著研读、价格理论与实践、合作经济理论与实践、经济利益理论与实践等十多门。在其名下,培养和指导的硕士研究生57人,博士研究生61人,博士后研究工作者16人,加上本科生、专科生以及各种培训班学生,可谓"成千上万",桃李满天下。

六十年来,洪远朋教授编写的专著、教材、论文颇多。据不精确统计,主要著作和教材有:《政治经济学入门》、《〈资本论〉难题探索》、《新编〈资本论〉教程》(1—4卷)、《通俗〈资本论〉》、《社会主义政治经济理论新论》、《共享利益论》、《经济利益理论与实践丛书》(8本)、《经济理论的过去、现在和未来》、《新时期利益关系丛书》(12本)等共57本,参编著作《政治经济学教材》、《我的经济观》等60本,参译著作4本,共约121本,以及论文360多篇,曾多次获得国家级、省部级教学和研究成果奖,其中有国家级特等奖、突出贡献奖等。洪远朋还曾承担大量国家级、省部级社科课题,曾是我国首次公开招标2005年国家社会科学基金一个重大项目的首席专家。

2. 学习简历

1941.2—1947.7	江苏如皋实验小学读书
1947.8—1949.1	江苏如皋邱陞中学读书
1949.2—1952.7	江苏如皋中学读书
1952.8—1953.5	江苏扬州江苏财经学校读书
1956.9—1961.9	上海复旦大学经济系读书(大学本科5年)
1961.10—1964.11	上海复旦大学经济系社会主义经济专业研究生读书(研究生学制3年)
2002.12.21—12.25	中国证券业协会和复旦大学管理学院共同举办的上市公司独立董事培训班学习

3. 工作经历

1953—1956年　在江苏省人民政府工业厅工作3年,任职科员

1956—1964年　在复旦大学经济系读本科(5年)、研究生(3年)。毕业后一直在复旦大学经济系(后改经济学院)担任教学科研、行政工作

1964.9—1966.7　在上海崇明县汲浜公社、奉贤县邬桥公社、上海县梅陇公社参加农村"四清"运动二年

1965年　复旦大学经济系任助教

1971年　在上海复旦大学五七干校(奉贤)劳动锻炼一年

1978年起　任经济系政治经济教研室副主任

1978年11月起　由助教提升为讲师

1982年5月26日　批准提升为副教授

1984年起　任经济系政治经济学教研室主任、经济系教师支部书记、经济系党总支宣传委员

1984年8月27日　由国家教委特批为教授

1985年6月起　担任经济系副主任半年左右

1986—1991 年　任复旦大学经济系主任
1990 年　获中华人民共和国中青年有突出贡献专家证书
1991 年 5 月 14 日—1996 年 11 月 1 日　任经济学院院长
1992 年　10 月起享受中华人民共和国国务院政府特殊津贴
1993 年 12 月　国家教委批准洪远朋教授为理论经济学政治经济学专业的博士生导师
1999 年 4 月 26 日　校长签发洪远朋教授为复旦大学理论经济学博士后流动站站长
2004 年 3 月 12 日　复旦大学成立泛海书院，隶属经济学院，洪远朋教授任书院院长
2005 年　洪远朋教授任国家社科基金重大课题"新时期我国社会利益关系的发展变化"的首席专家
2000 年　10 月开始退休，返聘至 2013 年 8 月 31 日。2012 年 6 月获"老有所为"精英奖

4. 院校聘职

广西大学	兼职教授	1994 年 5 月 6 日
华东交通大学	兼职教授	1994 年
河南大学	兼职教授	1995 年 4 月 26 日
福建师范大学	兼职教授	1995 年 5 月 16 日
空军政治学院	兼职教授	1995 年 10 月
宁夏大学	兼职教授	1995 年 10 月 16 日
江西师范大学	客座教授	1995 年 11 月 17 日
江西财经大学	客座教授	1998 年 10 月 2 日
南京经济学院	名誉教授	1999 年 5 月
中共福建省委党校	客座教授	2001 年 9 月—2003 年 9 月
上海财经大学	兼职博士生导师	2002 年 5 月—2007 年 7 月 18 日
河南财经大学	兼职博士生导师	2003 年 10 月 25 日
福建师范大学	马克思主义研究院顾问	2006 年 5 月 1 日

5. 社会挂职

国家哲学社会科学基金学科组成员
中国社会科学院马克思主义研究院特聘研究员
中国《资本论》研究会副会长、顾问

全国综合大学《资本论》研究会会长、名誉会长
上海市经济学会副会长、顾问
上海市集体经济研究会副会长、顾问
上海市工业经济联合会学术委员会委员
上海市价格学会理事
上海市土地学会理事

6. 公司兼职

2001年2月22日—2007年　泛海建设集团股份有限公司　独立董事
2006年4月—2009年　上海新黄浦置业股份有限公司　独立董事
2008年1月18日—2011年1月　泛海建设集团股份有限公司　高级顾问
2011年2月11日—　中国泛海控股集团有限公司董事会　高级顾问

7. 立项课题

（1）国家社科课题

1. 2005年国家社会科学基金重大项目
"新时期我国社会利益关系的发展变化研究"
课题组首席专家　洪远朋
最终成果：《利益关系总论——新时期我国社会利益关系发展变化研究的总报告》
复旦大学出版社2011年7月出版

2. 2000年度国家社科基金课题
"我国经济利益关系演变研究"
课题组负责人　洪远朋
最终成果：《社会利益关系演进论——我国社会利益关系发展变化的轨迹》
复旦大学出版社2006年10月出版

3. "九五"国家社科基金课题
"减轻通货膨胀压力与经济利益关系调整"
课题组负责人　洪远朋　孔爱国
最终成果：《调整利益关系　减轻通胀压力》（上、下）
载《复旦学报》（社会科学版）1999年第1、2期

4. "八五"国家社会基金项目
"马克思主义的合作理论与中国特色的社会主义合作经济研究"
课题组负责人　洪远朋

最终成果:《合作经济的理论与实践》
复旦大学出版社1996年6月出版

(2) 教育部(国家教委)课题

5. 2013年度教育部哲学社会科学研究普及读物项目
"'中国腾飞'探源——中国特色社会主义经济理论"
课题组负责人　洪远朋
最终成果:《"中国腾飞"探源——中国特色社会主义经济理论概说》
江苏人民出版社2014年12月出版

6. 教育部人文社会科学研究"九五"规划项目
"股份合作制的产权界定与利益关系及其政策建议"
课题组负责人　洪远朋
最终成果:《共享利益论——股份合作制的利益关系研究》
上海人民出版社2001年6月出版

7. 国家教委博士点基金项目(1981—1992年)
"经济理论的发展与我国经济体制改革"
课题组负责人　洪远朋　王克忠
最终成果:《经济理论的轨迹》
辽宁人民出版社1992年7月出版

8. 国家教委人文、社会科学研究项目(1991—1993年)
"关于资本主义经济危机问题"
课题组负责人　洪远朋
最终成果:《马克思主义周期理论在当代》
复旦大学《世界经济文汇》增刊1996年9月

(3) 上海社科课题

9. "九五"上海市哲学社会科学规划课题
"社会主义市场经济的利益关系"
课题组负责人　洪远朋
最终成果:《经济利益关系通论——社会主义市场经济的利益关系研究》
复旦大学出版社1999年12月版

10. 上海市"七五"重点项目(1988—1989年)
"社会主义商品经济理论模式"
课题组负责人　蒋学棋　洪远朋
最终成果:《社会主义商品经济理论模式》

载《复旦学报》(社会科学版)

11. 上海市"七五"重点项目(1989—1990年)

"搞活国营大中型企业"

课题组负责人　洪远朋

8. 主要论著

(1)《政治经济学入门》(洪远朋著)。

本书是学习政治经济学的入门书。作者紧密结合我国社会主义经济建设实际,通俗浅显地介绍了政治经济学的主要内容和基本原理,学习政治经济学对认清历史发展趋势、指导社会主义现代化建设的关系,以及怎样学好政治经济学等问题。

本书理论结合实际,简明扼要,重点突出,并有一定理论深度。既可供初学者阅读,也可供轮训班学员使用。

本书由江苏人民出版社1980年8月出第1版,1982年12月出第2版。1983年全国通俗政治理论读物评选获一等奖。1992年11月出第3版,改名《新编政治经济学入门》。

(2)《〈资本论〉难题探索》(洪远朋著)。

在《资本论》的教学过程中遇到了很多问题,这些问题不是指难懂的句子,也不是指弄不清楚的某些典故,主要是指在理论界有争议的问题,这里包括政治经济学基本理论方面的争议问题,也包括运用《资本论》基本原理如何解释当代资本主义的一些实际问题,还包括运用《资本论》基本原理研究社会主义经济理论的一些问题。

本书收集的主要是《资本论》第一至三卷的难题,为了体现《资本论》的完整性,也提到了第四卷的少数几个问题。本书由山东人民出版社1985年5月出版,获上海市(1979—1985年)哲学社会科学优秀成果著作奖;北方十三省(市)哲学社会科学优秀图书一等奖。

(3)《通俗〈资本论〉》(洪远朋著)。

全书以通俗易懂的语言,深入浅出而完整准确地反映了《资本论》的基本理论和核心思想,既保持了原著的体系和方法,又区别于原著及一般的政治经济学读物,同时更提炼出了原著的思想精华和理论精髓,堪称一部出色的《资本论》普及读物。该书初版于1985年,由辽宁人民出版社出版,当时获得良好的社会声誉。后来作者做了一些必要的修订,由上海科学技术文献出版社于2009年4月重新出版。2010年,新版《通俗〈资本论〉》成为中共中央宣传部、国家新闻出版总署推荐的第二届10种优秀通俗理论读物之一,2010年12月获上海市第八届邓小平理论研究和宣传优秀成果一等奖，2012 年获教育部人文社会科学优秀成果普及奖。

（4）《社会主义政治经济学新论》（洪远朋著）。

这是一本在探讨社会主义政治经济学的体系、在通俗化和联系实际上均有所创新的社会主义政治经济学的新编读本。作者有创见地提出了以劳动为出发点，以基本经济规律为红线，以生产关系四环节为体系，理论与历史实践相结合的社会主义政治经济学新体系。全书紧密结合我国经济建设的实际，系统而又全面地介绍了社会主义政治经济学的基本原理。既通俗浅显，又有一定的理论深度。

本书由工人出版社于 1986 年 6 月出版。

（5）《价格理论的发展与社会主义价格的形成》（洪远朋主编）。

我国社会主义价格形成和价格改革应坚持以马克思主义价格理论为指导，同时要借鉴西方价格理论的合理成分，继承我国古代价格思想的优秀遗产，吸取有关各国价格理论与实践的经验教训。所以，本书以马克思主义价格理论为指导，比较全面系统地评述了古今中外主要的价格理论。本书不是为了单纯写价格理论发展的历史，而在于贯彻古为今用、洋为中用的原则，吸取人类社会一切文明成果，包括西方资本主义国家和原苏联、东欧国家的价格理论与实践中，对我国价格形成和价格改革可以借鉴的东西，探讨社会主义市场价形成的原理，为我国价格改革进行理论探索。本书原由经济科学出版社于 1989 年出版，书名为：《价格理论的发展与社会主义价格的形成》；1993 年由复旦大学出版社再版，书名为：《寻找看不见的手——价格理论的发展与探索》。

（6）《新编〈资本论〉教程》（1—4 卷）（洪远朋主编）。

本教程兼顾了各类高等院校本科学生、各级党政干部和专业研究生学习和研究的各个层次的需要。具体来说，《教程》主要有以下一些特点：

为了使读者对《资本论》有一个整体的全面了解，《教程》不但对《资本论》第一至第四卷作了总介绍，而且，每一卷分别有总的介绍，每一篇有简介和小结，各章都有概述。

《教程》的有关章节列有"值得探讨的问题"，介绍一些在理论界有争议的问题，以启发思考，并为研究这些问题打下一定的基础。这些值得探讨的问题包括政治经济学基本理论方面的争议问题，也包括运用《资本论》基本原理解释当代资本主义经济的一些问题，还包括运用《资本论》原理研究社会主义经济理论的一些问题：

《教程》力图用《资本论》的基本原理联系当代资本主义现实作出一些新的解释。本书还着重根据我国尚处在社会主义初级阶段的现实，联系建设有中国特色的社会主义的实际。

本书由复旦大学出版社出版，第一卷 1988 年 9 月出版，第 2 卷 1989 年 4 月出版,第三卷1989年5月出版,第4卷1992年出版。本书获1986—1993年上海市哲学社会科学优秀成果三等奖。1995年上海市普通高校优秀教材二等奖。

(7)《经济理论的轨迹》(洪远朋　王克忠主编)。

《经济理论的轨迹》所述的经济理论发展历史与社会主义经济理论探索是以马克思主义经济理论为中心建立起来的,一般先讲马克思主义以前的各种主要经济理论,然后阐述马克思主义的经济理论,接着评介当代资产阶级的有关经济理论,最后论述社会主义经济理论与实践。每个经济理论从古到今,中外结合,从理论"鼻祖"一直讲到社会主义的各种见解。全书以马克思主义为指导,贯彻古为今用、洋为中用的原则,通过比较研究古今中外主要经济理论,弘扬我国古代优秀经济思想,吸收一切外国经济思想的合理成分,密切结合具有中国特色的社会主义实际。本书由辽宁人民出版社于1992年出版。

(8)《合作经济的理论与实践》(洪远朋主编)。

本书以马克思主义的合作经济理论为指导,吸取古今中外合作经济的理论和实践的优秀成果,从合作经济的历史、理论、现实三个方面进行深入研究。历史篇包括合作经济思想史、合作经济运动发展史;理论篇包括合作经济的性质、所有制形式、产权关系、运行机制、利益分配以及发展趋势;现实篇包括农业合作经济、工业合作经济、供销合作经济、信用合作经济、住宅合作经济、工艺合作经济等。本书既是一本专著,也可作为教材,适合各大专院校经济、管理、贸易专业师生、经济理论工作者和经济部门实际工作者阅读。本书由复旦大学出版社于1996年6月出版。获1997年上海高校优秀教材二等奖。

(9)《经济利益关系通论——社会主义市场经济的利益关系研究》(洪远朋等著)。

《经济利益关系通论——社会主义市场经济的利益关系研究》是上海市哲学社会科学规划课题"社会主义市场经济的利益关系研究"的最终成果,也是《经济利益理论与实践丛书》的一个组成部分。本书以马克思主义、毛泽东思想、邓小平理论为指导,同时,注意吸收西方经济学中关于经济利益关系理论的有用成分,密切结合中国实际,对社会主义市场经济下的各种经济利益进行了初步探讨,以促进社会主义经济的发展、社会主义经济改革的深化、社会主义经济制度的巩固和完善。

全书共分五篇。理论篇,主要概述经济利益关系的理论;综合篇,主要从宏观角度研究社会主义市场经济下的综合性的各种主要利益关系;产业篇,主要研究农业内部、工业内部、金融领域、房地产业、休闲产业以及对外开放中的种种利益关系;所有制篇,主要研究国有经济、合作经济、股份经济、私营经济,以及中外合资经济内部的利益关系;专题篇,研究了经济增长、经济改革、通货膨胀、人民币汇率、环境利益与经济利益的关系。本书是一本对现实问题进行研究的专著,可供理论工作者和实际工作者参考,也可供高等学校经济类专业的师生参阅。本书由复旦大学出版社于 1999 年 12 月出版。获第三届中国高校人文社会科学研究优秀著作三等奖。

(10)《共享利益论》(洪远朋、叶正茂等著)。

《共享利益论》一书是教育部人文社会科学研究"九五"规划项目"股份合作制企业的产权界定与利益关系研究及其政策建议"课题的最终成果。本书由三篇组成。理论篇(1—3 章)主要从一个新的理论视角,由共享利益的界定与形成、共享利益的理论依据、共享利益的基本构想三章组成。实证篇(4—6 章),主要在对股份合作制的历史渊源、产生的基础与原因及其界定进行解析的基础上,论述股份合作制与共享利益的关系,从而说明股份合作制是共享利益的一种现实模型。对策篇(7—9 章),对股份合作制进行产权界定,理顺股份合作制企业的经济利益关系,最后提出政策建议。本书由上海人民出版社于 2001 年 6 月出版。获第四届中国高校人文社会科学研究优秀著作奖三等奖。

(11)《经济理论比较研究》(洪远朋主编)。

本书以马克思主义为指导对马克思主义经济理论和西方经济理论进行比较研究。主要对基础经济理论:经济利益理论、生产力理论、产权理论、市场理论、价值理论、货币理论、劳动力理论、资本理论、剩余价值理论、经济增长理论、经济周期理论进行比较研究。最后就经济理论的发展作了展望。本书主要供经济学科的硕士研究生作教材使用,博士研究生和本科高年级也可作为参考教材。本书不纯粹是本教材,在一定程度上说,也是一本学术专著,所以,其他经济理论工作者和经济实际工作者也可参阅。本书由复旦大学出版社于 2002 年 3 月出版。

(12)《经济理论的过去、现在和未来——洪远朋论文选集》(洪远朋著)。

本书是洪远朋教授的论文选集,收录了作者在经济学科、《资本论》研究、经济利益、生产力、生产关系、价值价格、再生产理论等方面的研究论文 40 余篇。洪教授长期从事《资本论》的研究和教学工作,在坚持马克思主义原理的基础上,根据实际提出了一切经济利益实质上都是经济利益关系等观点,充分显示了其对马克思主义经典原著的深刻理解及其深厚的经济学理论功底。本书由复旦大学出版社 2004 年 9 月出版。

(13)《社会利益关系演进论——我国社会利益关系发展变化的轨迹》(洪远朋、卢志强、陈波等著)。

《社会利益关系演进论——我国社会利益关系发展变化的轨迹》是 2005 年度国家社科基金重大课题招标项目"新时期我国社会利益关系的发展变化研究"的阶段性成果。本书共分四篇:第一篇理论篇,就利益关系演进的内涵、外延及关于利益关系演进的理论渊源展开了分析;第二篇因素篇,分别探讨了经济增长、产业结构、制度变迁对利益关系演进的影响,以及利益关系演进对上述方面的反馈效应;第三篇轨迹篇,对中国计划经济时期、转型时期及市场经济时期社会利益关系的发展变化进行了探讨;第四篇对策篇,在分析当前我国社会十大主要利益关系的基础上,提出了协调新时期我国社会利益关系发展变化的十大原则。本书由复旦大学出版社2006年10月出版。2006年入选国家社科基金《成果要报》(第56期)报中央领导审阅。2008年获上海市哲学社会科学优秀成果著作类一等奖。

(14)《马克思主义政治经济学述评》(洪远朋著)。

本书是由经济科学出版社出版的"政治经济学新思维丛书"之一,于2009年12月出版。

本书涉及的是政治经济学的基本理论,理论性比较强,是理论探讨;不对当代资本主义和现实社会主义做描述性的分析,基本上没有做实证分析,但不等于不联系实际。"述评"实际上是以当代资本主义和现实社会主义的重大问题作为背景,从理论角度进行概括和分析的。

"述评"在注意"全面"的同时,也注意突出重点,突出新情况、新难题,注意研究政治经济学的前沿课题。如社会主义社会的资本问题;社会主义社会是否存在剩余价值问题;社会主义社会的地租问题;社会主义社会经济周期问题;虚拟经济;经济全球化引发的新问题;等等。

(15)《利益关系总论》(洪远朋、李慧中、陶友之、孔爱国、陈波主编)。

本书是国家社会科学基金重点项目"新时期我国社会利益关系发展变化研究"的总报告。

本书除导论外,共分三篇:第一篇理论篇,就社会利益关系的含义、社会利益理论史、社会利益评价体系考量、社会利益的发展规律,以及社会利益变动的因素等作了分析;第二篇现实篇,分别就经济利益关系、政治利益关系、文化利益关系、保障利益关系、环境利益关系等,分析了现状、矛盾以及治理、协调的措施;第三篇对策篇,从总体上对新时期我国社会利益关系的变化、新时期我国社会的主要利益关系、新时期我国社会利益关系协调的目标作了分析,最后提出了新时期协调我国社会利益关系的十大思路。

(16)《"中国腾飞"探源》(洪远朋、陶友之、牟云磊、刘金燕、戎生贤著)。

本书是教育部哲学社会科学研究普及读物项目。

本书对"中国腾飞"的经济理论渊源——中国特色社会主义经济理论做了概说。主要内容包括:初级阶段论——中国特色社会主义的初级阶段;生产力根本论——社会主义的根本任务是发展生产力;公有主体论——以公有制经济为主体、多种所有制经济共同发展的基本经济制度;市场经济论——社会主义市场与政府的关系;统筹兼顾论——社会主义初级阶段的分配;消费促进论——中国特色社主义的消费过程;城乡一体论——积极推进中国特色新型城镇化;共享利益论——全面协调各种利益关系。

本书2014年由江苏人民出版社出版。

(17)《经济利益关系理论与实践丛书》(洪远朋主编)

该丛书包括《经济利益关系通论》、《综合经济利益论》、《开放利益论》、《机会利益论》、《风险利益论》、《分享利益论》、《创业利益论》、《保险利益论》共8本,由复旦大学出版社于1999年12月—2005年8月出版。

(18)《新时期利益关系丛书》(洪远朋主编)

该丛书是由洪远朋领衔的2005年国家社会科学基金重大项目《新时期我国社会利益关系发展变化研究》编写而成的,该丛书包括:《利益关系总论》、《社会利益关系演进论》、《整体利益论》、《地方利益论》、《经济全球化与我国利益关系的变化》、《利益理论比较研究》、《劳资利益论》、《企业利益论》、《环境利益论》、《老年利益论》、《征地利益论》、《文化利益论》等12本组成,复旦大学出版社2006年10月—2012年7月出版。

(19) 论《资本论》(洪远朋著)

该书是洪远朋学习研究《资本论》发表的论文编辑整理而成的,由总论、论资本的生产过程、论资本的流通过程、论资本主义生产的总过程、论剩余价值理论、札记、附录等组成,共48.3万字,复旦大学出版社2013年10月出版。

(20) 论利益(洪远朋著)

该书是洪远朋利益理论与实践的研究文集,由理论篇、实践篇、评介篇、附录篇四部分组成共59.7万字,由复旦大学出版社于2014年10月出版发行。

(21) 论价值(洪远朋著)

该书是洪远朋价值、价格研究文集,由第一篇　价值,第二篇　价格形成,第三篇通货膨胀三部分组成,共36.6万字,由复旦大学出版社于2016年11月出版发行。

9. 学习心得

(1) 马克思主义政治经济学是代表最广大人民根本利益的经济学。

从人类社会来说,人类一切社会活动的中心是利益;一切社会关系的核心是利益关系;一切社会科学的核心归根到底也是利益问题。

从经济领域来说,一切经济活动的核心是经济利益;一切经济关系的核心是经济利益;一切经济学的核心也是经济利益。

马克思主义政治经济学就是代表广大人民根本利益的经济学。

(2) 社会主义的根本任务是发展一切生产力

人类社会发展的动力是生产力,社会主义的根本任务是发展生产力已成共识。

但是,是发展什么生产力?看法不一。我们认为社会主义的根本任务是发展生产力,是发展综合生产力,是发展一切生产力。既要发展社会生产力,又要发展自然生产力;不仅要发展现实生产力,还要发展以科学为代表的潜在生产力;既要发展客体生产力,也要发展主体生产力;既要发展个人生产力,也要重视发展集体生产力;既要发展物质生产力,也要发展精神生产力;等等。

(3) 社会主义经济的基本范畴。

一切社会都有基本经济规律,资本主义经济的基本运动规律是剩余价值,社会主义经济的基本运动规律是共享价值。

每一个社会都有自己的基本经济制度,资本主义的基本经济制度是私有经济,社会主义的基本经济制度是共享经济。

每一个社会都有自己的根本目的和动力,资本主义发展的根本目的和动力是私人利益,社会主义社会的根本目的和动力是共享利益。

所以,社会主义经济的基本范畴是共享经济,包括共享利益、共享价值、共享经济以及派生的其他范畴等等。

(4) 当代中国马克思主义政治经济学应以马克思主义为指导,吸收人类所有经济理论的合理成分。

对待马克思主义经济学,一要坚持,二要澄清,三要发展。

对待西方经济学,一要批判,二要学习,三要借鉴。

对待中国古代经济学,一要弘扬,二要挖掘,三要扬弃。

(5) 要加强社会主义经济周期理论的研究

马克思对经济周期有大量的论述,对资本主义经济周期也有大量的实证分析。西方经济学者对经济周期也有大量的研究和分析。20世纪80年代,我国学者已经就社会主义社会有没有经济周期进行了大胆探索。但是,90年代以后,这样的研究很少见了。2008年,美国空前的金融危机的爆发,我国的经济增长速度下降和通货膨胀,又唤起了人们要继续研究经济周期的理论和现实以及政策。这包括:经济周期到底是资本主义经济的产物,还是商品经济的产物?社会主义社会有没有经济周期,它的成因、特点和对策,等等。2008年爆发的金融危机是什么性质的危机,是实体经济的周期,还是虚拟经济的周期?这次周期对中国经济的影响如何?有人说:2008年是中国最困难的一年,又有人说2009年是更困难的一年。中国经济本身是不是也进入了一个新的周期,又是什么性质的周期?

迄今为止,社会主义经济周期问题的各种观点和诸多说法,还没有形成一种比较完善的理论。社会主义经济周期理论仍需不断地发展,有许多问题必须进一步研究和探索。

然而,在实际的社会主义经济发展过程中,经济周期已经作为一种经济常态现象展现在我们面前了,并愈来愈明显地成为社会主义不可否认的现实问题和不可回避的理论问题。

(6) 关于经济全球化与中国经济

经济全球化是一把"双刃剑",既带来机遇,又带来挑战,但不可否认的是,经济全球化将会给世界经济格局及现代国际关系带来新的变化。为使中国能未雨绸缪,更好地参与经济全球化,抓住经济全球化所带来的机遇,也接受经济全球化所提出的挑战,理论界需要对经济全球化对世界经济格局及现代国际关系所造成的影响展开研究,以回答经济全球化这一世界经济的新趋势所提出的新问题。包括在世界经济全球化趋势进一步加强的情况下,如果处理好既要积极参与国际经济合作与竞争,又要善于维护国家的独立、安全和利益的关系的研究,如何正确处理好依靠国内市场和积极利用国外市场与资源的关系研究,等等。总之,要回答理论界和实际工作部门所提出的问题,并在理论研究的基础上,提出全方位的对策建议,以供决策者咨询和参考。

(7) 构建当代马克思主义政治经济学的新思维

① 要以马克思主义为指导,继承、发展、创新马克思主义政治经济学。② 要以当代中国特色社会主义经济为对象。③ 要以共享利益为核心,要以广义生产关系为框架建立新体系。广义的生产关系是指以生产过程中的关系、流通过程中的关系、分配过程中的关系、消费过程中的关系为总和。④ 要以唯物辩证法为基础,同时吸收新方法。充分运用互联网、大数据、云计算等当代先进科学技术方法。

(8) 关于建立社会主义综合经济学的遐想

社会主义经济的发展和经济体制改革的深入,对社会主义经济科学提出了新的更高的要求,也为经济科学的繁荣和发展带来了新的活力。面对这一情况,近来有人说,传统的政治经济学面临着危机。这种说法,似乎有点危言耸听,我们不大赞成。还有人说,经济科学面临着一场革命。我们认为,适应经济生活的迫切要求,经济科学必须发展、提高和前进,这是毫无疑义的。基于这一基本认识,我们认为有必要建立社会主义综合经济学。

① 社会主义综合经济学,它不仅研究生产关系,而且要研究生产力和相关的上层建筑。② 它是宏观经济、中观经济和微观经济的综合。③ 它是各种各派社会主义经济理论合理成分的综合。④ 它是各门经济科学和相关学科的综合。⑤ 它是各种新老经济分析方法的综合。

(9) 建议创立社会主义共享经济学

现在,特别是党的十八大以后,"共享"这个概念很时髦。什么"共享发展""共享利益""共享价值""共享经济""共享社会"等等,这是一个新问题,而且是非常值得研究的重大理论问题,我们过去写过共享利益论的著作,发表过试析共享价值的论文,都很肤浅。我们在进一步思考"共享经济"的问题,建议建立一门社会主义共享经济学,先有一本中国特色社会主义共享经济学的专著或教材,望早日能拜读。

（10）做既能坚持又能发展的马克思主义经济学家

在对待共产主义的问题上,渺茫论是错误的;速成论也是不现实的。但是,共产主义一定会实现这是人类社会发展的必然规律,是不能动摇的。

前途光明、道路曲折。

作为中国共产党员,作为马克思主义的理论工作者,我们对马克思主义坚定不移,我们对共产主义坚定不移,我们对建设中国特色的社会主义坚定不移。

作为经济理论工作者,我们要做一个既能坚持又能发展的马克思主义经济学家。

10. 荣誉称号

洪远朋教授早在1984年就被国家教委特批为教授,1989年与蒋学模、伍柏麟教授合作的《政治经济学课程的教学改革》获普通高等学校优秀教学成果国家级特等奖,1990年评为国家级有突出贡献的中青年专家,1992年起享受国务院颁发的政府特殊津贴,1992/1993年度列入雷威英国剑桥国际传记中心的世界名人录,收入《国际传记辞典》第23版。2012年10月获上海市哲学社会科学学术贡献奖,2014年获世界政治经济学学会马克思经济学奖,2012年6月荣获2009—2011年度上海市高校系统退管工作"老有所为"精英奖。

一生嗜读《资本论》
——记复旦大学教授、经济学家洪远朋

马克思的《资本论》博大精深,是世界共产主义运动的基本理论著作,一般人要真正读懂它并不容易。可就有人不仅能读懂,娴熟于心,而且能准确地把握其精髓,运用它来解决现实社会中的经济理论问题,指导社会主义建设事业。他就是复旦大学教授、经济学家洪远朋。

洪远朋教授1935年出生于如城一个小职员家庭,从小聪颖。他上初中正值如城第二次解放。1950年他进入如皋中学高职合作经济科就读。1952年暑期,根据社会发展的需要,学校进行调整,高职经济科奉令并入苏北财经学校。十六七岁的他也就随班远离家乡,只身去扬州苏北财校继续学业,从此与经济结缘,奠定了他人生的走向。财校毕业,他以优异的成绩分配至江苏省工业厅做财会工作。

随着社会主义建设事业的发展,国家需要大量有科学知识的高级建设人才,党中央及时发出向科学进军的号召,一大批工农干部走进大学的殿堂。洪远朋也积极响应号召,以调干生的身份跨进了复旦大学校门,攻读经济系政治经济学。大学毕业,他又师从蒋学模教授,从事社会主义经济理论研究,在导师指导下,攻读《资本论》,成为我党自己培养的首批研究生。学成后他留校任教。1971年他又随漆琪生、张薰华两教授,研读《资本论》,从此《资本论》成为他教学、研究的方向。

数十年来,洪远朋细味品读,精心研究,结合中国社会主义经济建设国情,他提出了许多独到的见解。1977年即与张薰华先生合作编写《〈资本论〉提要》及《〈资本论〉难句试解》,成为我国最早解释《资本论》的著作,为便利广大干部深入学习《资本论》、真正掌握马克思主义理论提供了武器。

1981年,洪远朋教授独立完成了60多万字三卷本《〈资本论〉讲稿》的编写,后来又加以补充、修改,正式出版《新编〈资本论〉教程》(四卷本)。该书全面介绍了马克思主义经济理论,深入剖析马克思主义的基本原理,为马克思主义经济学研究者和经济学专业的青年学子提供了极好的入门读本,受到专家和读者的好评,并获

得上海市哲学社会科学优秀成果著作类三等奖。

在马克思逝世百年之际,洪远朋教授又推出新作《〈资本论〉难题探索》,以作纪念。在40万字的著作中,作者对《资本论》中若干问题作了很有见地的阐述,提出了新的课题:资本主义发展阶段能否跳跃;两种不同含义的使用价值,两种货币危机;划分社会经济时期的标准,流动费用的分类;社会再生产的类型;生产资料较快增长的规律……这些问题的研究,洪教授都紧密结合我国当前社会主义经济体制的改革,提出了独到的见解,发人深省。

洪教授宣传、诠释马克思《资本论》,更注意致力于《资本论》的普及工作,使马克思主义经济理论通俗化,让广大工农群众也能掌握它,用革命的理论指导社会主义建设事业的实践。《通俗〈资本论〉》就是在这种思想指导下编就的一本面向广大工农群众的通俗读物。它以生动的语言,深入浅出地向群众介绍了《资本论》。它保持了原著逻辑与艺术统一整体的本来面目,按照原著的"编"和章节的顺序来组织,既忠于原著,又比原著简洁明了。针对《资本论》内容的艰深,作者对较为重要的难点和学术理论界的争议作了必要的诠释,以帮助读者深入理解和准确把握原著的精髓,同时作者还针对我国社会主义经济建设的实际,在每一章节最后结合马克思《资本论》基本原理,阐述它的指导作用。

洪远朋教授深入研究《资本论》,掌握其精髓,其目的不是为研究而研究,而是为了运用马克思主义的基本经济理论来指导我国的社会主义经济体制改革。随着社会主义市场经济的发展,社会经济体制改革的不断深入,中国经济成分和经济利益不断多样化,分配方式也必然发生变化。中共中央审时度势,适时提出了按劳分配为主体、多种分配形式并存的分配制度,这在理论界引起了争议,对于劳动价值、剥削、阶级等问题争论尤为激烈。这就必须对经济理论进一步探索与研究。

洪远朋教授经过社会调研,深入思考,对这些问题提出独到的见解:深化劳动和劳动价值的认识,必须首先认真深入学习马克思主义经济学,同时也要学习和了解西方经济学;对马克思主义创造价值的劳动具体分析,有的要加以深化,有些应该继续发展,在研究中应该区分价值创造、价值形成、价值实现和价值分配的联系与区别,要辩证地、一分为二地看待资本家和资本创造价值或不创造价值,不能笼统地对待;劳动价值论和价值规律是商品经济的一般规律,承认劳动价值论必须承认剩余价值,参与剩余价值的分配与剥削没有必然联系,应该承认我国现阶段依然存在剥削,从三个"有利于"出发,应当允许正当的剥削,限制超经济剥削,制裁残酷剥削;不能轻易否定马克思主义劳动价值论,马克思主义劳动价值论必须发展,也可以发展……洪教授的这些基本观点是对马克思主义劳动价值论认识上的创新,振聋发聩,获得了理论界同仁的认可和决策层的重视。经济理论界对此长期的争论,终于有了一个比较统一的认识。

40多年的教学、研究生涯,洪教授成果累累,先后发表学术论文250余篇,出版专著80余部(含与他人合编、参编若干),其中获奖近30项。他与蒋学模、伍柏麟合作的《政治经济学课程的教学改革》获"全国普通高校优秀教学成果国家级特等奖"。

　　洪远朋1984年成为全国百名50岁以下的特批教授之一,1990年被评为国家级有突出贡献的中青年专家,1992年开始享受国务院颁发的政府特殊津贴,并被英国剑桥国际传记中心列入"1992/1993年度世界名人录",收入《国际传记辞典》。

　　他先后担任过复旦大学博士生导师、复旦大学经济系主任、经济学院院长、复旦大学理论经济学博士后科研流动站站长、复旦大学经济学院学位委员会主席、《世界经济文汇》编委会主任;国家社科基金学会学科组成员、中国《资本论》研究会副会长、全国综合大学《资本论》研究会会长、上海市经济学会副会长、上海市集体经济研究会副会长、上海市社会科学界联合会常委;河南大学、福建师范学院、宁夏大学兼职教授,上海财经大学兼职博士生导师。

　　洪远朋教授可谓"位高权重",可他做人却很低调。他的处世哲学是"认认真真读书、扎扎实实工作、诚诚恳恳处世、清清白白做人"。他从不与人争名争利,更不以自己的地位谋取私利,他的高尚人品赢得了人们的尊崇。

(摘自冯际虞、黄振英编著《风雨集》,南京大学出版社2009年版)

著名经济学家
——洪远朋

中国经济学界,众说纷呈、人才辈出。一批老经济学家,以其丰富的人生阅历、坚实的理论底蕴和广博的学识,为经济学的发展与社会主义经济建设做出了巨大贡献。这其中,著名经济学家洪远朋教授,以其身体力行、紧紧把握时代的脉搏且建树颇丰而得到同行的认可与社会的赞誉。

洪远朋教授1935年10月出生于江苏省如皋市,高中二年级时转入江苏财经学校读书,从此便与经济结下不解之缘。1953年毕业分配去江苏省工业厅工作。1956年他响应党中央、国务院向科学进军的号召,作为调干生考入复旦大学经济系政治经济学专业,1961年毕业后即师从蒋学模先生做社会主义经济理论专业的研究生,之后,留校从事《资本论》、价格理论、社会主义经济理论、比较经济理论、经济利益理论与实践、合作经济理论与实践等的教学和研究。洪远朋教授发表论文250余篇,出版著作80多部(含合著、编著),其中获奖近30项。洪远朋教授历任复旦大学经济系主任、经济学院院长;复旦大学理论经济学博士后科研流动站站长、复旦大学经济学院学位委员会主席、《世界经济文汇》编委会主任。主要社会兼职:国家社科基金学科组成员;中国《资本论》研究会副会长、全国综合大学《资本论》研究会会长、上海市经济学会副会长、江西财经大学客座教授等。鉴于其丰硕的成果与突出的贡献,1984年获特批教授,1990年被评为国家级有突出贡献的中青年专家,1992年起享受国务院颁发的政府特殊津贴,并被英国剑桥国际传记中心列入1992/1993年度世界名人录,收入《国际传记辞典》第23版。洪远朋教授获得以上种种殊荣是当之无愧的,他在诸多经济理论领域都有自己的独到见解和建树。

洪远朋教授对马克思主义的百科全书——《资本论》的研究,硕果累累,先后出版了《〈资本论〉讲稿》(1—3卷)、《新编〈资本论〉教程》(1—4卷)、《〈资本论〉难题探索》、《通俗〈资本论〉》、《〈资本论〉教程简编》等10多部。

洪远朋教授不仅是一位坚定地坚持马克思主义的经济学家,同时还是一位不断创新的马克思主义经济学家。他与蒋学模、伍柏麟教授合作的《政治经济学课程的教学改革》获1989年普通高等学校优秀教学成果国家级特等奖。

在马克思主义经济理论的发展与创新方面,洪远朋教授认为,马克思主义是一个开放的、活的体系,它是在实践的基础上不断吸取、综合人类文明一切有用的成果而不断丰富和发展的。基于此,洪远朋教授提出,对待马克思主义经济理论,一是坚持,二要澄清,三要发展。他主张,对西方经济学一要了解,二要批判,三要吸取。最后还要继承和弘扬中国经济思想的宝贵遗产。对中国经济思想一要挖掘,二要继承,三要扬弃。就如上这些方面,洪远朋教授开展了大量研究取得了不少成果。例如,《经济理论的轨迹》一书就是较为突出的一项成果。该书按经济理论专题就古今中外的经济理论进行了比较,创立了经济理论史的新体系。在此基础上,洪远朋教授着手创建他酝酿已久的综合经济学。

洪远朋教授创建的综合经济学包括五个方面的综合:一是生产力、生产关系和上层建筑研究的综合;二是宏观经济、中观经济和微观经济的综合;三是现有各国各家、各派社会主义经济理论的综合;四是各门经济科学和相关学科的综合;五是各种经济分析方法的综合。

综合经济学创建已进行了大量基础性工作,并取得了大量成果。洪远朋教授创建综合经济学不仅在国内居领先地位,早在1985年起就在《复旦大学》《经济研究参考资料》等刊物撰文提出建立社会主义综合经济学,而且在国际经济理论界也是处于前沿的。据报道,德、美、澳等国的不少经济学家也正在努力创建所谓的mesoeconomics,有人译为综观经济学,与之相比,洪远朋教授的综合经济学综合层次更高,某种程度上包容了国外的mesoeconomics。

洪远朋教授对经济利益理论与实践的研究,也已取得成果,形成了由洪远朋教授主编、复旦大学出版社出版的《经济利益理论与实践丛书》。其中,"经济利益关系通论"是洪远朋教授承担的上海市哲学社会科学规划课题,而《社会主义市场经济的利益关系研究》是最终成果;另外,还有《利益变更论》《宏观利益论》等处于计划出版之中。在丛书之外,上海人民出版社出版了洪远朋教授等合著的《共享利益论》。其中,洪远朋教授的两篇论文《论社会主义市场经济体制下的十大利益关系》和《中国共产党人对马克思主义经济利益理论的贡献》分别获得第二届上海市邓小平理论研究和宣传优秀成果论文二等奖和第四届上海市邓小平理论研究和宣传优秀成果论文三等奖。

1981年洪远朋教授编写《政治经济学入门》,1982年修改第2版,近15万字。该书紧密结合我国社会主义经济建设的实际,深入浅出地介绍了政治经济学的主要内容和基本原理。这是一本理论联系实际,重点突出,既通俗易懂,又有一定的理论深度和学术价值的富有特色的政治经济学入门书。该书出版后受到读者好评,全国有 10 多家报章杂志推荐介绍,1983 年 7 月全国首届通俗政治理论读物评选获得一等奖,1984 年被列入全国青年读书活动推荐书目、上海市振兴中华读书活动推荐书目。

(摘自郝兴国主编《伟大的复兴》,中国画报出版社 2003 年 7 月版)

洪远朋、周建平：琴瑟和鸣，碧海无波

"他是很勤奋，很艰苦的。女儿出生前后，有很长一段时间，他晚上没有一天是早于12点睡觉的，那个时候计划经济，买菜要用菜票、要排队。他每天只睡三四个小时，一大早又赶去排队。"

2016年5月9日下午，洪远朋教授在他曾经担任过院长的经济学院接受《仙舟客》专访。他的夫人周建平教授伴在一旁，这是素来低调的她首次陪同先生一起接受采访，共同回忆往昔岁月。

面前的两位老师，素洁端正，满面春风，实看不出已届耄耋之年。六十载风雨兼程，在他们间形成了某种默契，采访时，一方想不起某个细节，会不由自主地把目光投向对方；一方在讲话时，另一方默默倾听，不时颔首，偶尔插话或补充一句。在咖啡厅柔和的灯光下，回忆起往事，他们显得平静而坦然。

同学、同事、同伴

"同学、同事、同伴"，洪远朋用"三同"来概括和周建平的缘分。从1956年同时进大学算起，迄今正好六十年。实际上，两人都是"调干生"，1956年响应周总理"向科学进军"的号召，都从工作岗位上直接考进大学。这之前，洪远朋是江苏省工业厅的一名科员级干部，周建平则在千里之外的大连市中国人民保险公司工作。"当年能进大学是件非常荣耀的事情"。

本科时期，在全班三十多位同学中，终日泡在图书馆的洪远朋与周建平并无特别的交集，但毕业后二人就开启了同步的人生："同"时留下来继续攻读研究生，师从"同"一位导师蒋学模，学成后一"同"留在经济学院任教，有许多共"同"的兴趣爱好……

蒋学模夫妇无意中当了一回红娘。"当时研究生培养比现在严格得多，蒋学模老师那一届正好就带我们两个。"周建平回忆,"他有一个规矩,一个礼拜要到他家上一次课,专门给我俩讲课。他的夫人很客气,每次讲完课都留我们吃午饭。"一块上课,一块吃饭,切磋学问,同进同出,两位风华青年,自然而然走到一起,没有表白、承诺,谁都说不清是哪一天、哪一个时刻开始的。

这对天成佳偶,得到了导师的祝福。"蒋学模老师从来没送过学生东西,但在我们结婚时特地送我们一个相册作为结婚礼物。他也感到很开心,对我们两个很满意。"回忆起这一幕,周建平眼中幸福难掩。

研究《资本论》的"资本家"

在漫长的学术生涯中,洪远朋既是国内公认的"经济利益派"的代表人,又以研究《资本论》著称。他曾多次谈到,《资本论》是对他一生影响最大的一本书。他长期担任中国《资本论》研究会副会长和全国综合大学《资本论》研究会名誉会长。

他的导师蒋学模就对《资本论》格外重视,20世纪50年代在人大进修时曾有所涉猎,60年代在指导他们两位研究生时又逼着自己啃读一遍,"寓学于教",与学生互相砥砺。"蒋学模老师跟着我们一起看的,他没时间时,会老实说,这个礼拜我没有看好。"周建平说。

每次讨论课前,蒋学模都会指定他俩看哪些章节,上课时先让他俩作汇报。洪远朋回忆:"我们讲了以后,他再提问题。要看,要记笔记,要讨论。等于每次都要考试。我们不看怎么行呢?他考试,叫你把哪一章写下来。那相当厉害,你一天也不能偷懒。"那时政治运动不断,上山下乡,学工学农,实际用来读书的时间并不多。"我后来出了近二十本与《资本论》有关的书,主要靠这两年打下基础。"

洪远朋的文风也深受导师濡染,"与时俱进""深入浅出"是评委们对他两本获奖通俗读物的共同评价。用他自己的话来解释:"报考大学的时候,新闻系也曾是我的选项之一。我一直关注新闻,看的报纸比较多,各种类型的报纸,注意新东西。对文学也感兴趣。"

至今,洪远朋夫妇对社会主义、共产主义的信念都没有动摇,只是在一些细节问题上有所保留。周建平坦率地称自己爱讲"怪话":"马克思不是讲'资本主义的丧钟敲响了'吗?我觉得这句话讲得太早了。资本主义还在发展。"一旁的洪远朋顺势补充道:"马克思改一个字——'将要'敲响,就好了"。

2008年前后,金融危机席卷全球,《资本论》在沉寂多年后,再次成为全世界人们热烈追捧的经典,洪远朋出版于1985年的《通俗〈资本论〉》也被重新发掘,于2009年由上海科学技术文献出版社修订再版。相隔二十多年,一本书跨越两代人,洪远朋觉得当中颇有一些传奇色彩:"怎么会发现我的呢,这个人当时是上海科技出版社的主编。他的父亲,曾是辽宁出版社的编辑室主任。1985年我那本《通俗〈资本论〉》是他父亲出的,书名也是他父亲取的。儿子印象很深,知道他父亲主持过这本书,就想到了我。"

传奇并未结束。2010年的一天,洪远朋看电视新闻时,毫无预兆地突然发现自己的书得奖了。原来,在由中宣部、新闻出版总署组织的第二届优秀通俗理论读物推荐活动中,《通俗〈资本论〉》被评为全国10种"优秀推荐图书"之一。《解放日报》指出:"这是本市迄今为止出版的第一本荣获中宣部推荐的优秀通俗理论读物。"新华社撰文称,这10种书"代表了当前通俗理论读物编写和出版的最好水平"。

"从1985年到2010年,这本书是25年以后才认可的。"看着自己的成果,历经数十载,还能得到国家的肯定,注重传统的洪远朋为此觉得欣喜。

出了名的急性子

洪远朋是典型的A型性格,自我要求高,言出必行,想做的事情,恨不得马上就能有效率地做好,从不拖泥带水。"经院都知道我是急性子。交给我的任务,我只有提前。上课总是提前一刻钟到课堂,从来没有迟到。"1991—1996年任经济学院院长时,他每日必到办公室。"我住在复旦凉城路,当时没有公共汽车,有班车接送。每天最早是两个人。一个是一位王姓老师,另一个是我。第一班车上,总是我们两个人。"

洪远朋的硕士生、曾任中国社科院马克思主义研究院院长的程恩富,在一篇回忆文章中写道:"现在的科研最早受他启发。他很刻苦,有心脏病,中年的时候在复旦成果他第一。"此言不虚,洪远朋早在本科时期就埋头苦读、勤奋过人,"入学时视力有1.5,大学一年级,近视就有一两百度了"。20世纪80年代,他开始进入学术爆发期,仅1983年就一口气独立发表论文八篇,同年,他编写的《政治经济学入门》在全国政治理论通俗读物评选中荣获一等奖,次年,他成为全国百名50岁以下特批教授之一。

洪远朋自豪地忆起年轻时曾有一副好身板。在江苏吴县下乡时,"劳动强度大、又没什么菜吃,我一顿可以吃下一斤半米饭";在江苏省工业厅工作时,一次年终为了赶写年报,连续六十个小时不眠不休,任务完成后还打了一场篮球、洗了个澡才去睡觉。这样的"破纪录",一旁的周建平也是第一次听说,在她的记忆中,"他是很勤奋,很艰苦的。女儿出生前后,有很长一段时间,他晚上没有一天是早于12点睡觉的,那个时候计划经济,买菜要用菜票、要排队。他每天只睡三四个小时,一大早又赶去排队。"

工作起来"拼命三郎"的洪远朋在 80 年代身体开始出现异样,"痉挛性心脏病,心动过速,心跳达到 220,急救"。

"我签过两次病危通知书。第一次,一个学生的博士论文,送得很迟,还有一个多月就要答辩,他给学生看,看了三天三夜,发病了。还有一次,大概是 2000 年以后……"周建平淡淡地聊着,语气舒缓平静。第二次发病时,做完动脉造影,多数医生建议洪远朋行支架手术,不料,后来当选院士的中山医院葛均波医生力排众议,坚持认为不需要搭支架。一心想通过手术一劳永逸的洪远朋,突然听说不用做手术,反倒不高兴了,一时急火攻心,血压陡升。亲历整个过程的周建平,对丈夫的性格和健康有了重新的认识,并接受了葛医生的建议和指导。"医生感觉他情绪太大,认为他这个病,不是生理性的,是情绪性的。我就知道他的性格了,什么都给他'降',给他制造一个好的环境。所以呢,我在家里只给他做减法。不过,有时受他影响,我也慢慢变急了。"

博士生们的"双导师"

作为"国内为数不多的西欧经济学家",在很长一段时间里,周建平在学术道路上与丈夫比翼齐飞,也有着耀眼的学术记录。

1964 年研究生毕业时,在总支书记陆庆壬的安排下,洪远朋被分到经济系工作,周建平则进了刚成立不久的世界经济研究所,成为该所的元老级人物。从此,周建平的研究方向开始转向世界经济,先后为本科生和研究生开设欧共体经济、世界经济和世界经济专题研究等课程。1985 年晋升副教授,1991 年晋升教授。曾担任复旦大学欧共体研究室主任、欧洲研究中心副主任。1985 年、1986 年和 1990 年三次被评为校"三八"红旗手。

夫妇二人学术起点一致,在研究取向上又形成互补——一个关注理论,一个偏重现实;一个聚焦国内,一个放眼国外;一个重视传统,一个探索前沿。在家中,两人也常交流学问,1981 年《正确理解马克思关于无产阶级贫困的理论》一文就是两人合作的结晶之一,而洪远朋最近领衔出版的教育部委托课题成果《"中国腾飞"探源》,书名"腾飞"一词的考据和推敲,就渗透着周建平的不少心血。

洪远朋带博士生有自己的特色,一般会尽可能吸收他们参与自己主持的国家科研项目,鼓励他们选择与课题相关的学位论文选题,使之在"传帮带"中得到锻炼与提高。

更重要的,这些博士生们享受到的实际是"双导师"的待遇。每次博士生来家里上课,周建平都一起参与讨论、脑力激荡。有那么两三年,周建平也和当年的蒋学模夫人一样,甘当灶下婢,为上完课的学生们准备一桌美味的饭菜,改善伙食。后来,经济条件好转,家附近的"章记粥铺"才成为师生讨论、聚餐的固定场所,学生们笑言,那是洪老师家的第二个厨房。直到最近两年,洪远朋才停止续招博士生。

数十位洪远朋所带的博士生,在论文后记中,不约而同地感谢师母周建平给予的"慈母般的关爱"和"家庭般的温馨"。这里不妨摘下两段:

"师母周建平教授,不仅在生活上给了我无微不至的关怀,在学术上也给了我有益的启发,尤其是在我的第一篇小论文的创作过程中,得到了周建平很多关键的意见和建议。"

"我也感谢师母周建平教授,她对我学业、生活、工作等方方面面慈母般的关怀,和她高雅的风度一样,让我终身难忘。"

在见到这两位老师之后,这种温暖的印象,愈加得到印证。他们的平易亲切、热情健谈令两个半小时的采访在轻松愉快中度过,当记者喉炎发作忍不住咳嗽时,周建平几次关切地询问,还不无遗憾地念叨:"我记得出门时带了含片的……"

一家五复旦

在还没有计划生育政策的 20 世纪 60 年代,洪远朋和周建平罕见地只要了一个孩子。

这是出自经济条件和自身精力的考虑——他们分别是各自大家庭中排行最小的子女,都有赡养老人的负担。小家庭的经济条件,又不足以聘请保姆。

不需特别商量,一如既往地默契,周建平在繁忙工作之余,自觉自愿地向贤内助和母亲的角色倾斜。"他当系主任时,我是研究所的室主任,本来也要奋斗的。这样一来,家里就没人管了。当时读中学的女儿跟我讲,我们这个家,不好出两个干部的……他也不要求我奋斗了,我支持他。一个家庭总归要这样。"

如今,洪远朋一家可谓复旦世家。他们二人自不必说,女儿女婿也双双毕业于复旦化学系,"一家五个复旦人,连外孙也是复旦幼儿园毕业的",讲到这里,洪远朋哈哈笑起来,像个孩子。

几年前,相辉堂募集修缮资金,捐款人捐款一万元后可以认领一个座位,经女儿提议,洪远朋当即捐了五万元,认领了五份全家种下的"复旦情结"。

"最近英国有一个排名,中国五个学校进入百强,我们复旦老三。我心里一直认为复旦是老三。"洪远朋提及复旦,是满满的贴心和信任,就像提及一个已融入生命中的亲人。

不炒股不炒房的经济学家

采访中,身板挺直、谈吐清晰的两位老师多次戏称自己是"80后",却看着比实际年轻十岁不止。当记者忍不住讨教他们的"保养秘诀"时,洪远朋几乎不假思索地给出了"四不"的答案——不炒股、不炒房、不抽烟、不喝酒。原来已有很多人问过同样的问题。

"我们本来是第一批可以炒股的,但我们没参加。"作为知名经济学家和第一批拿到股票认购证的人,他们对股票不可谓不了解,也有许多学生从事股票行业,并不缺乏相关信息,但他们多年来坚持不炒股不炒房,这样或许错失了一些致富机会,但落个心情坦然,可以静心教书育人,坐看股市楼市起落。至今,他们仍然住在当时复旦凉城路的"博导楼",26年没有换过。"我们没有买卖关系的想法,比较传统。"

除了"三同""四不",夫妇俩还有三个共同的爱好——乒乓球、电影、麻将。尤其是电影和麻将,至今保持着一周一次的频率。"最近看的一部是《北京遇上西雅图2》,蛮好的,就是内容和片名是两码事。"洪远朋谈起电影来也透着书卷气。

说起麻将,洪远朋的认真劲儿上来了。"现在很多人对麻将不理解,把麻将和赌博挂钩。实际上我们国家讲麻将是一种运动。我们的领导人,对麻将都有说法。毛泽东说,中国有三大发明,一个中医,一个《红楼梦》,一个麻将。毛泽东有肩周炎,他的医生就叫他打麻将医病。邓小平也喜欢打麻将,他说做任何事都要认真,打牌也要认真。"

听到这里,周建平打趣地插进来:"洪老师是一位教条主义者。他的一举一动,都要引经据典。他是借毛泽东邓小平的话,把麻将合法化。"洪远朋调皮地笑笑,没有否认:"做事要有依据啊。"他们的牌友中,既有退休的同事,也有已经毕业多年的学生。"我们的学生也有五六十岁了。见我们女儿不在身边,过来陪陪我们。"

如今,洪远朋把有限的精力收拢到对"共享经济论"的关注和思考中,"每天工作半天""读十几种报纸""新闻联播一定要看""微信只收不发""虹口图书馆经常去"……夫妇俩如影随形,相互扶持,日子平淡而充实。

(原载《仙舟客》第2期,2016年6月10日,记者樊嘉政、伍静)

"革命尚未成功,同志仍需努力"

——访2012年上海哲社学术贡献奖获得者之一、经济学院教授洪远朋

几十年磨一剑——与《资本论》的终生缘分

《资本论》是全世界无产阶级的伟大导师马克思用毕生精力写成的科学巨著,被誉为"工人阶级的圣经"。从19世纪60年代国际工人运动史上的转折,到21世纪的今天,虽然它写于100多年前,尽管当代经济出现了很多新情况、新问题,但是《资本论》仍然是剖析当代资本主义和社会主义的理论基础。

从1956年20岁的洪远朋教授进入复旦读书以来,岁月的跌宕起伏始终影响着个体人的生活。不像现在一样平静的大学生活,"大跃进"、反右派、上山下乡包括十年"文革",这些词活生生地存在于老师的生命历程中,安静读书的日子何尝不宝贵?年轻的他在和时间稀缺与外界喧哗的斗争中,却认真地读了很多书,最为重要的就是《资本论》,从此和《资本论》结下了终生缘分。

自从1985年《通俗〈资本论〉》第一版面世以来,洪远朋教授在研究这本巨著的道路上越走越远,先后出版将近20本相关著作。洪教授说:"作为一个马克思主义的小学生,我写过《〈资本论〉讲稿》(三卷本),主编过《新编〈资本论〉教程》(四卷本)、《〈资本论〉简明教程》,撰写过《资本论》学术专著:《〈资本论〉难题探索》,还有就是《通俗〈资本论〉》。"而在金融海啸席卷全球的21世纪,全世界重新出现了马克思热、《资本论》热,《通俗〈资本论〉》也被再版,并入选中宣部推荐的优秀通俗理论读物,在社会上引起了广泛的关注。

《资本论》是一部马克思主义的理论著作,并且卷帙庞大,非专业人员很难读懂、读完。而洪远朋教授正是在自我融会贯通的前提下,然后结合中国的实际,以通俗易懂的语言,深入浅出而完整准确地反映了《资本论》的基本理论和核心思想,既保持了原著的体系和方法,又区别于原著及一般的政治经济学读物,同时更提炼出了原著的思想精华和理论精髓,堪称一部出色的《资本论》普及读物,这对

于广大青年和群众了解经济学基本知识有着重大意义。

关注中国当下——理论与现实的紧密结合

作为一名经济理论学家,洪远朋教授并未把自己禁锢于小小书屋,而是密切关注着风云变幻的中国改革,尤其是与世界越来越接轨的中国。从1994年思考"经济学的核心是什么"这个问题开始,洪远朋教授就带领他的团队向研究利益和利益关系的新目标进发。

2005年"新时期我国社会利益关系的发展变化研究"成为国家社会科学基金重大项目,利益问题的研究进一步拓宽。本课题认为不仅经济学的核心是经济利益,一切社会活动的核心都是利益问题,研究对象是新时期我国社会利益关系。利益作为人们满足自身需要的读物财富和精神财富之和,当前,社会利益关系是新时期我国人民内部矛盾的主要问题,因此,构建社会主义和谐社会的关键和基础是协调社会利益关系,制定有效的利益整合和协调对策,并在此基础上实现人与自然、人与人、人与社会的和谐发展。中央提出,我们要构建的全面小康社会或和谐社会是一个惠及十几亿人口的、经济更加发展、民主更加健全、科教更加进步、文化更加繁荣、社会更加和谐、人民生活更加殷实的社会形态,这种社会形态必然是在不断增强人民利益、形成有效利益共享机制、充分协调社会利益关系的基础上才能实现。

洪远朋教授及其团队是我国国内较早开始研究利益关系问题的,最早建立社会利益理论体系,提出了社会利益理论的十点见解,利益理论和实践的十大概念,新时期我国社会利益关系的十大特点,新时期我国社会的十大利益关系,新时期协调我国社会利益关系的十大思路以及社会利益关系理论与实践需进一步探索的十个议题等众多创新观点。

在中国即将进入新时期之际,坚持利益共享,利益统筹兼顾和促进利益增长,加强利益综合,建立利益关系制衡机制,保证根本利益,确保社会公平公正,迎接更多挑战和机遇。

岁月峥嵘——爱心育人

洪远朋教授不仅在中国经济和马克思主义研究上苦心孤诣,而且在教书育人上也呕心沥血,培养了一大批经济界叱咤风云的人物。洪远朋教授自1964年学成后留校任教,便与复旦经济系紧密地联系在了一起。四十多年来,从助教到博士生导师,从经济系系主任到经济学院院长,给本科生、硕士生、博士生共开设十多门课程。

IMF 副总裁、复旦大学杰出校友朱民先生在世界经济系成立三十年回校之时深情回忆了自己在复旦的岁月,他还一直记着当时洪远朋老师一个字一个字地教他们《资本论》,到现在都还能把《资本论》背两段,为后来取得的辉煌成就奠定了坚实的基础。而今,78 岁高龄的洪远朋教授又在 2012 年招收了三个博士生。

不仅在教学上不断输出自己的能量,他也很关心年轻一代的成长。在将近两个小时的采访中,他反复强调,年轻的时候一定要多读书,尤其是大学这几年宝贵的时光。在"学术贡献奖"的颁奖典礼上,洪老提到:"机遇是留给那些有准备的人的。怎样做好准备呢? 我有三句话:一是学习学习再学习,学习才能提高基础;二是创新创新再创新,创新才有出路;三是努力努力再努力,努力才有希望。"

在最后,在谈及经济类招生都是现在热门时,洪远朋教授谈道:"经济固然是重要的,但只讲经济是不行的,政治是灵魂,经济是基础,文化才是最高形态!"作为大学生,涉猎更多的书籍,掌握更多的知识,在交叉学科流行的今日,才能拥有更广阔的视野,肩负更重的责任!

洪远朋教授在一次研讨上最后说:"革命尚未成功,同志仍需努力。马克思曾经说,在科学上没有平坦的大道,只有不畏劳苦沿着陡峭山路攀登的人,才有希望达到光辉的顶点。"

(原载《复旦》第 946 期,2013 年 3 月 20 日,文/耿璐、侯鑫博)

简介摘编

一

洪远朋(1935—) 复旦大学经济学教授。江苏如皋人。1960年加入中国共产党。1964年复旦大学经济系研究生毕业。历任复旦大学经济系副主任。现任复旦大学经济系主任,全国综合大学《资本论》研究会首届副会长。发表论文100余篇,其中《积累不是扩大再生产的唯一源泉》,获上海市(1979—1985年)哲学社会科学学会联合会优秀学术成果奖。著有《政治经济学入门》、《〈资本论〉难题探索》、《通俗〈资本论〉》、《城镇集体工业概论》等著作。其中《政治经济学入门》获1979—1983年度全国通俗政治理论读物评选一等奖;《〈资本论〉难题探索》获上海市(1979—1985年)哲学社会科学著作奖。

——《上海高等教育系统教授录》,华东师范大学出版社1988年1月版

二

洪远朋(1935—),江苏省如皋县人。复旦大学教授、经济系主任、全国综合大学《资本论》研究会副会长。

洪远朋1953年到江苏省人民政府工业厅工作。1956年考入复旦大学经济系政治经济学专业,1961年大学毕业,1964年研究生毕业留校任教。

洪远朋从1960年开始在报刊上发表文章,二十多年来,他结合《资本论》研究,撰写和与人合撰了10多部专著、教材,100多篇文章。他编写的《通俗〈资本论〉》,在《资本论》通俗化方面作出了可喜的尝试。其特点是:1. 以《资本论》原著篇目为单元来介绍,既不拘泥于原著章节的标题,又保持了原著的体系和章节的顺序;2. 较完整地反映了《资本论》统一整体的本来面目,不仅包括前三卷理论部分,还

有第四卷《剩余价值理论》的简介；3. 重点突出,对一些比较重要的难点、疑点和有争议的地方,均做了必要的注释工作；4. 紧密联系社会主义经济建设的实际,在每章后面都专门设有"现实意义"部分,简述学习《资本论》的有关原理对社会主义建设的指导作用；5. 语言生动、形象、活泼,深入浅出,引人入胜,雅俗共赏。洪远朋编写的《政治经济学入门》,获 1979—1983 年全国通俗政治理论读物一等奖。

洪远朋对比《资本论》的体系、结构,对社会主义政治经济学体系提出了自己的看法。他主张社会主义政治经济学应以劳动为出发点,以社会主义基本经济规律为中心,以强国富民为目的,以生产关系的四个环节建立自己的体系。他认为社会主义政治经济学的总体结构应包括下列 7 个部分：1. 社会主义生产关系的形成；2. 社会主义生产过程中的关系；3. 社会主义交换过程中的关系；4. 社会主义分配过程中的关系；5. 社会主义消费过程中的关系；6. 社会主义向共产主义的过渡；7. 社会主义政治经济学发展史。

洪远朋不同意积累是扩大再生产的唯一源泉的观点。他认为,在我国社会生产力水平还比较低,积累还很有限的情况下,应该通过挖掘现有的生产潜力来开辟扩大再生产的途径。他的《积累不是扩大再生产的唯一源泉》一文,作为国内这一观点的代表作而被上海经济学会评为优秀论文。

主要著作

《〈资本论〉提要》(一)、(二)(张薰华、洪远朋合著),上海人民出版社 1977 年版

《〈资本论〉难句试解》(张薰华、洪远朋合著),上海人民出版社 1977 年版

《政治经济学入门》,江苏人民出版社 1980 年版

《城镇集体工业概论》,轻工业出版社 1982 年版

《〈资本论〉难题探索》,山东人民出版社 1985 年版

《通俗〈资本论〉》,辽宁人民出版社 1985 年版

《社会主义政治经济学新论》,工人出版社 1986 年版

——《当代中国经济学家录》,广东人民出版社 1988 年 7 月版

三

洪远朋　1935 年 10 月生,江苏如皋人。现任复旦大学经济学系教授、系主任,中国《资本论》研究会理事,中国综合大学《资本论》研究会副会长,上海社会科学界联合会委员,上海经济学会副会长,上海价格学会理事等职。1961 年毕业于复旦大学政治经济学专业,1964 年复旦大学社会主义经济理论专业研究生毕业。曾任职于江苏省工业厅。长期从事《资本论》和政治经济学教学与研究工作,现致力于价格理论专题研究。主要著作有《〈资本论〉提要》(一、二)(合作,上海人民出版

社,1978年)、《政治经济学入门》(江苏人民出版社,1980年)、《政治经济学教材》(合作,上海人民出版社,1980年)、《城镇集体工业概论》(合作,轻工业出版社,1982年)、《〈资本论〉难题探索》(山东人民出版社,1985年)、《通俗〈资本论〉》(辽宁人民出版社,1985年)、《社会主义政治经济学新论》(工人出版社,1986年)、《新编〈资本论〉教程》(第一、二、三卷)(主编,复旦大学出版社,1988年)等。主要论文有《论生产力的内在源泉》(思想战线,1978年第5期)、《积累不是扩大再生产的唯一源泉》(学术月刊,1980年第7期)、《〈资本论〉与社会主义政治经济学的体系》(经济研究),1983年第8期等。

——《当代中国社会科学学者大辞典》,浙江大学出版社1990年3月版

四

洪远朋　1935年生,江苏如皋人。复旦大学教授、经济学院院长,中国《资本论》研究会理事,全国综合大学《资本论》研究会副会长,上海市经济学会副会长。1961年复旦大学经济系毕业,1964年同系社会主义经济理论研究生毕业,后留校任教至今。发表文章百多篇。主要著作有:《政治经济学入门》(江苏人民出版社1980,获1979—1983年全国通俗政治理论读物一等奖)、《城镇集体工业概论》(轻工业出版社1982),《〈资本论〉难题探索》(山东人民出版社1985),《通俗〈资本论〉》(辽宁人民出版社1985),《社会主义政治经济学新论》(工人出版社1986),《新编〈资本论〉教程》(主编,复旦大学出版社1988,1989),《价格理论的发展与社会主义价格的形成》(经济科学出版社1989)。主要论文有:《积累不是扩大再生产的唯一源泉》(《学术月刊》1980年7期),《〈资本论〉与社会主义商品经济》(上海社会科学院出版社1987)等。

——《中国当代经济科学学者大辞典》,上海社会科学院出版社1992年4月版

五

洪远朋(Hong Yuanpeng)　男,1935年10月生,江苏如皋人。1961年毕业于复旦大学经济学系,1964年复旦大学经济学系政治经济学专业研究生毕业。1984年国家教育委员会特批为教授。现任复旦大学经济学院院长兼经济学系系主任。被评为1990年国家级有突出贡献的中青年专家。

洪远朋教授兼任中国《资本论》研究会理事,全国综合大学《资本论》研究会副会长,上海市经济学会副会长,上海市经济学会《资本论》专业委员会主任,上海市价格学会理事,上海市土地学会理事,《中国经济科学年鉴》编委、《高校理论战线》

编委,《复旦学报》(社会科学版)编委,复旦大学第四届学位评定委员会委员。复旦大学教材建设指导委员会委员。上海市社会科学学会联合会委员。

洪远朋教授的论著多次获国家级和省市级优秀论著奖。独立编著的《政治经济学入门》于1983年被评为全国通俗政治理论读物(1979—1983年)一等奖。《〈资本论〉难题探索》于1986年荣获第一届北方十三省市自治区哲学社会科学优秀图书一等奖、上海市(1979—1985年)哲学社会科学著作奖,《通俗〈资本论〉》于1986年被评为辽宁人民出版优秀图书三等奖。作为作者之一的《〈资本论〉提要》于1984年被评为上海市高等学校哲学社会科学研究(1976—1982年)优秀成果三等奖。《政治经济学教材》于1983年被评为全国通俗政治理论读物(1979—1983年)二等奖、上海市(1979—1985年)哲学社会科学优秀著作奖。论文"积累不是扩大再生产的唯一源泉"于1986年被评为上海市哲学社会科学学会联合会和上海市经济学会(1979—1985年)优秀学术成果奖;"《资本论》与社会主义商品经济"于1988年被评为上海市哲学社会科学学会联合会和上海市1986年至1987年度优秀学术成果奖;"坚持并发展马克思主义的价格理论"被评为《上海价格》优秀文章;"关于马克思主义的传统观念之我见"于1992年被评为《理论内参》的优秀文章。

洪远朋教授为本科生和研究生开设:政治经济学,资本论,《资本论》研读,《资本论》与社会主义经济,价格理论的发展与现实,经济理论比较研究等课程,教学效果好,曾荣获复旦大学1980年教学优秀二等奖,"政治经济学课程的教学改革"与蒋学模、伍柏麟教授一起,于1989年荣获全国普通高等学校优秀教学成果国家级特等奖。

洪远朋教授承担的科课题有:上海市"七五"社会科学研究重点项目"社会主义商品经济理论模式"和"搞活国营大中型企业";国家教育委员会第三批博士点社会科学基金项目"经济理论的发展与我国经济体制改革";国家教育委员会专题研究项目"经济危机理论"和"资本积累与相对人口过剩";自选合同项目"社会主义综合经济学"等等。

洪远朋教授近年来多次前往香港、日本、美国等国家和地区进行学术交流。

洪远朋教授在国内外发表的著作、教材、译著20多本,论文近200篇。主要著作有:

《政治经济学入门》,江苏人民出版社,1980年(第一版)、1982年(第二版)和1992年(第三版)。

《〈资本论〉难题探索》,山东人民出版社,1985年。

《通俗〈资本论〉》,辽宁人民出版社,1985年。

《社会主义政治经济学新论》,工人出版社,1981年。

《新编〈资本论〉教程》(共四卷),复旦大学出版社,1988年,1989年、1992年。

《价格理论的发展与社会主义价格的形成》,经济科学出版社,1989年。
《经济理论的轨迹》,辽宁人民出版社,1991年。
洪远朋教授年轻时对篮球和乒乓球等体育活动感兴趣。

——《复旦大学教授录》,复旦大学出版社1992年10月版

六

洪远朋(1935—) 教授。江苏如皋人。1960年加入中国共产党。1964年复旦大学经济系研究生毕业。历任复旦大学副教授、教授、经济系主任,全国综合大学《资本论》研究会副会长。从事政治经济学教学与研究。著有《政治经济学入门》、《〈资本论〉难题探索》、《社会主义政治经济学新论》、《城镇集体工业概论》等。

——《中国人名大词典·当代人物卷》,上海辞书出版社1992年12月版

七

洪远朋(1935—),江苏省如皋县人。复旦大学教授、经济系主任、全国综合大学《资本论》研究会副会长。

洪远朋1953年到江苏省人民政府工业厅工作。1956年考入复旦大学经济系政治经济学专业,1961年大学毕业,1964年研究生毕业留校任教。

洪远朋从1960年开始在报刊上发表文章,二十多年来,他结合《资本论》研究,撰写和与人合撰了10多部专著、教材、300多篇文章。他编写的《通俗〈资本论〉》,在《资本论》通俗化方面作出了可喜的尝试。其特点是:1.以《资本论》原著篇目为单元来介绍,既不拘泥于原著章节的标题,又保持了原著的体系和章节的顺序;2.较完整地反映了《资本论》统一整体的本来面目,不仅包括前三卷理论部分,还有第四卷《剩余价值理论》的简介;3.重点突出,对一些比较重要的难点、疑点和有争议的地方,均做了必要的注释工作;4.紧密联系社会主义经济建设的实际,在每章后面都专门设有"现实意义"部分,简述学习《资本论》的有关原理对社会主义建设的指导作用;5.语言生动、形象、活泼,深入浅出,引人入胜,雅俗共赏。洪远朋编写的《政治经济学入门》,获1979—1983年全国通俗政治理论读物一等奖。

洪远朋对比《资本论》的体系、结构,对社会主义政治经济学体系提出了自己的看法。他主张社会主义政治经济学应以劳动为出发点,以社会主义基本经济规律为中心,以强国富民为目的,以生产关系的四个环节建立自己的体系。他认为社会主义政治经济学的总体结构应包括下列7个部分:1.社会主义生产关系的形成;2.社会主义生产过程中的关系;3.社会主义交换过程中的关系;4.社会主

义分配过程中的关系；5. 社会主义消费过程中的关系；6. 社会主义向共产主义的过渡；7. 社会主义政治经济学发展史。

洪远朋不同意积累是扩大再生产的唯一源泉的观点。他认为,在我国社会生产力水平不比较低,积累还很有限的情况下,应该通过挖掘现有的生产潜力来开辟扩大再生产的途径。他的《积累不是扩大再生产的唯一源泉》一文,作为国内这一观点的代表作而被上海经济学会评为优秀论文。

主要著作

《〈资本论〉提要》（一）、（二）（合著）,上海人民出版社 1977 年版

《〈资本论〉难句试解》（合著）,上海人民出版社 1977 年版

《政治经济学入门》,江苏人民出版社 1980 年版

《城镇集体工业概论》,轻工业出版社 1982 年版

《〈资本论〉难题探索》,山东人民出版社 1985 年版

《通俗〈资本论〉》,辽宁人民出版社 1985 年版

《社会主义政治经济学新论》,工人出版社 1986 年版

——《当代中国经济大辞库·经济名录卷》,中国经济出版社 1993 年 12 月版

八

洪远朋,1935 年 10 月生,江苏如皋人。中共党员。1964 年于复旦大学经济系研究生毕业。曾任复旦大学经济学系主任、经济学院院长,教授,博士生导师。中国《资本论》研究会副会长,全国综合大学《资本论》研究会会长,上海市经济学会副会长,上海市集体工业经济研究会副会长。主要成果：《政治经济学入门》1983 年获全国通俗政治理论读物一等奖;《通俗〈资本论〉》1986 年获辽宁省优秀图书三等奖;《〈资本论〉难题探索》1986 年获上海市哲学社会科学优秀成果著作奖、北方十三省优秀图书一等奖;《新编〈资本论〉教程》（1—4 卷）1994 年获上海市哲学社会科学优秀成果三等奖,1996 年获上海市普通高校优秀教材二等奖;《政治经济学课程的教学改革》1989 年获高校优秀教学成果国家级特等奖。1990 年被评为国家级有突出贡献中青年专家。1992 年起享受国务院政府特殊津贴。事迹被收入《世界名人录》、《国际传记辞典》。

——《中国当代教育名人大辞典》,陕西师范大学出版社 1994 年 5 月版

九

洪远朋：男,1935 年 10 月 25 日生,江苏省如皋市人。

现任职务：
中国《资本论》研究会副会长
中国综合大学《资本论》研究会副会长
上海市经济学会副会长
复旦大学经济学院院长、教授、博士生导师

简历：
1953年6月—1956年8月　江苏省人民政府工业厅工作。
1956年9月—1961年7月　复旦大学经济系政治经济学专业本科毕业。
1961年10月—1964年11月　复旦大学经济系政治经济学专业社会主义经济理论研究方向研究生毕业。
1965年至今　复旦大学经济系助教、讲师、副教授、教授，1986年起任经济系系主任，1991年起任经济学院院长。

主要著作：
《政治经济学入门》，江苏人民出版社1982年出版。
《通俗〈资本论〉》，辽宁人民出版社1985年出版。
《〈资本论〉难题探索》，山东人民出版社1985年出版。
《社会主义政治经济学新论》，工人出版社1986年出版。
《价格理论的发展与社会主义市场价格的形成》，经济科学出版社1989年出版。
《经济理化的轨迹》，经济科学出版社1992年出版。
《新编〈资本论〉教程》(1—4卷)，复旦大学出版社1988—1992年出版。

获奖情况：
《政治经济学入门》，1983年获全国通俗政治理论读物一等奖。
《〈资本论〉难题探索》，1986年获上海市哲学社会科学优秀成果著作奖，北方十三省优秀图书一等奖。
《政治经济学课程的教学改革》，1989年获高校优秀教学成果国家级特等奖。
1990年被评为国家级有突出贡献中青年专家。

国际学术交流：
自1989年起曾赴美国、日本、香港等国家和地区参加国际学术会议，进行学术和访问和考察。

——《生产力研究》"专家档案"，1995年5月

十

洪远朋教授，男，1935年10月25日出生，江苏省如皋市人。1961年毕业于复

旦大学经济学系。1964年复旦大学经济学系政治经济学专业研究生毕业。1984年国家教育委员会特批为教授。1990年被评为国家级有突出贡献的中青年专家，1993年评为博士生导师。

洪远朋教授兼任中国《资本论》研究会副会长，全国综合大学《资本论》研究会会长，上海市经济学会副会长，上海市集体工业经济研究会副会长，上海市价格学会理事、上海市土地学会常务理事，《中国经济科学年鉴》编委、《高校理论战线》编委，《复旦学报》（社会科学版）编委，复旦大学学位评定委员会委员。

洪远朋教授在国内外发表的著作、教材、译著20多本，论文200多篇，其论著多次获国家级和省市级优秀论著奖。独立编著的《政治经济学入门》1983年被评为全国通俗政治理论读物（1979—1983）一等奖。《〈资本论〉难题探索》1986年荣获第一届北方十三省（市）、自治区哲学社会科学优秀图书一等奖、上海市（1979—1985）哲学社会科学著作奖。洪远朋教授主编的《新编〈资本论〉教程》（四册）1994年被评为上海市哲学社会科学优秀成果著作类三等奖。论文《积累不是扩大再生产的唯一源泉》1986年被评为上海市哲学社会科学学会联合会和上海市经济学会（1979—1985年）优秀学术成果奖，《〈资本论〉与社会主义商品经济》1988年被评为上海市哲学社会科学学会联合会和上海市1986年至1987年度优秀学术成果奖。

洪远朋教授为本科生和研究生开设：政治经济学、《政治经济学研究》、《资本论》、《〈资本论〉研读》、《〈资本论〉与社会主义经济》、《价格理论的发展与现实》、《经济理论比较研究》等课程，教学效果好。曾荣获复旦大学1980年教学优秀二等奖，《政治经济学课程的教学改革》与蒋学模、伍柏麟教授一起，1989年荣获全国普通高等学校优秀教学成果国家级特等奖。

洪远朋教授承担的科研课题有：国家"八五"社科基金项目《马克思主义的合作理论与中国特色的社会主义合作经济》，上海市"七五"社会科学研究重点项目《社会主义商品经济理论模式》和《搞活国营大中型企业》，国家教委第三批博士点社会科学基金项目《经济理论的发展与我国经济体制改革》，国家教委专题研究项目《经济危机理论》和《资本积累与相对人口过剩》，自选合同项目《社会主义综合经济学》等等。

洪远朋教授近年来多次外出进行学术交流，先后出访过香港、日本、美国等。

——《复旦学报》（社会科学版）1996年第2期

十一

洪远朋（1935.10—　）江苏如皋人。1964年于复旦大学经济系研究生毕业。1984年获经济学专业教授职称。1953—1956年在江苏省人民政府工业厅工作。

1964年起在上海复旦大学任教,曾任经济系主任、经济学院院长、教授、博士生导师。现任复旦大学理论经济学博士后科研流动站站长、复旦大学经济学院学位委员会主席。兼任河南大学、福建师范大学、宁夏大学兼职教授,国家社科基金学科组成员、江西财经大学客座教授、南京经济学院名誉教授、中国《资本论》研究会副会长、全国综合大学《资本论》研究会会长、上海市经济学会副会长、上海市集体经济研究会副会长、上海市社会科学界联合会常委。主要研究方向:《资本论》、社会主义经济理论、经济理论比较、经济利益理论与实践、合作经济理论与实践。著作有:《政治经济学入门》、《〈资本论〉难题探索》(获1986—1993年上海市哲学社会科学优秀成果著作奖)、《通俗〈资本论〉》、《社会主义政治经济学新论》、《价格理论的发展与社会主义价格形成》、《经济理论的轨迹》(合著)、《马克思主义周期理论在当代》、《现代经济学论纲》(合著)等。编写教材有:《新编〈资本论〉教程》(获1986—1993年上海市哲学社会科学优秀成果著作三等奖)、《合作经济的理论与实践》。论文有:《试论生产力的内在源泉》、《积累不是扩大再生产的唯一源泉》、《〈资本论〉与社会主义经济》、《〈资本论〉与社会主义政治经济学体系》、《试论社会主义绝对地租》、《工业品价格形成中的成本问题》、《试析马克思劳动价格论》、《试论建立综合的社会主义经济学》、《〈资本论〉与社会主义商品经济》、《中国的对外开放与亚太经济合作》、《坚持与发展马克思主义关于科学是生产力的理论》、《邓小平对社会主义经济学的贡献》、《论社会主义市场经济体制下的十大利益关系》(合写,获1996—1997年上海市邓小平理论研究和宣传优秀成果论文二等奖)、《经济学的发展与创新》、《再论资本主义社会中的社会主义经济因素》、《股份合作制是合作经济的新发展》。课题成果有:《搞活国营大中型企业》(上海市"七五"重点项目)、《社会主义商品经济理论模式》(上海市"七五"重点项目)、《经济理论的发展与我国经济体制改革》(国家教委重点项目)、《马克思主义的合作理论与建立中国特色的社会主义合作经济》(国家"八五"社科基金项目)。1990年被评为国家级中青年有突出贡献专家,1992年获国务院颁发的政府特殊津贴。目前正研究:减轻我国通货膨胀压力与经济利益关系调整("九五"国家社科基金课题)、股份合作制企业的产权界定与利益关系研究及其政策("九五"教育部社科基金课题)、社会主义市场经济的利益关系问题("九五"上海市社科基金课题)。

——《当代上海社会科学学者辞典》,上海辞书出版社2001年7月版

十二

洪远朋,江苏如皋人,1935年生。复旦大学经济学院教授,博士生导师。历任复旦大学经济系系主任、经济学院院长、经济学院学位委员会主席。现为国家社科

基金学科组成员、复旦大学理论经济学博士后流动站站长、《世界经济文汇》编委会主任、中国《资本论》研究会副会长、全国综合大学《资本论》研究会会长、上海市经济学会副会长等。1990年被评为国家级有突出贡献的中青年专家。主要研究领域：《资本论》、社会主义经济理论、经济理论比较研究、经济利益理论与实践。主要著作和教材有：《政治经济学入门》、《〈资本论〉难题探索》、《新编〈资本论〉教程》(1—4卷)、《社会主义政治经济学新论》、《价格理论的发展与社会主义价格形成》、《经济理论的轨迹》、《合作经济的理论与实践》、《经济利益理论与实践丛书》、《共享利益》等30多本，以及论文250多篇，曾多次获国家级、省部级教学和研究成果奖。

——洪远朋主编《〈资本论〉教程简编》"作者简介"，复旦大学出版社2002年2月第1版

十三

洪远朋，江苏如皋人，1935年生。复旦大学经济学院教授，博士生导师。历任复旦大学经济系主任、经济学院院长、经济学院学位委员会主席。现为国家社科基金学科组成员、复旦大学理论经济学博士后流动站站长、《世界经济文汇》编委会主任、中国《资本论》研究会副会长、全国综合大学《资本论》研究会会长、上海市经济学会副会长等。1990年被评为国家级有突出贡献的中青年专家。主要研究领域：《资本论》、社会主义经济理论、经济理论比较研究、经济利益理论与实践。主要著作和教材有：《政治经济学入门》、《〈资本论〉难题探索》、《新编〈资本论〉教程》(1—4卷)、《社会主义政治经济学新论》、《价格理论的发展与社会主义价格形成》、《经济理论的轨迹》、《合作经济的理论与实践》、《经济利益理论与实践丛书》、《共享利益》等30多本，以及论文250多篇，曾多次获国家级、省部级教学和研究成果奖。

——洪远朋著《经济理论的过去、现在和未来——洪远朋论文选集》"作者简介"，复旦大学出版社2004年4月版

十四

洪远朋，1935年10月生，江苏如皋人。教授，博士生导师。1956年他响应党中央、国务院向科学进军的号召，作为调干生考入复旦大学经济系政治经济学专业，1961年毕业后即师从蒋学模先生做社会主义经济理论专业的研究生，之后，留校从事《资本论》、价格理论、社会主义经济理论、比较经济理论、经济利益理论与实践、合作经济理论与实践等的教学与研究。洪远朋教授发表论文250余篇，出版

著作80多部(含合著、编著),其中获奖近30项。洪远朋教授历任复旦大学经济系主任、经济学院院长和复旦大学理论经济学博士后科研流动站站长、复旦大学经济学院学位委员会主席、《世界经济文汇》编委会主任。主要社会兼职:国家社科基金学科组成员;中国《资本论》研究会副会长、全国综合大学《资本论》研究会会长、上海市经济学会副会长,上海市经济学会《资本论》专业研究委员会名誉主任,以及一些高校兼职教授等。鉴于其丰硕的成果与突出的贡献,1984年获特批教授,1990年被评为国家级有突出贡献的中青年专家,1992年起享受国务院颁发的政府特殊津贴,并被英国剑桥国际传记中心列入1992/1993年度世界名人录,收入《国际传记辞典》第23版。洪远朋教授获得以上种种殊荣是当之无愧的,他在诸多经济理论领域都有自己的独到见解和建树。

1981年洪远朋教授编写的《政治经济学入门》(1982年修改第二版,近15万字),该书紧密结合我国社会主义经济建设的实际,深入浅出地介绍了政治经济学的主要内容和基本原理。这是一本理论联系实际,重点突出,既通俗易懂,又有一定理论深度和学术价值的富有特色的政治经济学入门书,该书出版后受到读者好评,全国有10多家报章杂志推荐介绍,1983年7月全国首届通俗政治理论读物评选获得一等奖,1984年被列为全国青年读书活动推荐书目,上海市振兴中华读书活动推荐书目。

洪远朋教授对马克思主义的百科全书——《资本论》的研究,硕果累累,先后出版了《〈资本论〉讲稿》(1—3卷)、《新编〈资本论〉教程》(1—4卷),《〈资本论〉难题探索》、《通俗〈资本论〉》、《〈资本论〉教程简编》等10多部。其中《〈资本论〉难题探索》(山东人民出版社1985年版)1986年获上海市哲学社会科学优秀成果奖(1979—1985年)著作奖,同年又获第一届北方十三省哲学社会科学优秀图书奖一等奖。该书不是探索《资本论》中难懂的句子,也不是解释《资本论》中弄不清楚的某些典故,而是探索与《资本论》有关的在理论界有争议的重大经济理论问题,这里包括政治经济学基本理论方面的争议问题,也包括运用《资本论》基本原理如何解释当代资本主义的一些新问题,还包括运用《资本论》基本原理研究社会主义经济理论的一些问题。其中在以下方面提出了创新的见解:

在政治经济理论方面,提出了生产力内在源泉论,社会主义经济因素有可能在资本主义内部产生,应当用"生产资料生产较快增长"代替"生产资料生产优先增长"的传统提法,积累是扩大再生产的主要源泉而不是唯一源泉的观点,等等。

在运用《资本论》基本原理探索社会主义经济问题方面,提出的社会主义生产过程二重论,机器的社会主义使用及其界限,社会主义绝对地租和级差地租,社会主义剩余劳动等,具有创新的见解。《〈资本论〉难题探索》在国内外都有很好的反响。国内不少高校作为研究《资本论》教学的参考教材。山东人民出版社曾选送该书参加"1985年香港·中国书展",引起很好的反响,香港新闻记者团曾就此书专门采访了山东人民出版社。在日本也引起反响,1986年下半年,日本《资本论》学术访问团来我国,此书是学术交流书籍之一。

《新编〈资本论〉教程》(洪远朋主编,合作者程恩富、宗平、宋运肇、严法善等,复旦大学出版社1988年、1989年、1992年先后出版)1994年获上海市哲学社会科学优秀成果奖(1986—1993年)三等奖,1995年获上海市普通高等学校优秀教材奖。《新编〈资本论〉教程》(1—4卷)(以下简称《新编》)吸取了国内外最新学术研究成果,既对马克思主义的主要著作——《资本论》本身的主要内容有全面系统、准确简要的介绍,能密切联系当代实际特别是建设有中国特色的社会主义实际,能帮助读者掌握马克思主义基本原理,又对当代经济理论的有关方面做了深入的探讨。

《新编》的创新之处在于:把《资本论》学习、教学、宣传和研究结合起来,深入浅出,雅俗共赏。

《新编》把《资本论》的研究从过去着重于解释转变为重点联系当代实际,包括当代资本主义实际和具有中国特色的社会主义实际。不仅坚持马克思主义基本原理,而且力图发展马克思主义,并且矫正了长期以来对马克思主义经济理论的某些歪曲和误解。

在有关经济学的许多有争议的观点中,都有创新见解。如:生产力源泉论,积累不是扩大再生产的唯一源泉论,再生产三类型论,社会主义仍然存在地租,剩余价值等。

该书社会反响、使用效果良好,被誉为"集我国经济学术界、教育界研究、教学《资本论》成果的一部最新力作","是我国《资本论》教学和研究的新成果","是一套别具风格,具有相当高水平的教材"。还有的说是同类教材中最好的。《中国经济问题》1990年第3期曾有书评指出,《新编》是一本集体创作,又是主编负责制。作者队伍阵容的强大是国内外同类著作中少见的,由全国22个省、市、自治区40多所高校50多位教授专家组成。全国《资本论》研究会会长,著名经济学家、中国人民大学教授宋涛为《新编》写了序言。

洪远朋教授与蒋学模、伍柏麟教授合作的《政治经济学课程的教学改革》获1989年普通高等学校优秀教学成果国家级特别奖等。

在马克思主义经济理论的发展与创新方面,洪远朋教授认为,马克思主义是一个开放的、活的体系,它是在实践的基础上不断吸取,综合人类文明一切有用的成果而不断丰富和发展的。他指出,对待马克思主义经济理论,一是坚持,二要澄清,三要发展。他主张,对西方经济学一要了解,二要批判,三要吸收。最后还要继承和弘扬中国经济思想的宝贵遗产。对中国经济思想一要挖掘、二要继承、三要扬弃。就如上这些方面,洪远朋教授开展了大量研究取得了不少成果。在此基础上,洪远朋教授提出创建综合经济学的任务。

他认为综合经济学包括五个方面的综合：一是生产力、生产关系和上层建筑的综合；二是宏观经济、中观经济和微观经济的综合；三是现有各国各家、各派社会主义经济理论的综合；四是各门经济科学和相关学科的综合；五是各种经济分析方法的综合。这项工作已取得了大量成果。不仅在国内居领先地位，而且在国际经济理论界也是处于前沿的。据报道，德、美、澳等国的不少经济学家也正在努力创建，所谓的 Mesoeconomics，有人译为综观经济学，与之相比，洪远朋教授的综合经济综合层次更高，某种程度上包容了国外的 Mesoeconomics。

洪远朋教授对经济利益理论与实践的研究，也已取得成果，形成了由洪远朋教授主编，复旦大学出版社的《经济利益理论与实践丛书》。其中，《经济利益关系通论》是洪远朋教授承担的上海市哲学社会科学规划课题，而《社会主义市场经济的利益关系研究》是最终成果；另外，还有《利益关系变更论》、《宏观利益论》等书也将出版。在丛书之外，上海人民出版社出版了洪远朋教授等的合著《共享利益论》。其中洪远朋教授的两篇论文《论社会主义市场经济体制下的十大利益关系》和《中国共产党人对马克思主义经济利益理论的贡献》分别获得第二届上海市邓小平理论研究和宣传优秀成果论文二等奖和第四届上海市邓小平理论研究和宣传优秀成果论文三等奖。

——《复旦大学经济学院志》，上海人民出版社 2005 年 8 月版

十五

洪远朋（1935— ） 江苏如皋人。教授，博士生导师。1956 年进复旦大学经济学系读书，1964 年政治经济学专业研究生毕业。后留校任教，1984 年国家教委特批为教授。曾任国家社科基金学科组成员，复旦大学经济学院院长、经济学系主任、理论经济学博士后流动站站长。兼任中国《资本论》研究会副会长，上海经济学会副会长，上海市社会科学学会联合委员会委员，《世界经济文汇》编委会主任等职。长期从事《资本论》、社会主义经济理论、经济利益理论与实践、合作经济理论与实践等方面研究。承担的课题有：上海市"七五"社科研究重点项目"社会主义商品经济理论模式"和"搞活国营大中型企业"；国家"八五"社科基金项目"马克思主义的合作理论与建立中国特色的社会主义合作经济"；国家"九五"社科基金项目"减轻我国通货膨胀压力与经济利益关系调整"；2000 年度国家社科基金项目"我国经济利益关系演变研究"等。主编、参编著作 80 多种，发表论文 250 多篇，多次获国家及省市级优秀论著奖。1990 年被评为"国家级中青年有突出贡献专家"。

——《复旦大学百年志（1905—2005）》，复旦大学出版社 2005 年 9 月版

十六

洪远朋　江苏如皋人，1935年生。复旦大学经济学院教授，博士生导师。历任复旦大学经济系主任、经济学院院长、经济学院学位委员会主席。现为国家社科基金学科组成员、《世界经济文汇》编委会主任、中国《资本论》研究会副会长、全国综合大学《资本论》研究会名誉会长等。1990年被评为国家级有突出贡献的中青年专家。主要研究领域：《资本论》、社会主义经济理论、经济理论比较研究、经济利益理论与实践。主要著作和教材有：《政治经济学入门》、《〈资本论〉难题探索》、《新编〈资本论〉教程》(1—4卷)、《社会主义政治经济学新论》、《价格理论的发展与社会主义价格形成》、《经济理论的轨迹》、《合作经济的理论与实践》、《经济利益理论与实践丛书》、《共享利益》等30多部，以及论文250多篇。曾多次获国家级、省部级教学和研究成果奖。

——洪远朋著《通俗〈资本论〉》"作者简介"，上海科学技术文献出版社2009年4月版

十七

洪远朋，江苏如皋人，1935年10月生。复旦大学经济学院教授，博士生导师。历任复旦大学经济系主任、经济学院院长、经济学院学位委员会主席、理论经济学博士后流动站站长。现为国家社科基金学科组成员、中国《资本论》研究会副会长、全国综合大学《资本论》研究会名誉会长、复旦大学泛海书院院长、《世界经济文汇》编委会主任、中国社会科学院马克思主义研究院特聘研究员等。主要研究领域：《资本论》、社会主义经济理论、经济理论比较研究、经济利益理论与实践。主要著作和教材有30多本，发表论文300多篇，曾多次获国家级、省部级教学和研究成果奖。

1984年为国家教委特批教授，1989年与蒋学模、伍柏麟教授合作的《政治经济学课程的教学改革》获普通高等学校优秀教学成果国家级特等奖，1990年获国家级有突出贡献的中青年专家，1992年起享受国务院颁发的政府特殊津贴，1992/1993年度被列为英国剑桥国际传记中心的世界名人录，收入《国际传记辞典》第23版。

——《36位著名学者纵论新中国发展60年》中《60年来中国共产党人对社会主义经济理论的贡献》一文"作者简介"，中国社会科学出版社2009年10月版

十八

洪远朋，1935年生，复旦大学经济学院教授，博士生导师。

现为国家社科基金学科组成员、中国《资本论》研究会副会长、全国综合大学《资本论》研究会名誉会长、复旦大学泛海书院院长、《世界经济文汇》编委会主任、中国社会科学院马克思主义研究院特聘研究员等。历任复旦大学经济学院院长、经济学院学位委员会主席、复旦大学理论经济学博士后流动站站长；1984年获国家教委特批教授，1990年获国家级有突出贡献的中青年专家，1992年起享受国务院颁发的政府特殊津贴。

主要研究领域：《资本论》、社会主义经济理论、经济理论比较研究、经济利益理论与实践。主要著作有：《政治经济学入门》、《〈资本论〉难题探索》、《新编〈资本论〉教程（1—4卷）》、《社会主义政治经济学新论》、《价格理论的发展与社会主义价格形成》、《经济理论的轨迹》、《合作经济的理论与实践》、《经济利益关系通论》（获第三届中国高校人文社会科学研究优秀成果著作奖三等奖）、《共享利益》（获第四届中国高校人文社会科学研究优秀著作奖三等奖）、《社会利益关系演进论》（2008年获上海市哲学社会科学优秀成果著作类一等奖）、《经济理论的过去、现在和未来》、《新时期利益关系丛书》等30多部；主要论文300多篇，曾多次获国家级、省部级教学和研究成果奖。

——洪远朋著《马克思主义政治经济学述评》"作者简介"，经济科学出版社2009年12月版

十九

当代马克思主义经济学家——洪远朋

1935年10月25日生于江苏省如皋县（今如皋市），复旦大学经济学院教授，博士生导师。1953年，江苏省财经学校毕业后到江苏省工业厅工作。1956年，作为调干生考入复旦大学经济系政治经济学专业。1961年大学毕业后，师从蒋学模先生做社会主义理论专业研究生。1964年学成后留校任教至今。

洪远朋教授曾任复旦大学经济系主任、经济学院院长、经济学院学位委员会主席、复旦大学理论经济学博士后流动站站长。现为国家社科基金学科组成员、中国《资本论》研究会副会长、全国综合大学《资本论》研究会名誉会长、复旦大学泛海书院院长、《世界经济文汇》编委会主任、中国社会科学院马克思主义研究院特聘研究员等。1990年获国家级有突出贡献的中青年专家，1992年起享受国务院颁

发的政府特殊津贴,1992/1993年度被列为英国剑桥国际传记中心的世界名人录,收入《国际传记辞典》第23版,2012年荣获2009—2011年度上海市高校系统"老有所为"精英奖、上海市第十一届哲学社会科学学术贡献奖。

四十多年来,洪远朋教授一直从事《资本论》、价格理论、社会主义经济理论、比较经济理论、经济利益理论与实践、合作经济理论与实践等教学与研究。主要著作和教材有:《政治经济学入门》、《〈资本论〉难题探索》、《新编〈资本论〉教程》(1—4卷)、《社会主义政治经济学新论》、《价格理论的发展与社会主义价格形成》、《经济理论的轨迹》、《合作经济的理论与实践》、《经济利益理论与实践丛书》、《共享利益》、《经济理论的过去、现在和未来》、《新时期利益关系丛书》等50多部,学术论文300多篇,承担国家和省、部级课题多项,多次荣获国家和省、部级教学和科研成果奖。其中,与蒋学模、伍柏麟教授合著的《政治经济学课程的教学改革》,获普通高等学校优秀教学成果国家级特等奖;《〈资本论〉难题探索》,获上海市(1979—1985年)哲学社会科学优秀成果著作奖;国家社会科学规划课题成果"中国共产党人对马克思主义经济利益理论的贡献",获上海市邓小平理论与宣传优秀成果论文奖;教育部"九五"规划课题成果《共享利益论》,获第四届中国高校人文社会科学研究优秀著作奖三等奖;上海市社会科学规划课题成果《经济利益关系论》,获第三届中国高校人文社会科学研究优秀成果著作奖三等奖;国家社科基金重大课题成果之一的《社会利益关系演进论》,在2006年入选国家社科基金《成果要报》(第56期),并于2008年获上海市哲学社会科学优秀成果著作类一等奖;2010年,新版《通俗〈资本论〉》获上海市第八届邓小平理论研究和宣传优秀成果著作类一等奖。

——《当代经济研究》2013年第4期

二十

上海市第十一届哲学社会科学学术贡献奖
洪远朋教授简历

洪远朋,1935年10月25日生于江苏如皋。1953年,江苏省财经学校毕业分配在江苏省工业厅工作。1956年,他响应党中央国务院向科学进军号召,作为调干生考入复旦大学经济系政治经济学专业。1961年大学毕业后师从蒋学模先生做社会主义经济理论专业的研究生。1964年学成后留校任教,一直从事《资本论》、价格理论、社会主义经济理论、经济理论比较、利益理论与实践、合作经济理论与实践等教学与研究至今。

洪远朋是复旦大学经济学院教授,博士生导师。历任复旦大学经济系主任、经济学院院长、经济学院学位委员会主席、复旦大学理论经济学博士后流动站站长、国家社科基金学科组成员、中国《资本论》研究会副会长、全国综合大学《资本论》研究会名誉会长、复旦大学泛海书院院长、《世界经济文汇》编委会主任、中国社会科学院马克思主义研究院特聘研究员等。主要研究领域:《资本论》、社会主义经济理论、经济理论比较研究、利益理论与实践。主要著作和教材有:《政治经济学入门》、《〈资本论〉难题探索》、《新编〈资本论〉教程》(1—4卷)、《通俗资本论》、《社会主义政治经济学新论》、《价格理论的发展与社会主义价格形成》、《经济理论的轨迹》、《合作经济的理论与实践》、《经济利益理论与实践丛书(8)》、《共享利益》、《经济理论的过去、现在和未来》、《新时期利益关系丛书》(12本)等50多本,以及论文300多篇,曾多次获国家级、省部级教学和研究成果奖。

1984年为国家教委特批教授,1989年与蒋学模、伍柏麟教授合作的《政治经济学课程的教学改革》获普通高等学校优秀教学成果国家级特等奖,1990年获国家级有突出贡献的中青年专家,1992年起享受国务院颁发的政府特殊津贴,1992/1993年度被列为英国剑桥国际传记中心的世界名人录,收入《国际传记辞典》第23版。2012年6月荣获上海市2009—2011年度高校系统"老有所为"精英奖,2012年10月荣获上海市第十一届哲学社会科学学术贡献奖。

洪远朋教授承担的省部级以上项目有:(1)国家社会科学规划课题:《我国经济利益关系演变》,其中部分成果《中国共产党人对马克思主义经济利益理论的贡献》等,获上海市邓小平理论与宣传优秀成果论文奖。(2)教育部"九五"规划课题:《股份合作制企业的产权鉴定研究及其政策建议》,其最终成果《共享利益论》获第四届中国高校人文社会科学研究优秀著作奖三等奖。(3)上海市社会科学规划课题:"社会主义市场经济的利益关系研究",其最终成果《经济利益关系通论》获第三届中国高校人文社会科学研究优秀成果著作奖三等奖。(4)洪远朋教授是2005年国家社科基金重大课题:《新时期我国社会利益关系的发展变化》的首席专家,其阶段性成果之一:《社会利益关系演进论》,2006年入选国家社科基金《成果要报》(第56期),报中央领导参阅。2008年获上海市哲学社会科学优秀成果著作类一等奖。2010年,新版《通俗〈资本论〉》成为中共中央宣传部、国家新闻出版总署推荐的第二届10种全国优秀通俗理论读物之一。2010年12月,《通俗〈资本论〉》获上海市第八届邓小平理论研究和宣传优秀成果著作类一等奖,2012年获教育部人文社会科学优秀成果普及奖。

——《复旦学报》(社会科学版)2013年第5期

二十一

洪远朋,1935年10月25日生于江苏如皋。1953年,江苏省财经学校毕业,分配在江苏省工业厅工作。1956年,他响应党中央国务院向科学进军号召,作为调干生考入复旦大学经济系政治经济学专业。1961年大学毕业后师从蒋学模先生做社会主义经济理论专业的研究生。1964年学成后留校任教,一直从事《资本论》、价格理论、社会主义经济理论、经济理论比较、利益理论与实践、合作经济理论与实践等教学与研究至今。

洪远朋为复旦大学经济学院教授,博士生导师。历任复旦大学经济系主任、经济学院院长、经济学院学位委员会主席、复旦大学理论经济学博士后流动站站长、国家社科基金学科组成员、中国《资本论》研究会副会长、全国综合性大学《资本论》研究会名誉会长、复旦大学泛海书院院长、《世界经济文汇》编委会主任、中国社会科学院马克思主义研究院特聘研究员等。主要研究领域:《资本论》、社会主义经济理论、经济理论比较研究、利益理论与实践。主要著作和教材有:《政治经济学入门》、《〈资本论〉难题探索》、《新编〈资本论〉教程》(1—4卷)、《通俗资本论》、《社会主义政治经济学新论》、《价格理论的发展与社会主义价格形成》、《经济理论的轨迹》、《合作经济的理论与实践》、《经济利益理论与实践丛书》(8本)、《共享利益》、《经济理论的过去、现在和未来》、《新时期利益关系丛书》(12本)等50多本,以及论文300多篇,曾多次获国家级、省部级教学和研究成果奖。

1984年为国家教委特批教授,1989年与蒋学模、伍柏麟教授合作的《政治经济学课程的教学改革》获普通高等学校优秀教学成果国家级特等奖,1990年获国家级有突出贡献的中青年专家,1992年起享受国务院颁发的政府特殊津贴,1992—1993年度被列为英国剑桥国际传记中心的世界名人录,收入《国际传记辞典》第23版。2012年6月荣获上海市2009—2011年度上海市高校系统"老有所为"精英奖,2012年10月荣获上海市第十一届哲学社会科学学术贡献奖。

洪远朋承担的省部级以上项目有:国家社会科学规划课题《我国经济利益关系演变》,其中部分成果"中国共产党人对马克思主义经济利益理论的贡献"等,获上海市邓小平理论与宣传优秀成果论文奖;教育部"九五"规划课题《股份合作制企业的产权鉴定研究及其政策建议》,其最终结果《共享利益论》,获第四届中国高校人文社会科学研究优秀著作奖三等奖;上海市社会科学规划课题《社会主义市场经济的利益关系研究》,其最终成果《经济利益关系通论》,获第三届中国高校人文社会科学研究优秀成果著作奖三等奖;2005年国家社科基金重大课题《新时期我国社会利益关系的发展变化研究》的首席专家,其阶段性成果之一《社会利益关系演进论》,2006年入选国家社科基金《成果要报》(第56期)报中央领导参阅。2008年获上海市哲学社会科学优秀成果著作类一等奖。2010年,新版《通俗〈资本论〉》成为中共中央宣传部、国家新闻出版总署推荐的第二届10种全国优秀通俗理论读物之一。2010年12月,《通俗〈资本论〉》获上海市第八届邓小平理论研究和宣传优秀成果著作类一等奖。《通俗〈资本论〉》2013年获教育部人文社会科学优秀成果普及奖。

五十多年来,洪远朋教授培养的专科生、本科生、硕士生、博士生以及博士后研究工作者,分布于全国东、西、南、北、中各地,可谓桃李满天下。

洪远朋教授在教学中一贯注重教书育人,"认认真真读书、扎扎实实工作、诚诚恳恳处世、清清白白做人"是他的座右铭,也是他教育弟子为人处世的基本准则。

——洪远朋著《论价值——洪远朋价值、价格研究文集》"洪远朋简介",复旦大学出版社2016年11月版

二十二

洪远朋,复旦大学经济学院教授,博士生导师。历任复旦大学经济系主任、经济学院院长。主要研究领域:《资本论》、社会主义经济理论、经济理论比较研究、利益理论与实践。主要著作和教材50多部,论文300多篇,曾多次获国家级、省部级教学和研究成果奖。

1984年为国家教委特批教授,1989年与蒋学模、伍柏麟教授合作的"政治经济学课程的教学改革"获普通高等学校优秀教学成果国家级特等奖,1990年获"国家级有突出贡献的中青年专家"称号,1992年起享国务院颁发的政府特殊津贴,2012年10月获上海市第十一届哲学社会科学学术贡献奖,2014年获世界政治经济学学会马克思经济学奖。

——洪远朋、陶友之、牟云磊、刘金燕、戎生贤著《"中国腾飞"探源》"作者简介",江苏人民出版社、江苏凤凰美术出版社2014年12月版

书 评 篇

对政治经济学研究、教材、通俗读物的评价

马列主义基础知识丛书

洪 远 朋

政治经济学入门

江苏人民出版社

对《政治经济学入门》的评说

洪远朋编著《政治经济学入门》,江苏人民出版社1980年8月第一版,1982年12月第二版,1993年4月第三版(改名《新编政治经济学入门》)

《政治经济学入门》一书1983年6月列入南京市职工读书活动重点推荐书目;1983年7月获全国通俗政治理论读物一等奖,得到广泛关注。1983年10月列入共青团中央、全国青联、全国学联主办的全国青年读物活动推荐书目;《人民日报》《光明日报》《文汇报》《新华日报》《安徽日报》《书林》《学习与思想》《北京日报》《解放日报》等报章杂志多次推荐和介绍。评语有:

"一本富有特色的政治经济学入门书"

"在体系上具有精当的特色"

"理论联系实际,且通俗易懂,有一定理论深度"

"作者对政治经济学理论上的一些重大问题提出了自己的看法"

《政治经济学入门》自评

第一版引言

我们几乎每天都可以从报纸、杂志、书籍、电视和收音机里看到和听到政治经济学这个名词。但是,究竟什么是政治经济学呢?不少青年同志,甚至包括一些已有多年工作经验的老同志,并不是都很熟悉和了解的。我就曾经碰到过这样一件事:

有一年正是新生入学的时候,一位青年同志考取了我们大学的政治经济学专业,他告诉我,在他离开工作岗位入学的前夕,不少亲友给他送礼、赠言。有个朋友送他一把算盘,希望他好好学会算账,单位领导人嘱咐他要学会记账,以后回来当会计。他说:老师,我报考这个专业是因为看到招生专业介绍中讲政治经济学是马克思主义的一个组成部分,但亲友的期望却把我搞糊涂了。那么,到底什么是政治经济学?为什么要学习政治经济学?政治经济学包括哪些主要内容?怎样才能学好政治经济学呢?

这本小册子试图就这些问题给政治经济学初读者作些回答,供这些同志作为学习入门的参考。

第二版引言

为了全面开创社会主义现代化建设的新局面,促进社会主义经济的全面高涨,广大干部、工农群众和青年朋友都想学点政治经济学。

但是,政治经济学究竟是研究什么的?它包括哪些主要内容?学习政治经济学有什么重要意义,以及怎样才能学好它?对这些问题,不少青年朋友,甚至包括一些已有多年工作经验的老同志,并不都是熟悉和了解的。有些同志看到政治经济学中有"政治"二字,就认为它是研究阶级斗争的;有些同志看到政治经济学中有"经济"二字,就认为它是研究怎样算账的;还有一些同志一听到学习政治经济学,就感到高不可攀,望而生畏,等等。这说明,从事理论工作的同志很有必要做一点普及的工作,即把政治经济学作一番通俗的、概括的介绍,为同志们学习这门科学引个"路"。

这本小册子名为《政治经济学入门》。"入"者,由外到内也。"入门",始见于《论语·子张》:"夫子之墙数仞,不得其门而入,不见宗庙之美,百官之富。"后来,人们就把学习已经找到门路,或者得到师传,称为"入门"。现在,一般也把初学的读物称为"入门"书。所以,这本《政治经济学入门》,顾名思义是一本启蒙读物,以供初学政治经济学的同志阅读。

《政治经济学入门》既然是一本普及读物,要使初学的同志能够看得懂,这就必须努力做到观点明确、简明扼要、联系实际、深入浅出,在某种程度上能使初学者对它产生兴趣,有助于他们领会马克思主义政治经济学的基本原理,并为今后进一步学习和研究政治经济学打下基础。

这本小册子就是按照这个意图编写的。至于是否达到了这个要求,还有待于读者的检验。由于水平所限,这本书在内容、形式以至文字表达上,难免有不妥甚至错误之处,衷心期望读者批评指正。

初版后记

这本小册子不能说是专著,只可以说是一本"汇编",而我也只能算是一个编者。在这本小册子里,我引用了很多同志的观点和材料,这是首先应该表示感谢的。在这本小册子里,我也对某些问题谈了自己的看法,例如,我是同意和主张生产关系应该是四个环节,而不是三个方面;生产力是三要素,而不是二要素;在资本主义制度下,只有无产阶级贫困的理论,而没有什么绝对贫困化规律和相对贫困化规律;应该从生产过程二重性去论证社会主义的基本经济规律,而不是从基本矛盾去论证;在社会主义社会生产资料也是商品,而不是产品等等,这些问题在我国经济理论界是有不同意见的,以上看法只供参考。在这本小册子里,还试图对现实生活中提出来的某些经济理论问题,如社会主义经济制度比资本主义优越,为什么我们的生产力水平还没有某些资本主义国家高;帝国主义已经腐朽了,为什么生产还在发展;要加快实现我国的四个现代化,为什么必须严格按照客观经济规律办事,主要地要遵守哪些经济规律,等等,谈了自己粗浅的看法,也供参考。社会在前进,实践在发展,经济在改革,这本小册子中的许多观点很可能过一段时间就"过时"了,只好留作以后修改。由于水平的关系,这本小册子一定会有许多错误和缺点,望同志们批评、指正。

编写者

一九八〇年五月

再版后记

这本小册子从一九八〇年八月出版以来,已经两年多了。两年来,在十一届三中全会的指引下,我国的社会主义经济建设又取得了新的成就,经济理论的研究也有了新的进展。现根据两年来经济工作和经济理论的新进展,对本书作一次较大修改,以期对读者有所帮助。

这次修改除了第四章加了一节"资本主义再生产"和第五章加了一节"努力提高经济效益"以外,还针对现实经济生活和经济理论中提出的新问题作了一些修改和补充。在修改过程中,正好是具有伟大历史意义的党的十二大召开之际,所以,这次修改还力求把党的十二大有关的主要精神体现进去。但由于学习才开始,对文件精神只是初步领会。书中有不确切或错误的地方,望同志们批评、指正。

洪远朋
1982 年 11 月于复旦大学

第三版后记

《政治经济学入门》从 1980 年初版,1982 年再版以来,已有十多年了。1983 年全国通俗政治理论读物评选,本书曾获一等奖,得到多方面的鼓励和鞭策,受之有愧。

十多年来,我国社会主义经济建设有了很大发展,经济体制改革不断深入,当今国际风云又起了很大变化,出现了许多新情况、新问题,经济理论也有了许多新进展。看来,本书又有修改再版的必要。

现在这个第三版保持了原有的风貌和特色。但在内容上作了很大的充实和修改,加进了自己和经济理论界十多年来经济研究的新成果,特别是建设具有中国特色社会主义的新经验和新的理论概括,以及当代资本主义出现的新情况和国际社会主义运动曲折的教训。

本书的基本观点没有变化,原来就是一本宣传马克思主义政治经济学的入门书,现在仍然是一本宣传马克思主义政治经济学的入门书,但是,某些具体观点和提法有所变化。本书所运用的资料能够换成最新的也都换上了,篇幅增加了将近一半,所以,改名《新编政治经济学入门》。

本书的修改得到多方面的支持和帮助,特别是当代资本主义部分内容的充实,得到复旦大学世界经济研究所周建平教授的很大帮助,在此一并致谢。

本书的这次修改又正值党的十四大召开之际,力求把党的十四大有关的主要精神体现进去,但由于学习刚开始,对文件精神也只是初步领会。本书的缺点和错误在所难免,继续欢迎批评指正。

洪远朋
1992 年 11 月于复旦大学

一本富有特色的政治经济学入门书
——评《政治经济学入门》

翻开洪远朋同志编写的《政治经济学入门》,引起我非接着读下去不可的兴趣。读完觉得这是一本富有特色的政治经济学入门读物。书一开头,从三百六十多年前《献给皇上皇太后的政治经济学》一书上第一次出现政治经济学这个名词说起,通俗而生动地说明了政治经济学的由来和发展,使从来没有接触过政治经济学的同志,一上来就能对政治经济学的来龙去脉,对什么是政治经济学这个问题有一个基本的了解。

对政治经济学的主要理论,它不是平铺直叙,而是突出重点,资本主义部分抓住资本和剩余价值,社会主义部分抓住社会主义生产实质,把政治经济学全部内容有机地安排在短短两章十二小节的篇幅中。可以看出,作者在此作了精心安排,真正做到了少而精。在叙述基本理论方面,作者有独到之见,做到了"俗而不凡"。例如,为什么生产关系应该是四环节而不是三方面,生产力是三要素而不是两要素,资本主义制度下只有无产阶级贫困的理论而没有绝对贫困化和相对贫困化的规律。应该从生产过程两过程,而不是从基本矛盾去论证等等,作者提出了自己的看法,但表达上又力求避免深奥的文字,又具有一定理论深度和学术价值。

这本书还值得称道之处,在于它对现实生活中提出来的某些问题,力求从理论上加以回答。例如,资本主义工厂里自动化程度提高后,工人减少了,价值和剩余价值怎么会增加的,是不是机器创造的?再如,战后一些发达资本主义国家工人工作日缩短,工资提高,是不是剥削减轻了?既然说社会主义经济制度比资本主义优越,为什么我们的生产力水平还没有某些资本主义国家高?帝国主义腐朽了,为什么经济还会发展?诸如此类问题,作者都作了入情入理的论述,使你看了以后,觉得心悦诚服,从而体会到政治经济学确实是改造主客观世界的重要武器,学习政治经济学不仅是建设社会主义物质文明,也是建设社会主义精神文明的需要。

该书不仅给读者提供了政治经济学的基本知识,还给读者介绍了学习政治经济学的正确方法。初学政治经济学的同志,在读完本书并能答出书后所附的五十道思考题后,大致可以说跨进政治经济学的大门了。

(原载《新华日报》1983年5月3日,作者:尹伯成)

它为什么得了一等奖

不久前举行的全国政治理论读物评选中,洪远朋编写的《政治经济学入门》荣获一等奖。它为什么能得一等奖?读过它的人都会明白,因为这本书有如下特点:

一是它的深入浅出,容易读懂。不仅小标题形象夺目,而且内容叙述也生动得体,运用了不少成语,比其他抽象的政治经济道理写得活泼。

二是内容安排得别致,引人入胜。不仅讲解了政治经济学的来龙去脉,资本主义部分和社会主义部分的主要内容,还介绍了学习政治经济学的方法经验,书后还附有一套复习思考题,因而确实引导初学者进入政治经济学大门。

三是理论联系实际,解决问题。对于资本主义社会和社会主义经济中的一些现实问题,在学习中思考和提出的种种问题,本书都力求从理论上作出回答。因此,读了这本书,有解决问题之感。

本书有这三个特点,故尤其值得一读。

(原载《文汇报》1983年10月16日,作者:尹荐)

政治经济学的启蒙读物
——推荐《政治经济学入门》一书

复旦大学洪远朋同志编写,由江苏人民出版社出版的《政治经济学入门》一书,荣获了1979年至1983年全国通俗政治理论读物一等奖。这是一本理论联系实际、重点突出,既通俗易懂,又有一定理论深度的启蒙读物,很值得自学者一读。

该书有以下一些特点:

第一,全书贯串了引人入门的精神。一开始,简要地说明了政治经济学的由来和发展,使人们读后,可以全面了解政治经济学的含义和主要内容,帮助初学者澄清一些不正确的看法,明确政治经济学研究的对象。

第二,简明扼要,通俗易懂。作者为了使初学者能够看得懂、学得进,就努力做到观点明确、简明扼要、深入浅出,能使人们越读越感兴趣,掌握马克思主义政治经济学的基本原则,并为以后进一步学习和研究政治经济学打下基础。

第三,作者对政治经济学理论上一些重大问题提出了自己的看法。如生产关系应该是四个环节,生产力是三要素;在资本主义制度下,只有无产阶级贫困的理论,而没有什么绝对贫困化规律和相对贫困化规律;在社会主义制度下,生产资料也是商品,而不是产品等。

第四,理论联系实际,寓理论于史实之中。作者通过历史的阐述,运用经济学史来说明政治经济学理论,通过历史和当代的各种经济学说来证明马克思主义政治经济学的科学性。寓理论于史实之中,易为初学者接受。

为了便于读者自学和供培训班学员使用,书末附有复习思考题。

在读这本书时,应该注意以下几点:其一,这本书是学习政治经济学的入门书,读者必须在此基础上继续深入学习,因为政治经济学内容复杂、理论较深,而且在不断发展。其二,以此书为提纲,结合读一些政治经济学专论、经济学说史等,特别是看些报刊上的有关文章,扩大知识面,运用理论解决现实经济问题。其三,尽量做习题,以加深理解,帮助记忆。

(原载《安徽日报》1985 年 1 月 5 日,作者:赵贺春)

《马克思主义政治经济学述评》前言

洪远朋著《马克思主义政治经济学述评》,经济科学出版社 2009 年 12 月版

一、为什么要写马克思主义政治经济学述评

一是想把长期以来学习和研究马克思主义政治经济学的心得和体会整理一下或者说小结一下,以便进一步的学习和研究。

我学习和研究马克思主义政治经济学可以说有大半辈子了,我在中学时代上的是财经学校,大概是 1952 年读高二,即十六岁左右的时候就开始学政治经济学,记得当时读的是王思华同志写的政治经济学;中专毕业后到政府部门工作,正逢我国第一个五年计划建设时期,所有干部都要学习政治经济学,又学了一遍。1956 年响应干部向科学进军的号召,考取了复旦大学,读的是政治经济学专业,1961 年大学毕业后读研究生也是属于政治经济学专业。毕业后仍然留在学校从事政治经济学的教学和研究工作,直到现在。前后算来从接触、学习和研究政治经济学以来已经是 50 多年了,在教学、宣传和研究马克思政治经济学上也算做了一些工作,也取得有不大不小的成果,据不完全统计,独著、主编或参编有关马克思主义政治经济学的著作、教材、通俗读本 30 多部,论文、学习心得体会文章 300 多篇。但是,深感仍然是学习和研究马克思主义政治经济学的小学生,有关马克思主义政治经济学的原著,有的还没有读过(我没有通读过《马克思恩格斯全集》),有的还没有读懂,更不能读通了。所以,一段时期以来就想把我学习和研究马克思主义的心得体会系统整理一下,以便下一步进一步学习和研究政治经济学。这是写马克思主义政治经济学述评的第一个动因。

二是党中央关于实施马克思主义理论研究和建设工程的启示。

党中央实施马克思主义理论研究和建设工程对繁荣哲学社会科学具有重大意义。"工程"之一是撰写一本马克思主义政治经济学教材,这对经济理论界来说,也是一个具有重要意义的大事。要编好一本马克思主义政治经济学的教材,有必要把马克思主义经济理论有哪些基本内容梳理一下,并具体说明在马克思主义政

治经济学体系之中哪些是必须长期坚持的马克思主义基本原理,哪些是需要结合新的实际加以丰富发展的理论判断,哪些是必须被破除的对马克思主义的教条式的理解,哪些是必须澄清的附加在马克思主义名下的错误观点。因此,想写一个马克思主义政治经济学述评,供参考。

马克思主义理论研究和建设工程,对马克思主义政治经济学的建设,是非常重要的。首先,对重新确立马克思主义政治经济学在社会主义中国的主流经济学地位是很重要的。马克思主义政治经济学应该是社会主义中国的主流经济学本来是不成问题的问题。但是,多年来外来的干扰不少,还记得1988年10月复旦大学曾邀请当代新自由主义经济学的主要代表人物之一弗里德曼来复旦,当时我作为经济学系主任与弗里德曼交谈过,他的主要观点,就是"三化":私有化、市场化、自由化,在复旦师生中的反响不大;后来,与当时的上海市主要领导人交谈,主题也是"三化":私有化、市场化、自由化,听说这个领导人明确表示不赞成;再后来,弗里德曼与当时中央领导人交谈也是三句不离本行:私有化、市场化、自由化。1989年5月我去香港,有位"著名"经济学家告诉我:当时的总书记完全赞成"佛爷"的观点(在香港把弗里德曼翻译成"佛利民",所以称"佛爷")。某些人非常崇拜。就在这几年还有人把新自由主义自称为中国主流经济学派,凯恩斯是非主流学派;马克思主义政治经济学既不成流也不成派了。这是不太正常的。中央实施马克思主义理论研究和建设工程,从理论的高度实际上是又一次明确了马克思主义政治经济学的主流地位,这是非常重要的。

其次,是涉及用什么经济学武装广大干部特别是高级干部头脑的问题。我们的一个高级学校,曾经邀请自称为当代新自由主义经济学代表人的外籍经济学家专作报告,此人曾公开谩骂"马克思是最蠢的"。还有一次某地颇有影响的报纸登载了一位教授给高级官员作的报告,全文可以概括为:用西方经济学武装干部的头脑。后来,好多经济学家作了回应。《文汇报》登载了《用马克思经济理论武装干部头脑》,《高校理论战线》发表了《用什么经济理论驾驭中国特色社会主义经济建设》。作为马克思主义理论研究和建设工程之一的马克思主义政治经济学的建设也可以说是最好的回应。

再次,对解决我国高校中马克思主义政治经济学边缘化的问题是很重要的。2005年7月15日,我国著名经济学家、中国社会科学院原院长刘国光同志就我国当前经济学教学和研究中的一些问题谈了一系列看法,后来,发表在《经济研究》2005年第10期上。他提出:一段时间以来,在理论经济学教学与研究中西方经济学的影响上升、马克思主义政治经济学的指导地位削弱和边缘化的状况令人担忧。并指出除外部原因外,内部原因有:高等院校经济学的教育方针问题、教材问题、教师队伍问题、干部队伍问题等等。可以说,击中要害,对全国影响很大。中央实施马克思主义理论研究和建设工程是一个英明的决策,听说《马克思主义政治经济学概论》编写提纲还是经中央政治局常委批准的。我想,这一重大举措对于扭转高校马克思主义政治经济学边缘化的趋势一定会有好处的。

马克思主义理论研究和建设工程是全党的大事,不是少数人的事;马克思主义政治经济学的建设,也不是少数专家的事,一切从事马克思主义政治经济学学习、研究和宣传的工作者都有责任,匹夫有责,重在参与。所以,我想整理一下马克思主义政治经济学述评,仅供参考。这是第二个动因。

三是2008年开始爆发的世界经济危机的触动。

2008年从美国开始的金融危机和经济危机席卷全球,其范围之广、影响之深,历史上少见。全球:不论是美洲、欧洲还是亚洲、非洲,各界:无论是政界、商界还是学界,很多人在考察、在思考、在寻找原因、在寻求对策,就在这时,欧洲重新出现了马克思热,《资本论》热。在德国,书架上沉睡多年的《资本论》重新畅销,柏林卡尔·迪茨出版社出版的《资本论》到2008年10月已卖出1 500套,是2007年全年销量的3倍。在影界,德国新电影之父河历山大·克鲁格正准备将《资本论》拍成电影,在政界,法国总统萨科奇和德国财政部长施泰因布吕克也开始在阅读马克思的著作《资本论》等,现在,《资本论》的新读者中还有一批比较年轻的读者群,德国左翼党下属的社会主义民主大学生联合会,在德国30多所高校组织了《资本论》研读会,还有中学生看到海报后要求参加研读会。德国"马克思纪念图书馆",还专门编辑了供年轻人学习的《资本论》简读本。近来,欧洲的这股《资本论》热,绝不是偶然的。

这是因为《资本论》是分析资本主义制度最深入、最详尽的著作,人们企望从中找到资本主义弊端的原因,并找到对策和出路。

在中国,人们在研究和分析这场席卷全球的金融危机和经济危机中,有识者也想到了马克思,想到了《资本论》。

2008年12月中旬的一个休假日,我在上海郊区工作休假,突然接到一个出版社编辑的电话,希望我再版20多年前出版的《通俗〈资本论〉》,这个突然的信息,使我"惊讶""惊喜"。

其实,这些现象绝不是偶然的,2008年的世界经济危机爆发以来,国内外许多人(包括政界、商界、学界)都在思考一些重大问题:危机是偶然的政策失误,还是制度的缺陷;怎么"救",是救富人还是救穷人;新自由主义不灵了,人们便想到马克思主义;私有化出问题了,人们便想到国有化;资本主义不怎么美妙了,人们便想到社会主义;等等,这些都涉及马克思主义政治经济学的基本问题,所以,这也触动我尽快编写《马克思主义政治经济学述评》。

2008年年底,我参加了一个经济理论研讨会,有一位老教授对当前世界金融和经济危机的成因作了分析,他首先介绍了此次危机成因的各种解释:美国信贷环境恶化论、全球衍生工具发展过度论、美国贷款机构低估贷款风险论、美国金融监管机构操作失误论、美国过度透支国家信用论、新自由资本主义缺陷论等等,这些看法,从某个角度都有一定的道理。但是,都不能很好地解释此次危机的根本原因。他认为从马克思主义政治经济学的角度看,还是《资本论》中所指示的,危机的根本原因还是生产社会化与资本主义占有之间的矛盾。得到与会者的共鸣。并论及在中国,也应该扩大《资本论》的学术研究和宣传,马克思主义的科学分析告诉我们:资本主义基本矛盾没有克服,而是以新的形式表现出来。

在应对危机上也有不同的观点和措施,有的主张拯救富人,为资本家谋利,有的主张拯救穷人,为劳动者维利。美国保险业巨头美国国际集团,因经营困境累计接受1700亿美元的政府救助。但它的首席执行官竟拿出1.56亿美元,给"起祸"的高管发奖金,人们对金融垄断寡头的贪婪非常愤慨,人们无法理解。其实,这不难理解,读一点马克思主义政治经济学,就会知道,这是资本的本性。马克思认为,资本的本性就是追求利润。他曾引用登宁的一段话:"资本害怕没有利润或利润太少,就象自然界害怕真空一样。一旦有适当的利润,资本就胆大起来。如果有10%的利润,它就保证到处被使用;有20%的利润,它就活跃起来;有50%的利润,它就铤而走险;为了100%的利润,它就敢践踏一切人间法律;有300%的利润,它就敢犯任何罪行,甚至冒绞首的危险。"①

2009年我国全国人大和政协会议是在世界经济危机和我国经济下滑的情况下召开的,一些全国人大代表和政协委员,公开指名道姓批评某些主张新自由主义的经济学家,并提出要部分经济学家辞职。这是一个好现象,一是现在的人大代表和政协委员可以从经济学的角度问政、参政,说明人大代表和政协委员素质的提高。二是指名道姓公开批评,说明全国人大、政协会议的民主氛围在提高。但是,一是中国的经济学家无论是马克思主义经济学家还是新自由主义经济学家真正能进入决策圈子的有多少,能不能把现在的经济问题算在经济学家身上;二是能不能把新自由主义一棍子打死。现在的新自由主义经济学渊源于资产阶级古典政治经济学,它的"老祖宗"是亚当·斯密,现代的马克思主义政治经济学,源于马克思创立的无产阶级经济学,老祖宗是马克思。马克思建立的科学的无产阶级经济学是在吸收英国古典政治经济学的合理成分的基础上形成的,现代的马克思主义政治经济学难道不也可以从新自由主义经济学中吸取合理成分吗?对新自由主义经济学"神化",照搬照抄是不对的,全部否定恐怕也是不可取的。

---

① 《马克思恩格斯全集》第23卷,人民出版社1972年9月版,第829页。

二、马克思主义政治经济学能不能述评

有人说,马克思主义政治经济学是指导思想,只能传播、灌输,不能述评;有人说,马克思主义政治经济学是经典文献,"小人物"只能学习,不能述评。我认为,这个问题可以商榷。马克思主义政治经济学是指导思想,我们要学习,要运用,这是毫无疑问的,但是,马克思主义政治经济学,又是理论,更是科学,作为一门科学,一种理论,既要学习,也要研究和探索。

马克思主义政治经济学是马克思主义三大组成部分之一,是"马克思理论最深刻、最全面、最详细的证明和运用"①,是代表无产阶级即大多数人利益的经济理论,是"工人阶级的圣经"②。

政治经济学并不是马克思创立的。首先使用政治经济学这一概念的是法国重商主义的代表人物安·德·蒙克莱田(1575—1622年),他1615年出版了一本书就叫《献给国王和王后的政治经济学》。政治经济学作为一门独立的经济科学产生于17世纪中叶以后。代表资产阶级利益的古典政治经济学的创始人是英国人威廉·配弟(1623—1687年);集大成者是亚当·斯密(1723—1790年),代表作是《国富论》;完成者是大卫·李嘉图(1772—1823年),代表作是《政治经济学及赋税原理》。代表工人阶级利益的马克思主义政治经济学创建者是马克思,代表作是《资本论》。补充者是恩格斯,发展者有列宁、斯大林、毛泽东、邓小平以及其他中国共产党人等。

2008年开始爆发了席卷世界的经济危机。在这场经济危机面前,欧美有些经济学家直言不讳地说,应该建议美国总统奥巴马及其他领导人读读世界上最伟大的政治经济学的著作,他们挑出了四个最伟大的名字:斯密、马克思、熊彼特、凯恩斯。

其实,最应该读的是克思主义政治经济学尤其是其代表作《资本论》。在20世纪末21世纪初,西方媒体多次评选,马克思至少有三次被评为"千年第一思想家"。

中国人也没有忘记马克思。美国全国广播公司2009年4月8日报道,原题:中国人在危机中回归马克思。在卡尔·马克思去世126年后,他的时代可能最终到来了。以中国正统书籍的最大出版社人民出版社说,自2008年11月份以来,马克思的著作《资本论》在全国的月销售量是4 000到5 000本,这与经济危机发生之前相比有了极大飞跃,当时的月平均销售量在1 000本以下③。

马克思主义政治经济学,是"马克思理论最深刻、最全面、最详细的证明和运

---

① 《列宁选集》第2卷,人民出版社1960年版,第549页。
② 《马克思恩格斯全集》第23卷,人民出版社1972年9月版,第36页。
③ 参见"中国人在危机中回归马克思",《环球日报》2009年4月10日。

用",是社会主义革命,建设和改革的指导思想,当然应该述,可以述,而且要大述特述,问题是能不能评。我的回答很明确,既可述,又可评。马克思主义政治经济学不仅是指导思想,更是一门科学。科学是不能穷尽的。

马克思的话,不是一句顶一万句,而且有些话在当时就不一定准确。

(一) 马克思主义政治经济学论述中本来就有出入的地方,要评

拿马克思主义的代表作《资本论》来说:

1.《资本论》的某些提法有明显出入,如第一卷第三章关于货币流通规律的公式和第二卷某些数字的计算也有出入。恩格斯就说过:"马克思虽然精通代数,但他对数字计算,特别是对商业数字的计算,还不太熟练,……有一些未完成的计算外,最后还出现了一些不正确的和互相矛盾的地方。"①马克思的话也不是句句是真理,更不是一句顶一万句,要有科学的实事求是的态度。

2.《资本论》的某些观点与马克思早期或后期著作的观点不完全一致。例如,在《雇佣劳动与资本》中,马克思还没有在概念上把劳动和劳动力区分开来,但在《资本论》中则作了严格的区分。又如,马克思在《资本论》中没有把共产主义分成两个阶段,但是到了《哥达纲领批判》中把共产主义分成两个阶段。这种情况,一般说来,应以晚期的提法为准。但有时也不一定,在这方面过去有过这样一种情况,有人用早期的提法否定晚期的提法,又有人用晚期的提法否定早期的提法。对待这类问题不能用打语录仗的办法来解决,而应该由实践去检验。

3. 马克思指示的资本主义必然灭亡的规律是完全正确的,但估计急了一点。马克思说:"资本的垄断成了与这种垄断一起并在这种垄断之下繁盛起来的生产方式的桎梏。生产资料的集中和劳动的社会化,达到了同它们的资本主义外壳不能相容的地步。这个外壳就要炸毁了。资本主义私有制的丧钟就要响了。剥夺者就要被剥夺了。"②

这个结论并不错,也就是在时间上估计得急了一点,如果把"丧钟就要响了",改成"丧钟将要响了","剥夺者就要被剥夺了"改成"剥夺者将要被剥夺了"。那就好了。这样改,是有根据的。马克思在《政治经济学批判序言》中提出的"两个决不会"的观点,这就是:"无论哪一个社会形态,在它们所能容纳的全部生产力发挥出来以前,是决不会灭亡的;而新的更高的生产关系,在它的物质存在条件在旧社会的胎胞里成熟以前,是决不会出现的。"③

4. 在《资本论》中也有对社会主义经济的一些不符合社会主义实际的预测。例

---

① 《马克思恩格斯全集》第24卷,人民出版社1972年12月版,第315页。
② 《马克思恩格斯全集》第23卷,人民出版社1972年9月版,第831—832页。
③ 《马克思恩格斯全集》第2卷,人民出版社1972年5月版,第83页。

如,在《资本论》中,马克思认为社会主义社会不存在商品生产和商品交换。但是,现实的情况是,在社会主义社会,还必须有商品生产和商品交换。如果不从社会主义的现实出发,认为马克思说过的,都应该绝对地遵守,那就会在实践中造成严重后果。

(二) 后人的概括和介绍不准确,要正本清源

我国在马克思主义政治经济学的宣传中受斯大林的影响很大。有些不是马克思的马克思主义政治经济学而是斯大林理解的马克思主义政治经济学。

1. 把本来不是马克思的东西,强加给马克思。例如,马克思在《资本论》第一卷第七章中论证了无产阶级贫困的理论,但是,在《资本论》中从来没有论证过什么绝对贫困化规律和相对贫困化规律,甚至也没有用过绝对贫困化和相对贫困化这样的范畴。可是,在某些政治经济学的一般读物中,由于受原苏联政治经济学教科书的影响,把所谓绝对贫困化规律和相对贫困化规律的理论说成是马克思说的。这些东西并不是马克思的,而且很难说明资本主义的现实,应该正本清源。

2. 把《资本论》中某些观点概括得不确切和不全面。例如,一般都把社会再生产的规律,概括为生产资料优先增长的规律。这个概括就是既不确切又不全面的。实际上,根据《资本论》第二卷和第三卷的有关论述,社会再生产的规律应概括为:① 生产资料增长较快的规律;② 生产资料增长较快最终要依赖于消费品增长的规律。

认为积累是扩大再生产的唯一源泉是马克思的观点也是不对的,积累是扩大再生产唯一源泉是斯大林的观点。马克思在《资本论》中讲得很清楚,积累是扩大再生产的源泉,但不是唯一源泉。马克思非常明确地讲过,"没有积累,还是能够在一定界限之内扩大它的生产规模。"①

3. 把《资本论》的某些原理曲解和误解了,并长期以讹传讹地沿用下来。例如,在一般的政治经济学读物中,常有这样的提法:商品的二重性是使用价值和价值,这就是一个误解。其实,在《资本论》第一卷的第一章第一节里明明写的是"商品的两个因素:使用价值和价值"②。按照马克思原意,使用价值和价值是商品的二因素而不是它的二重性。商品的二重性是使用价值和交换价值。这类讹错应该纠正过来。

(三) 对马克思主义政治经济学的发展,其实有些并不是发展,要分析清楚

1. 关于"国家调节市场,市场引导企业"提法。

《在中国共产党第十三次全国代表大会上的报告》中提出:"新的经济运行机

---

① 《马克思恩格斯全集》第24卷,人民出版社1972年12月版,第565页。
② 《马克思恩格斯》第23卷,人民出版社1972年9月版,第47页。

制,总体上来说应当是国家调节市场,市场引导企业的机制。国家运用经济手段、法律手段和必要的行政手段,调节市场供求关系,创造适宜的经济和社会环境,以此引导企业正确地进行经营决策。实现这个目标是一个渐进过程,必须为此积极创造条件。"①

关于"国家调节市场,市场引导企业"经济运行机制的提法,当时某些报章杂志媒体上把它说成是中国共产党对马克思主义的新发展、新贡献。有些学者提出:国家调节市场,市场引导企业的提法实际上是西方经济学新古典综合派的基本观点,把它说成是中国共产党的新发展不妥。后来邓小平在一次内部讲话中说,国家调节市场,市场引导企业的观点不一定错,如果提法不妥,以后可以不提。现在多数政治经济学教材中已不见这个提法了,但是,个别教材仍有这个提法,要慎重。

2. 关于按生产要素分配的问题。

《在中国共产党第十二次全国代表大会上报告》中有这样一句话:"坚持按劳分配为主体,多种分配方式并存的制度。把按劳分配和按生产要素分配结合起来,坚持效率优先、兼顾公平,有利于优化资源配置,促进经济发展,保持社会稳定。"②有人,又把按要素分配,说成是中国共产党人的新发展。这有两点可以讨论:

① 按劳分配和按生产要素分配结合起来,有点同义反复,按劳分配顾名思义按劳动分配,按生产要素分配即按劳动、资本、土地等要素进行分配,后者已经包括了前者。

② 按生产要素分配是法国经济学家萨伊提出的,马克思说的是要素所有者参与分配,工人凭借劳动力所有权分配工资,资本家凭借资本所有权分配利润,土地所有者凭借土地所有权分配地租。不能把马克思批判过的东西,说成是对马克思理论的发展。

政治经济学教材中关于社会主义分配制度的阐述,最好根据2004年3月14日第十届全国人民代表大会第二次会议通过的《中华人民共和国宪法修正案》修改后的宪法的提法为准:"社会主义公有制消灭人剥削人的制度,实行各尽所能按劳分配的原则……,坚持按劳分配为主体、多种分配方式并存的制度。"③

③ 按贡献分配也不是我党首先提出的。

《在中国共产党第十六次全国代表大会上的报告》中有这样一段话:"确立劳动、资本、技术和管理等生产要素按贡献参与分配的原则,完善按劳分配为主体、多

---

① 《中国共产党第十三次全国代表大会文件选编》,人民出版社1987年11月版。
② 《在中国共产党第十二次全国代表大会上的报告》,人民出版社1982年9月版,第26—27页。
③ 《中华人民共和国宪法》,人民出版社2004年3月版,第62页。

种分配方式并存的分配制度。"①

有人说,"按贡献"分配是中国共产党人最早提出的。实际上"按贡献"分配不是我们党十六大首先提出的。按贡献分配最早提出的是空想社会主义者圣西门。圣西门(1760—1825 年)认为在个人收入的分配问题上应当实行同他的才能和他的贡献成正比例的平等分配的原则,在 19 世纪 30 年代,他的门徒又根据这个思想引申出继承权,和"按能力计酬,按功效定能力"的原则,这就是"按贡献分配"的来历。

所以,我认为在解释党的文件时,不宜轻易地说"发展""首先"。

(四) 马克思对某些问题本来就没有讲清楚,是需要进一步研究和探讨的

马克思在《资本论》第一卷第二十四章最后有句名言:"从资本主义生产方式产生的资本主义占有方式,从而资本主义的私有制,是对个人的、以自己劳动为基础的私有制的第一个否定。但资本主义生产由于自然过程的必然性,造成了对自身的否定。这是否定的否定。这种否定不是重新建立私有制,而是在资本主义时代的成就的基础上,也就是说,在协作和对土地及靠劳动本身生产的生产资料的共同占有的基础上,重新建立个人所有制。"②

关于马克思在这里所说的重新建立个人所有制到底是什么所有制,可以说当时就没有说清楚。当时,就有恩格斯和杜林的不同解释;我国改革开放后,对"个人所有制"的争议,从没有停止过。现在更是各取所需。有的说"个人所有制"就是私有制,有的说是股份制,有的说是劳动者个人所有制,有的说是消费品个人所有制,有的说是"联合起来的个人所有制"。谁是谁非恐怕很难说清楚,需要进一步探索和探讨。

所以,对马克思主义政治经济学及其发展不仅要述,而且也要评。

三、怎样写马克思主义政治经济学评述

首先说明一下马克思主义政治经济学述评不是马克思主义政治经济学的教材,也不是马克思主义政治经济学的通俗读本,而是关于马克思主义政治经济学研讨性的专著。

(一) 关于述和评

本书"述""评"结合,有述有评,以述为主,述中有评,评中有述。

(1) 本述评将本着实事求是的精神,尽可能比较全面地把马克思主义经济理论的主要内容梳理出来,所以以"述"为主,但不可能没有遗漏。

---

① 《在中国共产党第十六次全国代表大会上的报告》,人民出版社 2002 年 11 月版,第 28 页。
② 《马克思恩格斯全集》第 23 卷,人民出版社 1972 年 9 月版,第 832 页。

（2）本述评的"评"将遵循"学术问题的研究和讨论没有禁区,理论宣传和教学要有纪律"和"内外有别"的原则。

（3）本述评只对观点,不对人,是评观点,不是评人。而且评只是一种见解,评者不一定是对的,被评者不一定是不对的。包括我个人的观点,前后也有不一致的地方,当然是前期服从后期。

（4）"评"包括两方面的内容,一是对马克思主义经典作家本来的论述作"评",哪些是真理,哪些不一定正确,哪些可以探索,哪些可以发展。

二是对后人在学习和研究马克思主义政治经济学过程中的不同见解,不同观点,甚至所谓"发展",作评。对马克思主义政治经济学的教条式的理解哪些是必须被破除的,附加在马克思主义政治经济学名下的错误观点哪些是必须澄清的,哪些是尚未解决暂时还不能解决的问题,可以继续讨论。

（二）关于全面和重点

二者结合,力求全面,突出重点,有话则长,无话则短。

马克思主义政治经济学述评,企图比较全面系统地概述马克思主义政治经济学到底包括哪些内容,马克思主义政治经济学的创始人(包括马克思、恩格斯)讲了哪些,哪些是必要坚持的基本观点,哪些在当时就不一定准确的观点,哪些由于时代的局限预计不是太准确的观点,哪些是可以进一步探索的观点。后人,主要是指经典作家,马克思主义的继承者,根据我国的约定俗成包括列宁、斯大林、毛泽东、邓小平以及中国共产党人领导集体,对马克思主义政治经济学的发展,哪些是真正的发展,哪些是误解和误传;还有一些从事马克思主义政治经济学的研究工作者和作者对马克思主义政治经济学也提出了一些见解,我把它归纳为对马克思主义政治经济学的探索。在概述、发展、探索的基础上分析了对马克思主义政治经济学的各种态度;最后,是作者对建设马克思主义政治经济学的设想。

马克思主义政治经济学创始人,主要是马克思,到底有哪些基本经济理论,到目前为止理论界的理解和说法还很不统一;还常有一种见解认为马克思的政治经济学就是关于资本主义经济的分析,这是很不全面的,最近有一些理论工作者提出马克思还有大量关于一般经济理论的论述,这是一个很大的进步。这似乎还不太全面。本书把它概括为四大组成部分：① 一般经济理论；② 商品经济理论；③ 资本主义经济理论；④ 社会主义经济理论。

有些理论到底归入哪类比较难。例如,再生产理论(或者说经济增长理论)是放在一般经济理论、商品经济理论,还是资本主义经济就比较难。因为人类社会普遍都有再生产问题,因此,可以作为一般理论;商品经济也有再生产问题,也可以放到商品经济理论;但是,马克思对再生产的分析,主要是分析资本主义再生产的。经过考虑,放在资本主义经济理论中比较好;还有关于资本、剩余价值的理论和概念是放在商品经济理论还是资本主义经济理论,也是一个难题。因为,有商品,就有价值、剩余价值、资本,因此,最近就有一些政治经济学教材,是把资本放在政治经济学一般理论中的,这似乎也可以,但我考虑把资本理论、剩余价值理论放在资本主义经济理论中更确切。

关于对马克思主义政治经济学的发展,哪些人的论述算发展,哪些不算。实际上,不管什么人只要对马克思主义政治经济学作出了新贡献就是发展,但是,根据我国的约定俗成执政共产党的领导人,主要包括列宁、斯大林、毛泽东、邓小平以及其他中国共产党领导人的论述才算发展,我们遵守约定俗成。但是,对"发展"或创见要作分析,或者说不要轻易讲发展,轻易讲创见,有的讲马克思创建了劳动价值论这是不准确的,在马克思以前,资产阶级古典政治经济学就有了劳动价值论,马克思是继承和发展了古典政治经济学劳动价值论,创立了科学的劳动价值论。按照马克思自己的说法:"商品中包含的劳动的这种二重性,是首先由我批判地证明了的。这一点是理解政治经济学的枢纽。"①

还有剩余价值理论当然是马克思创立的,而且是对政治经济学的伟大贡献。但是,剩余价值概念并不是马克思最早使用的。经查最早使用剩余价值概念的是英国早期空想社会主义者威廉·汤普逊(1785—1833年)。在其著作《最有助人类幸福的财富分配原理》一书中开始使用了"剩余价值这一概念"。李嘉图并没有剩余价值概念,他认为,他研究的是利润,而不是剩余价值。而马克思提出:"考察的是剩余价值,而不是利润,因而才可以说他有剩余价值理论。"②

马克思的《资本论》是马克思主义的百科全书,包括马克思主义的三大组成部分。《资本论》首先是一部伟大的政治经济学著作,又是一部光辉的哲学著作,还是一部叙述科学社会主义的基本的主要的著作。《资本论》还有关于政治、法律、历史甚至文艺等方面的论述;真是一本百科全书,是一个金库可以继续挖掘。

长期以来,国外不少资产阶级政客,还有一些学者老是拿我国的人权做文章,我们的政府、学术界也经常还击。但是,总感到有气无力,我最近再读《资本论》又挖掘了一个金块,似乎可以作为还击的有力武器。马克思在《资本论》中有这样一句名言:"平等地剥削劳动力,是资本的首要的人权。"③这就充分揭露了资产阶级人权的本质,"人权""人权"讲得那么好听,你资产阶级的人权就是剥削。我现在还没有看到我们的法学界,用《资本论》的武器,去还击资产阶级对我们的人权的指责。

现在有些教材资本主义部分不讲帝国主义了,甚至有个别政治经济学教材连

---

① 《马克思恩格斯全集》第23卷,人民出版社1972年9月版,第55页。
② 《马克思恩格斯全集》第26卷(第二册),人民出版社1973年7月版,第424页。
③ 《马克思恩格斯全集》第23卷,人民出版社1972年9月版,第324页。

帝国主义这个词都很少出现了。列宁曾经讲到帝国主义是垄断的腐朽的垂死的资本主义,但现在资本主义是"腐而不朽","垂而不死"。因此,一些人认为列宁的这个论断过时了。现在看来,列宁在当时对时间估计上可能短了一些,但他对资本主义发展总趋势的判断仍是正确的。所以,马克思主义政治经济学不讲帝国主义恐怕是不全面的。

现在有些教材社会主义部分不讲共产主义了,甚至,有个别政治经济学教材连共产主义这个词都很难出现了。这也是很不全面的,连共产主义理论都不要了,还要共产党吗?但是,我们党的十七大修改通过的《中国共产党章程》中明明写着:"中国共产党是中国工人阶级的先锋队,同时是中国人民和中华民族的先锋队,是中国特色社会主义事业的领导核心,代表中国先进生产力的发展要求,代表中国先进文化的前进方向,代表中国最广大人民的根本利益。党的最高理想和最终目标是实现共产主义。"①

所以,马克思主义政治经济学不讲共产主义看来也是不全面的。

"述评"在注意"全面"的同时,也注意突出重点,突出新情况、新难题,注意研究政治经济学的前沿课题。如社会主义社会的资本问题,社会主义社会是否存在剩余价值问题,社会主义社会的地租问题,社会主义社会经济周期问题,以及虚拟经济,经济全球化引发的新问题,等等。

(三) 关于规范和实证

本书涉及的是政治经济学的基本理论,是理论性比较强的,是理论探讨;不对当代资本主义和现实社会主义作描述性的分析,基本上没有做实证分析,但不等于不联系实际。"述评"实际上是以当代资本主义和现实社会主义的重大问题作为背景,从理论角度进行概括和分析的。

(四) 关于引和注

"述评"的引文颇多,特别是《资本论》的引文很多,凡引自《资本论》第一至第四卷的,均以《马克思恩格斯全集》第 23、24、25、26 卷的版本为准。

《资本论》各卷的版本是:

《资本论》第一卷,《马克思恩格斯全集》第 23 卷,人民出版社,1972 年版。

《资本论》第二卷,《马克思恩格斯全集》第 24 卷,人民出版社,1972 年版。

《资本论》第三卷,《马克思恩格斯全集》第 25 卷,人民出版社,1974 年版。

《资本论》第四卷(Ⅰ),《马克思恩格斯全集》第 26 卷(Ⅰ),人民出版社,1972 年版。

《资本论》第四卷(Ⅱ),《马克思恩格斯全集》第 26 卷(Ⅱ),人民出版社,1973

---

① 《中国共产党第十七次全国代表大会文件汇编》,人民出版社 2007 年 10 月版,第 57 页。

年版。

《资本论》第四卷(Ⅲ),《马克思恩格斯全集》第 26 卷(Ⅲ),人民出版社,1975年版。

凡引自《资本论》第一至第四卷的,只注"全集"卷数和页码,不再注出版社和出版年份。引自其他著作和版本的将注明著作人、书名、出版单位、出版年份、页码。

对社会主义政治经济学体系的新探索
——评洪远朋的《社会主义政治经济学新论》

洪远朋《社会主义政治经济学新论》，工人出版社1986年6月版

社会主义政治经济学的理论体系应当怎样建立才合乎科学性？数十年来，中外经济学家为此进行了不懈的探索，形成了若干本有代表性的社会主义政治经济学教材和专著。但由于在建立体系的一些关键问题上众说纷纭，因而这一探索方兴未艾，仍需要人们以极大的热情去作艰苦的努力。洪远朋教授最近撰写的《社会主义政治经济学新论》（由工人出版社出版，以下简称《新论》），可以说是这种努力的又一新成果。

《新论》新在哪里？综观全书（20万字）便可清楚地看到，它在建立社会主义政治经济学的整个体系上均作了新的尝试，即以劳动为出发点，以强国富民为中心，以生产关系四环节为体系，理论与历史相结合。

一

马克思的《资本论》是以剩余价值为中心贯穿全书的一个不可分割的整体。社会主义政治经济学也必须要有一个理论中心作为贯穿全书的红线。那么，社会主义政治经济学的红线是什么呢？作者认为应该是社会主义基本经济规律，而社会主义基本经济规律也可以具体表述为：以尽量少的劳动耗费生产尽量多的物质财富来满足社会需要，简言之，就是强国富民。从这个意义上说，社会主义政治经济学应以强国富民为中心贯穿全书。

笔者认为，问题的难度不仅在于提出一个正确的理论中心，而且在于让这个理论中心合乎逻辑地成为全书的灵魂。对此，《新论》作者是这样解释的：社会主义生产过程应以尽可能少的劳动耗费生产出尽可能多的物质财富；社会主义流通过程应以尽可能少的劳动耗费最大限度地实现劳动成果，通过商品流通、货币流通、资金流通和对外经济交流，把国内经济搞活，对外实行开放；社会主义分配过程应

以尽可能少的劳动耗费最合理地分配和使用劳动和劳动产品,通过对劳动力、劳动产品、国民收入、个人消费品和剩余产品的分配,使社会主义国家掌握的社会财富越来越多,使人民生活越来越富裕;社会主义消费过程应以尽可能少的劳动耗费最大限度地满足消费需要,通过消费水平、消费结构、消费方式等,使社会主义国家公共集体消费和人民的个人消费更加丰富多彩。作者以此为红线,在各章节的阐述中均突出了强国富民这一理论中心,从而使该书呈现出自身的特色。

二

《新论》作者是国内主张以生产关系四个环节组建社会主义政治经济学的较早倡导者。他在书中重申了必须把消费关系作为一个独立部分加以考察的理由。

首先,作者认为,社会主义消费关系是社会主义生产关系的一个单独方面,是社会主义再生产顺利进行不可缺少的条件。没有消费关系,就不可能全面了解整个再生产过程,从而也就不可能深刻地揭示社会主义生产关系。其次,作者指出,社会主义消费是社会主义基本经济规律的重要内容。社会主义生产目的是为了满足劳动人民物质和文化生活的需要,实际上主要就是满足劳动者的消费需要。最后,作者强调,社会主义公有制的建立,使消费不再是每个劳动者个人的事情。社会主义消费要由整个社会有计划统筹安排才能保证劳动力再生产的正常进行,保证劳动者消费水平的不断提高,因而有必要对社会主义宏观消费和微观消费进行单独深入的研究。据此,作者在书里着重考察了社会主义消费的地位和作用、消费水平、消费结构、消费方式及建设具有中国特色的消费模式等问题。

三

《资本论》有一个合乎逻辑的出发点。这个逻辑起点就是商品。社会主义政治经济学科学体系的创立,客观上也必须有一个能反映社会主义生产关系特点的逻辑起点。《新论》与众不同,它抛弃了把社会主义所有制,商品、产品和企业等视为始点范畴的种种观念,明确提出必须直接从劳动开始来研究社会主义生产关系,使人感到耳目一新。

作者在阐述为什么要把劳动当作始点范畴的原因时写道,如果我们不是停留在现象或形式上,而是从本质和实际内容来考察,就会发现商品的最大特点是有价值,而价值是由劳动创造的。所以从商品开始,从实际内容或从实质来说,是从劳动开始。在资本主义社会,人与人之间交换劳动的关系被物的外壳所掩盖。分析资本主义生产关系从形式来说,是从商品这个物开始的。社会主义社会人与人之间的生产关系不再为物的外壳所掩盖,因而作者认为分析社会主义生产关系应该也可以直接从劳动开始。第一,劳动是政治经济学最简单最一般的范畴,是政治经济学的枢纽点。马克思的经济学正是从劳动或者说从劳动二重性出发,建立了它的科学体系的。第二,作者指出劳动是社会主义最普遍的范畴。社会主义消灭了剥削,人人都要参加劳动。劳动成了每一个有劳动能力的人不可剥夺的权利,也是一种不可推卸的光荣义务。第三,作者强调劳动是社会主义客观存在的最本质的要素,是社会主义最本质关系的体现。社会主义生产关系本质上是人们等量劳动交换的平等互利关系。劳动的有计划分配是计划经济的主要内容,劳动时间的计量是社会主义按劳分配的依据,剩余劳动是社会主义发展的基础。最后,作者概括说,社会主义政治经济学实际上就是劳动的政治经济学。这是因为整个社会主义生产关系都是以劳动为中心形成和展开的。只有从劳动出发,进而揭示生产关系诸环节中劳动的作用和特点,这门学科才具有更大的科学性。

四

众所周知,《资本论》是一个理论和历史相结合的完整体系。作为完整的社会主义政治经济学体系,要不要运用马克思的这一科学方法?作者在书里讲了以下两个观点:

其一,作者认为,社会主义政治经济学科学体系的建立,除了对社会主义生产关系诸环节的分析以外,也有必要叙述这种生产关系的形成历史,说明它是怎样在资本主义的废墟上产生的,从而划清资本主义生产关系和社会主义生产关系的本质界限。此外,它也应该揭示为什么必然要向共产主义过渡,弄清社会主义社会和共产主义社会的联系和区别,促使我们一方面懂得在社会主义建设中,必须坚定地执行现行的社会主义政策,避免急躁冒进,防止"左"的倾向;另一方面,又使我们懂得现在的社会主义是共产主义的初级阶段,还必须不断改革才能完善社会主义制度和体制,还必须为实现共产主义付出艰苦的劳动。

其二,作者认为,社会主义政治经济学也应当像《资本论》那样,"论""史"结合,除了按生产关系四环节组成的理论部分之外,也应该有一个社会主义政治经济学理论形成和发展史。因此,有必要把积累起来的社会主义政治经济学理论史料加以分析与综合,从中探寻一些规律性的问题,更好地促进科学体系的创立。作者认为有"史"有"论","史""论"有机结合,有助于读者对社会主义生产关系的演化进程,对社会主义政治经济学的来龙去脉有一个完整的认识。

作为一种理论尝试性的创新,该书也有一些值得商榷的地方。比如,书中一方面认为劳动是逻辑起点,另一方面又首先分析社会主义所有制及生产关系,这似乎存在矛盾。因为《资本论》在认定商品是逻辑起点的同时,并没有首先分析资本主义生产关系及所有制的产生。书中把《资本论》的逻辑起点(即商品)说成实质是劳动的解释也难使人信服。此外,强国富民这一词汇作为经济分析的通俗用语是可以的,但它不可能成为经济学上的一个科学范畴,使用过分似有不妥之嫌。

(原载《上海经济研究》1986年第5期,作者:程恩富)

《经济理论的轨迹》前言

洪远朋、王克忠主编《经济理论的轨迹》，辽宁人民出版社1992年7月版

《经济理论的轨迹》所述的经济理论发展历史与社会主义经济理论探索是以马克思主义经济理论为中心建立起来的，一般先讲马克思主义以前的各种主要经济理论，然后阐述马克思主义的经济理论，接着评介当代资产阶级的有关经济理论，最后论述社会主义经济理论与实践。每个经济理论从古到今，中外结合，从理论"鼻祖"一直讲到社会主义的各种见解。全书以马克思主义为指导，贯彻古为今用、洋为中用的原则，通过比较研究古今中外主要经济理论，弘扬我国古代优秀经济思想，吸收一切外国经济思想的合理成分，密切结合具有中国特色的社会主义实际。

现行阐述经济理论发展的著作一般是按历史上的经济学家或经济学派来建立体系的。本书试图以各种主要经济理论本身的发展，而不是按人物或学派来阐述经济理论发展的历史与现状。本书不仅阐述经济理论发展的历史，而且阐明各种经济理论的现状，特别是论述这些理论在社会主义社会的现实意义，注意突出社会主义经济可以借鉴的东西。

建国以来，我国学术界在经济理论发展历史的研究和宣传上做了很多工作，出版了不少专著和教材。现行的经济理论发展史的著作大体有以下几种类型：

第一类，按时期和学派为主线的外国经济理论发展史。如人民出版社出版的《经济学说史》、吉林人民出版社出版的《政治经济学史》、四川人民出版社出版的《政治经济学史纲要》、江苏人民出版社出版的《外国经济思想史新编》等等。这一类经济理论发展史都是以历史时期为线索，以评介学派和人物为主的外国经济理论发展史。总的说来这类经济学说史都还是比较全的，既包括古代经济思想、资产阶级古典经济学、资产阶级庸俗经济学、当代资产阶级经济学，还包括空想社会主义经济学说、马克思主义经济学说、第二国际的经济学说。这类经济学说史，对于我们了解历史上各种经济学派的历史背景、基本分析方法、基本内容等是很有帮

助的。

　　第二类,经济理论发展的部分史。例如,上海人民出版社出版的《从古典经济学派到马克思》、甘肃人民出版社出版的《马克思恩格斯经济学史纲》、四川人民出版社出版的《马克思主义政治经济学简史》、北京大学出版社出版的《现代西方经济概论》、云南人民出版社出版的《现代西方基本经济理论》、吉林人民出版社出版的《当代资产阶级经济学流派》等等,这一类经济理论发展史,有的是按时期或学派为主线的,有的是按专题为主线的。这类经济理论发展史对于我们了解马克思主义政治经济学产生的历史背景,加深对马克思主义经济理论的理解,或者对于我们了解当代资产阶级经济学的各种流派,如何批判吸取有用的成分都是极为有益的。

　　第三类,中国经济理论发展史。例如,上海人民出版社出版的《中国经济思想史》、上海人民出版社出版的《中国经济思想简史》等等。我国是文明古国,有极其丰富的经济思想遗产,要建设具有中国特色的社会主义,使这部分遗产更好地为我国当前的社会主义物质文明和精神文明建设服务,无疑是非常重要的。

　　第四类,专题经济理论发展史。如陕西人民出版社出版的《价值学说史》、吉林人民出版社出版的《生产力理论史》等等。这类经济理论发展史,就一个主要经济理论从开山鼻祖一直写到当代,使人对这个经济理论有了全面系统深入的了解,是很有裨益的,特别是其中把中国历史上有关的经济思想也包括进去,那就更加难能可贵了。

　　以上各类经济理论发展史都是必要的,而且是有现实意义的,今后应该进一步研究和完善。但是,就经济理论发展史的总体来说,这些类型的经济理论发展史具有一个共同特点,即都是按"人物"或按"学派"来介绍的,或者只涉及一个至多几个经济理论发展史,都不能给我们提供主要经济理论发展历史和现状的全貌,明显地存在一些不足之处。首先,他们对主要经济理论的研究在相当大的程度上被孤立地阐述,不可能使人对这些经济理论有比较连贯的系统的了解;其次,对主要经济理论的许多基本概念或范畴的分析量大大不够,不少重要经济范畴和原理很少涉及,更重要的是,这些类别的经济理论发展史与社会主义经济建设现实的联系都不很紧密。

　　我们认为,建立经济理论发展史的理论体系,除了按照历史上先后出现的各种经济学派及其代表人物以时期为序来组织理论体系以外,还可以经济学中的主要经济理论为主线来组织经济理论发展和现状的理论体系。因此,我们吸取以上各类经济理论发展史的长处,克服不足之处,编写了这本阐述各种主要经济理论(包括古今中外)本身发展的历史和现状的经济理论发展的专著。

　　本书具有以下特色:

首先，在选题上具有全面性。我们认为，按照各种经济理论本身的发展来编写的经济理论发展史新体系必须包括理论经济学中所有重要的经济理论。比如：价值理论、货币理论、资本（资金）理论、生产力理论、再生产理论、就业理论、人口理论、分配理论、工资理论、利润理论、利息理论、地租理论、消费理论、经济周期理论、垄断理论等，并且将这些经济理论按照从抽象到具体的逻辑方法和历史方法有机地组成一个体系。经济理论在人类认识的长河中，不是静止的、孤立的，而是处于纵横联系之中的。从纵的方面说，它从古至今有着自身发生、发展和演变的历史；从横的方面说，它既有外国的，又有中国的。我们将从纵横两方面来概述经济理论在古今中外经济发展史上的源流及其现状。因此，它是全面的。第一，它包括一切主要经济理论。第二，它从古到今，包括历史上和当今有关的所有流派。第三，它中外结合，既有外国经济理论发展史，又有中国经济理论发展史。

其次，在观点上具有鲜明性。本书所论述的各种经济理论发展历史与现状都是以马克思经济理论为中心建立起来的，其中每个经济理论都以马克思主义为指导去分析各派各家的观点。列宁说得好："在马克思主义里绝没有'宗派主义'相似的东西，它绝不是离开世界文明发展大道而产生的固步自封、僵化不变的学说。"[①]马克思主义政治经济学的诞生，既是人类经济思想史的根本变革，又是以往经济思想成果的批判继承。我们在学习和研究马克思主义政治经济学的过程中所接触到的各个范畴和原理，在经济学说史上都经历了不同的发展阶段，从而形成经济思想发展史中一环套一环的圆圈。如果抛开认识中这个整体的各个环节的上下联系，就不可能很好地理解这些范畴和原理。本书以马克思主义经济理论为中心，阐述马克思主义经济理论的来龙去脉，从而更好地理解和掌握这些经济理论；并且用科学的马克思主义经济理论实事求是地评述世界上形形色色的经济理论流派和研究社会主义经济理论与实践，既有夹叙夹评，又有比较集中的评述，该肯定的肯定，该否定的否定，该吸取的吸取，观点鲜明。

再次，在阐述上具有系统性。本书在阐述经济理论及其现状时特别注重这些理论在社会主义社会的现实意义，遵循"古为今用""洋为中用"的原则，理论联系实际地研究适应社会主义经济发展要求的社会主义经济理论。

本书从中国到世界、从历史到现状，对主要经济理论作全面系统的比较研究，本着"取其精华、去其糟粕"的原则，尽可能吸取前人经济理论中的合理成分，从而在实践上必然对具有中国特色的社会主义现代化建设和经济改革具有一定的指导意义。

---

① 《列宁选集》第2卷，人民出版社1972年10月版，第441页。

我们以马克思主义为指导编写的这样一本书是一种新的尝试,肯定会有不少缺点和错误,欢迎同志们批评指正。

本书在编写过程中,阅读了国内外大量有关经济理论的文献,吸取了许多本书需要的观点和材料,在此一并致谢。

《经济理论比较研究》序言

洪远朋主编《经济理论比较研究》,复旦大学出版社 2002 年 3 月版

我 1993 年就开始给研究生开设《经济理论比较研究》课程了,但是长期以来没有一本名正言顺的教材,最初,是以我和王克忠主编的《经济理论的轨迹》为参考教材,后来又以魏埙主编的,我和胡培兆为副主编的《现代经济学论纲》为参考教材。现在,复旦大学研究生院把《经济理论比较研究》列为研究生重点建设教材,终于可以如愿以偿了。

当代经济理论主要有现在基本上已约定俗成的马克思主义经济学和西方经济学两大思想体系,因此,我们所作的经济理论比较研究主要就是马克思主义经济理论与西方经济理论的比较研究。

现在经济理论界对这两大思想体系的名称有异议。认为,马克思主义经济学与西方经济学这两种提法是不对称的,或者说是含糊不清不精确的。马克思主义经济学是以人名命名的经济学,相应的就应该是以人名命名的凯恩斯主义经济学或某某主义经济学;西方经济学相应的就应该是东方经济学;东方和西方这两个提法含义不清是指地域概念,还是政治概念呢? 这些提问不是没有道理的。

马克思主义经济学就是无产阶级经济学,是为无产阶级利益服务,也就是为大多数人利益服务的经济理论,西方经济学实际上是指资产阶级经济学,是为资产阶级利益服务,也就是为少数人利益服务的经济理论。

所以,经济理论的两大思想体系,严格说应该是无产阶级经济学和资产阶级经济学,或者说是劳动的经济学和资本的经济学。现在,已经习惯把无产阶级经济学称为马克思主义经济学或政治经济学,把资产阶级经济学称为西方经济学,只好约定俗成。以下我们把两大体系的经济理论比较,都称为马克思主义经济理论与西方经济理论的比较研究。

马克思主义经济理论和西方经济理论是两种有本质区别的经济理论体系,总体说来主要有以下区别:

1. 代表的经济利益不同,马克思主义经济学公开声明是为无产阶级利益,即大多数人利益服务的。所以,人们把马克思主义经济理论的代表著作《资本论》称为"工人阶级的圣经"①。西方经济学虽然打着种种旗号,但实质上是为资产阶级利益,即少数人利益服务的经济理论。正如凯恩斯所说:"在阶级斗争中会发现,我是站在有教养的资产阶级一边的。"②

2. 马克思主义经济学着重揭示事物的本质和经济运动的规律,正如马克思在《资本论》中所说的:"本书的最终目的就是揭示现代社会的经济运动规律。"③西方经济学不敢深入到经济事物的本质,往往只是在经济现象上表面的联系中兜圈子,具有很大的表面性。

3. 马克思主义经济学着重研究经济活动中的社会关系,即人与人的关系,西方经济学却着重研究经济活动中的物质方面,即人与物的关系和物与物的关系。恩格斯说过:"经济学的研究不是物,而是人和人之间的关系,归根到底是阶级和阶级之间的关系;可是这些关系总是同物结合着,并又作为物出现。"④列宁也说过:"凡是资产阶级经济学家看到物与物之间的关系的地方(商品交换商品),马克思都揭示了人与人之间的关系。"⑤

4. 马克思主义经济理论着重研究经济发展的客观因素,是以辩证唯物论为基础的。正如马克思所说的:"我的辩证方法,从根本上说,不仅和黑格尔的辩证方法不同,而且和它截然相反。在黑格尔看来,思维过程即他称为观念而甚至把它变成独立主体的思维过程,是现实事物的创造主,而现实事物只是思维过程的外部表现。我的看法则相反,观念的东西不外是移入人的头脑中改造过的物质的东西而已。"⑥西方经济理论比较重视经济发展的主观因素、心理因素,回避或不重视经济发展的客观因素,具有很大的主观性。

5. 马克思主义经济学侧重于资本主义经济关系矛盾和对立的揭示,西方经济学则侧重于资本主义经济关系的和谐与统一。

6. 马克思主义经济学也很重视经济活动的数量分析但着重于经济活动的定性分析,西方经济学特别是当代西方经济学也有经济活动的定性分析但偏重于经济活动的定量分析。

在社会主义经济建设和经济改革中,怎样对待马克思主义经济理论和西方经济理论是一个有争议的问题,有各种不同的态度。

---

① 《马克思恩格斯全集》第23卷,第36页。
② 凯恩斯:《劝说集》,商务印书馆1962年版,第244—245页。
③ 《马克思恩格斯全集》第23卷,第11页。
④ 《马克思恩格斯选集》第2卷,第123页。
⑤ 《列宁选集》第2卷,第444页。
⑥ 《马克思恩格斯全集》第23卷,第24页。

在一段时期内,对西方经济理论采取完全否定的态度,不学习,不研究,冠以"资产阶级的""庸俗的"甚至"反动的"帽子一概加以拒绝。这当然不是正确的态度。

在另一段时期内,有一部分人又把西方经济理论捧上了天,采取"全盘西化"的态度,没有认真学习和研究,一知半解,食洋不化,不作具体分析,一概加以接受。这也不是正确的态度。

近来,有人提出在社会主义经济建设和经济改革中,应该把马克思主义经济理论与西方经济理论结合起来。这种说法,比上述两种绝对化的态度当然有所进步。但是,仍然含糊不清。两者"结合"又可能有三种情况:

一是两者平分秋色,没有主次之分。马克思主义经济理论和西方经济理论"和平共处"。这也不是正确的态度。

二是在两者中以西方经济理论为主,或者说为指导,辅之以马克思主义经济理论,这是一种本末倒置的态度,也是不对的。

三是在两者中以马克思主义经济理论为主,或者说为指导,同时借鉴和吸收西方经济理论中的合理成分,为社会主义建设服务。我们认为,这才是应该采取的正确的态度。

西方经济学,虽然有各种各样的学派,但总的来说,都是为资本主义市场经济的发展和资产阶级的利益服务的,我们对西方经济学不能采取一概排斥的态度,也不能把它们神化而采取照抄照搬的态度,而应该采取分析研究比较的态度,吸收借鉴其有用的合乎科学的东西,拒绝其错误的东西。

总之,我们对待马克思主义经济理论不能采取教条主义的态度,对西方经济理论更不能采取教条主义的态度。我们通过马克思主义经济理论与西方经济理论的比较研究,根据我国社会主义市场经济建设的实践要在经济理论上创造出我们自己的东西。

本书就经济学的基础理论进行马克思主义经济理论与西方经济理论的比较,一般先对马克思主义经济理论本身作纵的比较,和西方经济理论本身作纵的比较,然后对马克思主义经济理论与西方经济理论作横的比较,最后,在比较研究的基础上作者就这一领域基础理论的某些问题提出探讨性的见解。

经济理论庞大丰富。本书所说的经济理论是基础经济理论,不包括应用经济理论,而且在基础经济理论方面主要是政治经济学方面的基础理论,不是全部,只是其中我们认为最有代表性、最有比较性,也是最有现实性的某些基础理论,可能挂一漏万,也可能是捡了芝麻,丢了西瓜,欢迎指正。

马克思主义价格理论是我国价格改革的理论基础
——洪远朋教授《价格理论的发展与社会主义价格的形成》评介

洪远朋主编《价格理论的发展与社会主义价格的形成》,经济科学出版社1989年10月版

近几年,价格问题成为我国经济学界的一个热点。可是,具有全面性和系统性的专著却不多见。经济科学出版社最近出版的洪远朋教授主编的《价格理论的发展与社会主义价格的形成》既可以说是应运而生、也可以说是填补了国内这方面研究的一块空白。该书以马克思主义价格理论为指导,比较全面系统地评述了古今中外主要价格理论,探讨了社会主义市场价格形成的原理,为我国价格改革提供了理论基础。

一

我国是以马克思主义为指导思想的社会主义国家,价格理论同样要以马克思主义价格理论为基础。《价格理论的发展与社会主义价格的形成》的最突出之点就是坚持马克思主义价格理论在价格理论研究中的指导作用,在该书上篇的"价格理论史"部分,以较大篇幅论述了马克思价格理论,第一次把这一理论系统地概括为四个方面:

第一,关于价格的基础。作者认为马克思科学地说明了价格的形成过程,第一次从根本上解决了价值本质的问题和作为价格基础的价值量的决定问题。在价格与价值关系上,作者简洁地把马克思的论述概括为三种情况:一是价格与价值一致;二是价格可以在量上与价值偏离;三是价格和价值之间还会有质的背离,即没有价值的东西可以采取一种虚幻的价格形式。这里对于价值和价格关系的分析,层次清楚、内容全面,对于我们今天价格改革中如何正确处理价值和价格之间关系具有启发意义。

第二,关于价值转化形式。作者认为价值的基本形式是 c+v+m,资本主义竞争展开之后转化为生产价格(成本价格+利润);生产价格由产业部门扩展到商业部

门之后,价值进一步转化为:产业部门生产价格+商业利润+纯粹流通费用;最后,土地生产资料的所有权参与剩余价值总额的分配,价值形式最终转化为:成本价格+平均利润+绝对地租+级差地租,并且成为实际的市场价格上下波动的现实中心。上述分析告诉我们今天的价格制定不能略去地租。

第三,关于影响价格量的其他因素。作者明确区分了决定价值实体的因素和引起价格变动的因素,指出必要劳动耗费是价值决定的唯一因素,但决定价格变动的还有除劳动之外的其他因素。如:货币价值的变动可以影响商品价格的变动;供求变动会使商品价格涨落并调节市场价值;使用价值也会对价格有影响;商业资本周转速度也会对价格产生影响;等等。认真研究可以影响商品价格变动的上述因素对我们实际工作中有关产品定价、测定物价总水平等都具有现实意义。

第四,关于特殊商品定价。作者认为作为资本化地租的土地价格可以归为价格与价值之间值的背离的一种表现形式,它尽管是虚幻的价格形式,但仍以价值关系为基础。至于古董、艺术品价格,作者认为政治经济学研究的商品是能够由劳动不断再生产出来的产品,古董和艺术品不符合这一要求,因而不属于政治经济学的研究范围,也就不能由劳动价值论来解释,其价格只能是由购买者的需求和支付能力决定的垄断价格。这一点正确解决了经济理论史上有名的面包与珠宝之间的使用价值与价值的矛盾。庞巴维克等也正是利用这一点来攻击马克思劳动价值论。

二

本书作者以马克思主义经济学者继承前人经济思想精华的精神,实事求是地评介了古今中外价格思想、古典和庸俗政治经济学的价格思想。现代西方价格理论及苏联东欧国家的价格理论,本着古为今用、洋为中用的原则,兼收并蓄各种社会主义可以借鉴的东西,丰富了我国价格理论的研究。例如,在评价马歇尔均衡价格论时,作者在指出马歇尔的均衡价格论归根是庸俗供求论的同时,也认为"马歇尔对价格理论作出了重大贡献"而且"对我们分析社会主义经济运行也有一定的参考价值"。(第143页)作者在对社会主义价格形成理论的探讨中,就借鉴了马歇尔的均衡价格概念,作者指出:"社会主义目标价格不仅以价值为基础,是与耗费劳动量相一致的价格,而且应该是与社会需求相一致的价格,也就是说,它应该是一种商品的供给价格和需求价格相一致的均衡价格。"(第373页)但另一方面,作者不是全盘地移植马歇尔的概念和原理,而是坚持以马克思劳动价值论为基础。

作者在研究外国价格理论和实践时,不但注意吸收已为实践所检验是成功的经验,也注意记录那些为实践所证明是失败的教训。如南斯拉夫曾实行以世界价格作为制定国内市场价格标准的政策,这一政策未能考虑到该国经济实力和国际市场的复杂性,结果70年代因世界能源危机和世界性通货膨胀引发南斯拉夫国内高通货膨胀,这种不顾具体国情,只以流行的经济论点作政策依据的做法只能给国民经济带来不利的后果,这一教训值得我们记取。

三

本书作者以对马克思主义价格理论的研究来指导其对我国现实价格理论的探讨。作者认为社会主义价格形成应包括四个序列,即基础价格、理论价格、目标价格和市场价格,指出马克思关于价值是价格基础的基本原理是商品经济条件下的普遍规律,是不以社会经济形态为转移的。作为社会主义现实价格最终基础的社会主义基础价格就是价值,就是 $w=e+v+m$。

社会主义价格形成的第二序列则是社会主义理论价格,它是按照马克思主义价格理论设计的、反映转形价值的一种测算价值,它排除了价格形成中供求等政治经济因素的影响,是制定价格和衡量价格水平的直接基础。理论价格作为转形价值,其形成过程同价值转形一样是有层次的:第一层次的转形是价值转化为生产价格,即 $w_0=k_0+c_0\overline{p_0'}$,其中 w_0 为生产价格,k_0 为部门平均成本,c_0 为用于某商品生产的全部预付资金量,$\overline{p_0'}$ 为平均资金利润率。第二层次转形是生产价格的完成形态,即 $w_1=k_1+c_1\overline{p_1'}$,其中 $k_1=$生产成本+产业利润+流通费用,$c_1\overline{p_1'}=$商业利润。第三层次的转形成为垄断价格,即 $w=Km+c\overline{p'}+r_1$,其中 Km 为最劣等地的成本价格,$Km+cp'$ 为农产品的生产价格,r_1 为绝对地租。

社会主义价格形成中第三序列是社会主义目标价格。它是在社会主义价格基础序列之上,加进了供求等政治经济的因素而测算的价格,既是一种预测价格,也是一种决策价格或计划价格。作为影响价格的现实因素,首先是商品的使用价值。作者不同意按质论价就是按值论价,认为按质论价属于价格政策问题,是对价值规律的自觉运用,是利用价格杠杆促进生产技术发展的重要手段。其次,制定目标价格要考虑供求关系,在长期内供给不能满足时,制定目标价格就要有意识使这种商品价格高于其价值,此外还要考虑到大的供给弹性和需求弹性的商品供求变动对市场价格的影响。

前面三种价格都是计算价格,那么什么是社会主义的实际价格呢?作者认为社会主义实际价格是社会主义市场价格,它是社会主义价格形成的第四序列,也是最终序列,一切现实的价格都是能经得起市场检验的价格,因而只有市场价格才是能够实现的价格,把市场价格与基础价格作比较可以看出市场价格与价值背离的程度;把市场价格与理论价格作比较,可以看出市场价格与价值转形偏离的程度;把市场价格与目标价格作比较,可以看出计划价格的准确程度。作者认为作为现实价格的社会主义市场价格,既要具有国家调控的功能,又要具有市场调节的性质;既要包括以马克思劳动价值论作为价格基础的一般商品,也要覆盖具有特别价格形成特点的特殊商品。

四

一本学术著作的社会价值在于它对实践的指导意义,理论价值则在于探索和创新。作者在吸收前人理论精华的基础上,结合我国的实际情况,提出了许多独到的见解。

第一,严格区别了市场价格和自由价格两个不同概念,澄清了当前价格改革理论探讨中概念混乱的现象。很久以来,一提起市场价格,有些人就马上把它与自由价格划等号。作者指出:这是一种误解,自由价格是指在市场竞争中形成的价格,是资本主义自由竞争时期的产物,而市场价格则是在市场上各种商品实际成交的价格。社会主义市场价格不是也不可能是完全的自由价格,因为社会主义经济是有计划的商品经济,社会主义市场价格按其实质来说是有控制的市场价格,不可能成为完全市场机制下的自由价格。

第二,关于价格改革的目标模式。作者认为,价格模式是价格形式的最终形式,作为现实价格形式,它有自由价格、市场价格和计划价格三种。自由价格是资本主义自由竞争时期及其资本主义以前小商品生产主要价格形式,它不能成为社会主义国家价格改革目标模式;计划价格是实现高度集中管理的社会主义国家过去长期以来实行的一种固定不变的价格形式,也是我国目前需要改革的价格模式,因此现在能够与我国社会主义有计划商品经济相适应的、成为我国价格改革目标模式的只能是社会主义有计划的市场价格。

此外,作者在价格形成中究竟应采用什么盈利率问题、生产价格变形问题等都有自己独到精辟的见解。总之,本书内容广泛、语言通俗,运用历史的方法较系统全面地分析了价格理论的历史线索和理论概念,有利于读者全面系统地从纵向了解这一理论的发展过程、从横向了解这一理论的基本框架。理论的阐述也有较强的针对性,紧密结合我国经济现实,对于我国继续深化价格改革等无疑具有重要的指导作用。

(原载《世界经济文汇》1990年第2期,作者:胡晓地)

社会主义价格理论的新探索
——评新著《价格理论的发展与社会主义价格的形成》

洪远朋主编《价格理论的发展与社会主义价格的形成》

经济科学出版社最近出版了由洪远朋教授主编的《价格理论的发展与社会主义价格的形成》一书,该书以马克思主义为指导,对古今中外的价格理论作了历史的、全面的、系统的评介。并且站在理论史的高度,吸取前人价格理论的精华,结合我国社会主义实践,对社会主义价格形成理论作了许多富有创建的研究。

首先,作者对马克思主义价格理论重新作了全面准确的概述,澄清了一些对马克思主义价格理论不全面、不准确甚至错误的认识。作者把马克思主义价格理论概括为五个方面:

1. 价格的基础。作者指出,按照马克思主义的劳动价值论,价格是价值的货币表现,价值是价格的客观基础。而价值的实体是凝结在商品中的抽象劳动,商品价值关系实际上就是人与人之间交换劳动的关系,这是价值质的规定性。价值量的规定,按照价值规律的要求,由社会必要劳动时间决定。社会必要劳动时间有两种含义:第一种含义是指平均劳动时间,它决定商品价值量;第二种含义是指社会总劳动分配上所必需的劳动时间,它实现商品价值。

2. 价格波动的现实中心——价值转化形式。在现实经济生活中,价格运动围绕的轴心不是价值,而是价值转化形式。作者认为,马克思主义的价值转形理论有三个层次:第一层次,由于全部产业资本参与剩余价值分配,等量资本要求等量利润。价值($c+v+m$)转化为生产价格的初始形态($k+\bar{p}$)。第二层次,由于商业资本的参与,商业资本要求平均利润,纯粹流通费用要求从剩余价值中得到补偿,于是价值进一步转化为完全形态:产业部门的生产价格加商业利润加纯粹流通费用。第三层次,土地所有权要求在经济上得到实现,价值最终转化为垄断价格:成本价格+产业利润+商业利润+纯粹流通费用+地租。这是价格运动的现实中心。这样,作者澄清了对马克思主义价格理论的两种错误认识,一是认为马克思主义的价值转形理论只有第一层次,即生产价格初始形态这一转形;再是错误地认为马克思主义的价格形成理论不考虑资本、流通和土地的作用。

3. 影响价格量的其他因素。作者指出,马克思主义的价格形成理论,不仅论述了价格以价值及其转形为基础,而且综合考察了其他一系列因素对价格的影响,诸如货币、供求、使用价值,以及商业资本周转速度等。作者就这些影响价格因素的论述,实际上回答了认为马克思主义价格形成理论中没有考虑供求、没有考虑商品效用的责难。而且又明确地说明了马克思主义价格理论与供求论、效用论和货币数量论的根本区别。

4. 特殊商品的价格。一般情况下,只要是商品,就有价值,也才有价格。但也有一些商品并非如此。作者介绍了马克思主义价格理论对劳动力、土地、古董艺术品、资本、运输等一些特殊商品价格的论述。

5. 恩格斯、列宁、斯大林和毛泽东对马克思主义价格理论的贡献。作者指出,恩格斯关于"价值是生产费用对效用的关系"的著名论断,列宁关于垄断资本要求垄断利润形成的垄断价格的论述,斯大林关于社会主义仍然要遵循价值规律的论述,毛泽东提出的"计划第一、价格第二"的思想,都是对马克思主义价格理论的丰富和发展。

其次,本书作者坚持以马克思主义价格理论为主,同时借鉴和吸收各种非马克思主义价格理论中的合理成分,为社会主义价格形成和价格改革服务。作者以价格理论的发展脉络为线索,把整个价格理论史划分为五个阶段:古代中外价格思想、古典政治经济学的价格理论、早期庸俗政治经济学的价格理论、现代西方价格理论、苏联南斯拉夫东欧国家的价格理论。对各种价格理论都以马克思主义价格理论为依据作了客观的介绍、公正的评价。例如:

1. 对供求决定价格论的评价。作者认为,供求决定价格论的错误是明显的,它只看到价格运动的表面现象,否认价格以价值为基础。但作者并没忽视供求决定价格论的启示意义,它的合理成分在于说明了供求关系与价格运动之间有联系。

2. 对生产费用论的评价。作者指出,认为商品的价格决定于生产费用,即商品的价值由工资、利润和地租三要素构成的观点,其错误在于:它把商品价值和劳动新创造的价值相混同,忽略了价格构成中生产资料价值转移部分,只考虑了劳动新创造部分 v+m,而且错误地认为资本和土地也创造价值。但作者认为生产费用论也有可以吸收的成分,即价格形成中应该考虑资金和土地的利用。

3. 对边际效用价值论的评价。作者认为,边际效用价值论的错误在于:第一,边际效用价值论把价值说成是一种主观的心理范畴,完全忽视了它的物质内容。第二,边际效用论把效用解释为心理因素,并认为心理因素有强弱之分,是可以比较计算的,但实际上根本不能测算,因而商品的价值量也不能用边际效用来衡量。

同时,作者指明了边际效用论强调消费和需求在价格形成中的作用,以及边际分析方法等也有借鉴意义。

4. 对均衡价格理论的评价。作者认为,均衡价格理论,其共同的错误和局限在于:第一,以主观的心理现象分析去解释价格。第二,实际还是供求决定价格论,否定价格有客观基础。第三,完全竞争的假定,在当代经济中并不存在。同时,作者也认为,均衡价格理论在不同程度上反映和记录了市场经济的一些现象联系;把均衡价格视作合理价格,也包含合理成分;它的许多分析方法和工具,如一般均衡分析、供给弹性和需求弹性、无差异曲线、蛛网模型等等,对社会主义价格理论分析,也有借鉴意义。

5. 对垄断价格理论的评价。作者指出,垄断价格理论仍从商品供求关系来说明垄断价格和均衡产量,没有分析价格本质,也无法来说明垄断的实质,要把垄断作为一种市场现象,使它不可能建立起科学的厂商定价理论。但作者认为这种理论也在一定程度上反映了资本主义经济中某些产品的定价原则,而且对社会主义经济中某些产品的定价也有一定的启发意义。

在这本书中,作者以马克思主义价格理论为指导,对古今中外价格理论的全面系统介绍和客观公正评价,无疑对澄清理论界的混乱认识具有积极意义。

最后,作者从社会主义有计划商品经济出发,提出了一系列价格形成理论的新观点。

1. 社会主义价格形成四序列说。本书作者认为社会主义价格的形成有四个序列:第一序列,社会主义基础价格是价值,这是价格的最终基础;第二序列,社会主义理论价格是转形价值,它的完成形态是社会主义垄断价格,这是价格的直接基础;第三序列,社会主义目标价格,是在第一、二序列基础上,参照其他经济、政治因素(包括供求关系、经济政策等等)而测算的价格;第四序列,社会主义市场价格,它是社会主义价格形成的最终完成,是社会主义的现实价格。作者的论述,说明了理论界的各种观点并不是对立的,而是从不同侧面不同层次研究了社会主义价格的形成,是形成中不同序列的问题。

2. 关于价值计算问题。作者提出,虽然精确的直接计算价值现在还有许多困难,但是价值的近似值是可以计算的,即借助于成本、盈利等价值的表现形式间接地相对加以计算,使成本尽可能接近其价值构成中 c_1+v 部分,使盈利更接近于价值构成中 m 部分的方法,来求得商品价值的近似值。关于成本,作者指出,成本应该是:在正常生产合理经营条件下的部门平均计划成本。关于盈利率,作者提出,最理想的是加工费用盈利率,即把盈利加算到工资和固定资产折旧费上,这可以比较全面地估计到活劳动和过去劳动在价格形成中的作用。

3. 价值转形三层次说。对于价值转形,理论界长期只说一个层次,即只有生产价格这一层次。作者认为,马克思主义价格理论所揭示的价值转形有三个层次,这三个层次在社会主义商品经济中也同样存在:第一层次,由于生产过程中的资金参与剩余产品价值分配,使利润率平均化,引起价值转化为生产价格的初始形态。第二层次,由于流通过程资金也参加利润平均化,纯粹流通费用要求得到补偿,引起生产价格进一步展开为完成形态。第三层次,由于必须对土地在生产和流通中提供的经济效益作出特殊的评价,剩余产品价值在平均利润之外还要再次分配,分割出地租部分,并加入价格,引起生产价格转化为垄断价格,这是价值转形的完成形态,这才是社会主义价格的直接基础。

4. 社会主义价格目标模式。作者认为,社会主义价格的目标模式应该是有计划的市场价格。这不同于自由价格,它是可以控制的;又不同于计划价格,它是计划与市场的结合。它还是垄断竞争的市场价格,是有弹性的市场价格,是覆盖全社会的市场价格体系。

5. 拓宽了社会主义商品价格的范围。长期以来,对社会主义商品价格的探讨只局限于一些有形的劳动产品。作者在书中,全面论述了社会主义特殊价格,包括:土地价格、科技商品的价格、新产品价格、运输价格、古董及名家艺术品的价格等。

总之,这是一本很有新意的著作。作者以马克思主义价格理论为指导,以前人对价格理论的广泛探索为依托,对社会主义有计划商品经济进行研究,提出的社会主义价格形成理论体系严密,见解独到,无论在理论和现实上都有重要意义。其历史、理论、现实相结合的研究方法更值得我们重视。这本书无疑是编著者们在社会主义价格理论研究中迈出的踏实的一步。

(原载《社会科学》1990年第3期,作者:余杰)

合作经济前途无量

——评洪远朋主编《合作经济的理论与实践》

洪远朋主编《合作经济的理论与实践》,复旦大学出版社1996年6月版

复旦大学经济学系洪远朋教授主编的《合作经济的理论与实践》一书吸取古今中外合作经济的理论和实践的优秀成果,从合作经济的历史、理论、现实三方面进行了深入的研究,是当前我国合作经济研究方面的新成果,具有很高的理论水平和现实意义。

一、对合作经济在我国国民经济中的地位和作用作了具体阐述,既为合作经济正名,又为大力发展合作经济呼吁

合作经济产生于资本主义社会,在合作经济的发展中不论在资本主义国家,还是社会主义国家都有其发挥作用的土壤和基础。作为与现代西方股份公司制度相比较而存在的合作社形式,在整个西方市场经济体系中所占的地位是次要的。但随着时间的推移,它艰难的生存下来,并有一定的发展。这一事实本身就说明:合作社运动有其存在的合理性,由此产生的合作经济形式也有其客观存在的必然性。在社会主义市场经济发展的初级阶段合作经济同样适合中国国情,是集体经济今后改革的重要方向,为此编者们提出了如下几个方面的新观点:(1)合作经济是社会主义公有制的重要组成部分。(2)合作经济在社会主义市场经济发展中有着广泛的领域和基础,它既具有适应市场经济要求的机构,又可以起到活跃市场的先导作用。(3)合作经济的发展是实现劳动者共同富裕的需要。

通过以上分析编者们提出:合作经济的广泛发展,是具有中国特色的社会主义的基本特征之一,我们应当从建设有中国特色的社会主义的全局来认识合作经济的地位和作用,克服和纠正认为合作经济无足轻重和发展合作经济的权宜之计的错误观点。这无疑在理论上对我国合作经济的发展指明了方向。

二、对合作经济的历史，理论与现实作了全面、系统深刻的分析，是当前我国合作经济研究中具有特色的成果

近年来，对合作经济的研究有了不少进展。有的主要研究历史，有的主要探讨理论，有的主要分析现状。该书试图对合作经济进行历史的、理论的、现实的综合研究。以马克思主义合作经济理论为指导、贯彻古为今用，洋为中用的原则，汲取人类社会一切文明成果包括西方资本主义国家和原苏联、东欧国家合作经济理论的实践，对建立具有中国特色的合作经济提供了可以借鉴的东西。因此，该书分为历史、理论和现实三部分：（1）历史篇主要介绍合作经济理论发展的历史和合作经济运动发展的历史。（2）理论篇主要探讨了合作经济的性质、所有制形式和产权关系、运行机制、收益分配及股份合作经济等方面的问题。（3）现实篇主要分析合作经济理论和原则在当代中国的实践。

三、合作经济前途无量，这是该书的题旨，也是理论和实践相结合的必然结果

社会经济是不断发展的，合作经济也是不断向前发展的。不是一提合作经济就是19世纪英国罗虚代尔的产物或者是我国50年代的农业合作化。事实上合作经济是一个跨度大、范围广、时间长、大有发展前途的经济形式。

在资本主义国家合作经济已由19世纪罗虚代尔式发展到20世纪的蒙拉德式。随着经济国际化，一体化的加强，现在合作经济越来越成为世界经济中一个重要成分和不可分割的组成部分。当代合作经济已不仅是当初那种社员之间互助互济为抵御中间商人盘剥的惠顾者组织，而已成为同政府垄断集团和其他利益集团交涉的力量，随着农业现代化和商品化的推行，农业合作组织已经发展为以农用物资的生产和供应到农业生产、农产品收购、储存、加工、包装直至销售的农业合作体系。还逐步实行了跨地区、多层次的专业联合，成为各种专业联合体和农工商一体化组织。它凭借自己日益壮大的经济实力，积极参与市场竞争、正在向一体化、大型化和现代企业的方向发展。在我国，50年代中期曾掀起了合作化高潮。但在社会主义改造基本完成后，由于"左"的思想在党内占了上风，在所有制问题上追求"一大二公"，使我国的合作经济一度受到挫折。70年代末，由农民自己创造的家庭联产承包责任制使我国农村合作经济发生了重大变化。这种双层经营承包制度体现了土地集体所有权的农民经营权的分离，把调动农民家庭经营的积极性与发挥合作经济的优越性结合起来，提高农业生产力。乡镇企业的异军突起，是我国农村合作经济中引人注目的又一新现象。近年来我国城乡正在迅速发展的股份合作制是合作经济的又一新发展，它是一种各种不同的所有制内部或相互之间，借鉴了

股份制的组织运作方法,实行资本、劳动力、土地、设备、技术等生产要素参股而形成的一种新型合作组织。其具有下列几种组合形式:一是股份合作可以是在原合作经济组织中引入股份制形式,形成兼有合作制劳动联合和股份制资本联合的新型企业制度。二是也可以在以国有经济为主体的原股份制企业的基础上引入合作经济原则,形成兼有股份的资本联合和合作制劳动联合的企业制度。三是也可以是由个体经济入股联合而组成的新型合作企业。这几种组合方式都已不是原来的国有经济、合作经济和个人经济,而是新形式的股份合作经济。这是社会主义所有制的新形式,也是坚持社会主义公有制主体地位的重要形式。这几种形式很可能是我国今后社会主义所有制的发展方向。

(原载《上海经济研究》1997年第7期,作者:陈磊、王家亮)

关于《资本论》教学、研究与宣传的评价

不倦的探索　可喜的硕果
——评介洪远朋的《〈资本论〉难题探索》

洪远朋《〈资本论〉难题探索》,山东人民出版社1985年5月版

《资本论》是马克思主义的百科全书,集马克思政治经济学、哲学和科学社会主义思想之大成,并兼纳有关政治、法律、历史、教育、文学、社会、人口、美学等深湛见解;《资本论》是人类文化思想进化的里程碑,在这部迄今为止人类最伟大的光辉巨著面前,一切资产阶级学说均黯然失色;《资本论》是无产阶级认识社会和改造社会的思想库,有着取之不尽的智慧,任何变革社会的行为均可从中得到科学指导。作为后人,要想系统深刻地探寻清楚这座理论宝库的全部奥秘,就需要大家坚持不懈地从各个理论角度对它作认真细致的研究。山东人民出版社最近出版的《〈资本论〉研究丛书》中的一本——《〈资本论〉难题探索》(以下简称《探索》)就是从政治经济学角度研究它的新尝试。作者是长期从事《资本论》教学与研究的洪远朋教授。他在《资本论》研究园地里辛勤耕耘并结出了不少果实,这一新作是作者不倦探索的又一硕果。

这部学术专著不是解释《资本论》中难懂的句子和典故,而是就理论界有争论的疑难问题作深入系统的分析,其中包括政治经济学基本理论方面有争议的问题,也包括运用《资本论》原理研究当代资本主义经济和社会主义经济方面有争议的问题。《探索》中收集的主要是《资本论》第一至第三卷的难题,为了体现《资本论》的完整性,也提到了第四卷的少数几个问题。全书理论联系实际,观点明晰新颖,文笔简练流畅,具有较高的学术价值和独特的写作风格。

一、《探索》在阐述《资本论》及各卷、各篇的研究对象、体系、结构、方法、中心、地位和意义等方面全面系统,较有特色

作者不是平铺直叙地讲解这类问题,而是结合学术界对它们的种种不同意见进行探讨,争鸣气氛颇浓。例如,在分析《资本论》第三卷的研究对象时,作者批驳了认为该卷只是研究资本的各种形式的片面观点,明确提出对此卷的研究对象即

资本主义生产总过程要有个全面正确的理解：第一，资本主义生产总过程是生产过程、流通过程和分配过程三者的统一；第二，资本主义生产总过程也是资本主义社会再生产的总过程，这里不是研究再生产的直接生产过程和实现过程，而是研究再生产过程的结果，各种资本形式分配剩余价值的结果；第三，资本主义生产总过程不是个别资本的运动过程，也不是研究某一种资本运动的总过程，而是研究社会各种资本形式运动的总过程；第四，资本主义运动总过程是揭示和说明资本运动过程作为整体考察时所产生的各种具体形式。书中详细剖析，所谓各种具体形式，并不单纯指资本的各种具体形式，而是具有较广泛的含义，它含有：资本的各种具体形式，如产业资本、商业资本、生息资本及更具体的高利贷资本、借贷资本、银行资本、虚拟资本等；剩余价值的各种具体形式，如产业利润、商业利润、利息、企业主收入、地租等；价值的各种具体形式，如社会价值、个别价值、平均价值、市场价值、名义价值、虚假的社会价值等；价格的各种具体形式，如生产价格、市场价格、资本价格、土地价格等；阶级矛盾的各种具体形式，如工业资本家和雇佣工人的矛盾、工业资本家之间、工业资本家、商业资本家、生息资本家、农业资本家以及土地所有者之间的矛盾等。

又如，在分析《资本论》第二卷的方法时，作者指出有些同志怀疑第二卷的方法是辩证法的意见不可取，但同时又具体描述了此卷在方法论上的特点：首先，第二卷是从变化运动的过程来研究资本的流通过程，是动态分析，而不是静态分析。其中：第一篇分析货币资本的运动，是研究资本运动的形态变化；第二篇分析生产资本的运动，是研究资本运动的速度；第三篇分析商品资本的运动，是研究资本运动的规模从简单到扩大。其次，第二卷前两篇分析个别资本的生产和流通，属于微观分析；第三篇分析社会总资本的再生产和流通，属于宏观分析。这种先微观后宏观、先个别后总体的分析方法与其他两卷都显示出差别。最后，第二卷较多地运用了数量分析法，数学公式、数字表格及演算占据较大篇幅，定量分析的程度要比另外两卷深一些。接着，作者又更为详尽地阐明第二卷各篇在方法上的异同点。

再如，在分析《资本论》第一卷的体系结构时，作者先介绍国内外的四种划分办法、然后摆出自己的思路及新论证。他认为第一卷可以一分为三，第一部分是第一篇商品和货币，第二部分是第二至第六篇，讲剩余价值的生产过程，第三部分是第七篇资本的积累过程。这三大块之间的关系可多维视角去观察：从劳动的角度看，是依次分析劳动创造商品的价值、劳动创造剩余价值、劳动创造资本。从剩余价值的角度看，是叙述剩余价值生产的基础、剩余价值的生产过程、剩余价值怎样转化为资本。从资本的角度看，是分析资本的前提、资本的增殖、资本的积累。从逻辑的角度看，是论述出发点、中心和总结。从历史的角度看，是讲资本主义的产生、发展和灭亡。这样分析有力地证明了第一卷确实是理论、逻辑、历史有机结合的严密的科学体系。

二、《探索》在深入研究《资本论》所创立的基本理论方面有不少新的创见，体现了作者具有较高的学术造诣

收集在《探索》中的"试论生产力的内在源泉"一题，就是国内最早提出生产力有内在的源泉的一篇论文，主张劳动力、科学力和自然力是生产力的内在源泉。这一观点已被人们普遍接受。《探索》中的"资本主义社会内部不能产生社会主义经济因素吗？"一文，提出根据《资本论》中有关论述，说明合作工厂是在资本主义社会内部对资本主义生产关系打开的第一个缺口，它表明社会主义经济因素有可能在资本主义内部产生，当代资本主义的发展现状继续证实了这一点。作者提出这种观点在国内也是名列前茅的。尽管这一说法尚可进一步研讨，但作者敢于向传统理论挑战，勇于踏入理论"禁区"的精神值得钦佩。

《探索》中除了上述等少数题目是过去发表的文章并收集在内的以外，绝大多数题目均属新作，其中富有启发性的精湛见解为数不少。以劳动价值论为例，这一理论究竟包含哪些内容？查阅国内外有关文献，众说纷纭，意见可达十几种，归纳起来也有三大类。作者如实地评述了各类说法，阐明了自己对最广义的劳动价值论内容所持的观点，认为综观《资本论》全书至少应包含十项内容，即价值实体、价值量、价值形式、价值本质、价值规律、价格和价值的关系、劳动力的使用价值和价值、价值转形理论、关于虚假的社会价值、价值构成的理论等。这对我们纠正有关劳动价值的广为流传的狭隘看法无疑是有帮助的。再拿生产资料生产增长问题来说，作者早在数年前便建议取消"生产资料生产优先增长"的传统提法，而代之以"生产资料生产较快增长"的科学提法。在《探索》中，作者详细阐述了为生产资料生产较快增长规律正名的理由，认为马克思和列宁的愿意和提法都是生产资料生产增长较快，而并非什么优先增长，况且优先增长的提法不符合客观事物的本来面目，容易产生种种误解，对社会主义建设不利。我们感到作者的这一正名是颇有道理的。这里，不妨再来看看《探索》中关于资本定义的新剖析。书中说，关于资本的定义一般都是根据《资本论》第一卷第四章第一节的一段话（参见第一卷第172页第4至第9行），把资本叫做能带来剩余价值的价值。给资本下这样一个简要的定义不能算错，但不够全面准确。作者分析说，实际上马克思在第二卷第四章曾给资本下了一个全面而又确切的定义（参见第二卷第122页第1至第5行），从中可知晓资本定义应包括下列几层含义：（1）资本是自行增殖的价值，也就是带来剩余价值的价值；（2）资本包含着阶级关系，即资产阶级剥削无产阶级的关系；（3）资本不是物质属性，而是一种社会属性，是建立在雇佣劳动基础上

的资本与雇佣劳动的社会关系;(4)资本是一种运动,而不是静止物。这种独出心裁的理解与一般政治经济学辞典所采用的说法是不尽一致的,似乎更加高出一等。

三、《探索》在运用《资本论》基本原理研究社会主义经济问题上也有令人瞩目的成绩

该书不仅在总体上系统阐述了《资本论》与社会主义经济和社会主义政治经济学的关系及意义,而且具体探讨了按劳分配中的劳动计量、社会主义生产过程二重性、机器的社会主义使用及其界限、社会主义人口规律、社会主义生产劳动与非生产劳动、社会主义再生产、社会主义利润和成本、社会主义工业品价格形成、社会主义级差地租和绝对地租、社会主义剩余劳动等许多重要问题。其中,对不少难题的叙述有着与众不同的深刻见解。

试举几题为例。首先,关于社会主义政治经济学的逻辑起点,作者认为马克思分析资本主义生产关系从商品开始,这是从现象或形式来说的。商品的最大特点是有价值,而价值是由劳动创造的,所以从商品开始,就其实际内容或实质来说是从劳动开始的。在资本主义社会,人与人之间交换劳动的关系被物的外壳所掩盖,分析这种生产关系从形式来说是从商品这个物开始的。由于社会主义社会人与人之间的生产关系不再为物的外壳所掩盖,因此分析这种生产关系应该直接从劳动开始。书中写道,这是因为:劳动是政治经济学最简单最一般的范畴,是政治经济学的枢纽点;劳动是社会主义最普遍的范畴;劳动是社会主义客观存在的最本质的要素,是社会主义最本质关系的体现。其次,关于社会主义基本经济规律,作者一贯主张遵循《资本论》的精神,应从社会主义生产过程二重性的主导方面去论证。其基本观点是这样的:社会主义生产过程客观上具有二重性,并且是分析社会主义生产过程的基础;这种二重性既有别于简单商品生产过程二重性,也不同于资本主义生产过程二重性,应是劳动过程和反映社会主义生产关系特有的价值形成过程的统一;这种二重性的根源通过使用价值与价值的矛盾、具体劳动与抽象劳动的矛盾,局部劳动与整体劳动的矛盾等一系列中介,最终应归于社会分工与不同所有制这对矛盾;这种二重性的主导方面是劳动过程,满足需要,决定了社会主义基本经济规律是发展生产,满足需要。最后,关于社会主义是否存在剩余劳动问题,作者也有独具匠心的思维结晶。他写道,综观四卷《资本论》,马克思曾从多层次地论述了剩余劳动;一是指超过一定的需要量的劳动,存在于任何社会,即一般剩余劳动;二是指一切剥削社会劳动者为养活不劳而获的剥削者而从事的劳动,即共有剩余劳动;三是指资本主义社会特有的超出生产劳动力价值的而为资本家无偿占有的那部分劳动,即特有剩余劳动;四是指工人阶级为生产全部生活资

料以外所从事的劳动,即以社会分工为依据的剩余劳动。作者认为不能笼统地说社会主义存在不存在剩余劳动,而需作具体分析。基于上述分析,第一、第四种含义的剩余劳动是存在于社会主义经济中的,其余两种随着经济条件的变化则消失了。

四、《探索》在运用《资本论》基本原理研究当代资本主义经济问题上同样具有独到之处,很多论述实事求是,发人深思

书里针对国内外某些人认为《资本论》不符合当代资本主义现实的错误观念,阐明了《资本论》在帝国主义阶段没有过时的若干论据:其一,从总体上看,尽管现代资本主义和马克思所处的自由竞争资本主义有很大区别,但这两个阶段的本质一样,它们的经济基础都是资本主义私有制,因而就《资本论》整个理论体系来看依然是适用的。其二,《资本论》中分析资本主义制度的许多重要原理,对观察现代资本主义经济运行仍然有效。比如,资本主义生产的目的和动力在于榨取剩余价值的原理仍是揭露帝国主义剥削本质的武器;经济危机和资本主义基本矛盾学说仍是揭示帝国主义必然灭亡的准绳。其实,《资本论》本身在不少地方论证了自由竞争向垄断过渡的原理以及关于垄断的若干论断。诚然,作者同时也指出,原著的学习决不能代替当代资本主义问题的研究,无论是劳动价值理论、货币理论,还是剩余价值理论、经济危机理论、平均利润率趋向下降的规律和地租理论等,都存在需要当代马克思主义者深入研究的重大课题。作者在《探索》中花了一定的篇幅概述了"机器人"能否创造价值和剩余价值的问题、黄金非货币化的问题、当代资本主义国家的工资形式及其发展趋势问题、无产阶级贫困理论问题和现代资本主义条件的绝对地租来源问题等等。

书中关于黄金非货币化问题的剖析值得一读。作者在介绍争鸣中的几种意见以后认为,由于美国七十年代初推行黄金非货币化政策以来,黄金正处于从货币商品向普通商品过渡,纸币正处于从黄金符号向价值符号过渡。其理由是:现在纸币虽然不能兑换黄金,但大多数国家货币都规定含金量,没有规定含金量的都与规定含金量的货币保持一定比价关系;作为国际货币储蓄记账单位的特别提款权,现在仍然规定了含金量,在国际结算中还要以黄金做保证;黄金事实上仍是私人和各国中央银行所喜爱的价值储蓄;欧洲货币制度规定要将各成员国官方储备20%交给基金,其中就包括黄金储备。近年的事实说明货币与黄金还不能完全脱钩,但恢复金本位制的可能性很小。作者同时又指出,从货币形式的发展趋势来看,黄金和货币必将完全脱钩,纸币直接代表价值纯属历史的进步而不是倒退。

综上所述,《探索》不愧为一部学术价值较高的别具一格的专著,对政治经济

学的教学和科研均有一定的参考意义。

诚然,该书与其他书籍一样也有美中不足的地方。比如,书中若干观点作为一家之言似有欠妥之处,个别问题还缺乏鲜明的观点。此外,作者在叙述时极少从创作史的角度去透彻分析问题。这也许会在作者今后的新作中有所弥补吧。

(原载《中国经济问题》1986年第4期,作者:程恩富)

评介《新编〈资本论〉教程》

洪远朋主编《新编〈资本论〉教程》第一卷,复旦大学出版社 1988 年 9 月版;第二卷,同社 1989 年 4 月版;第三卷,同社 1989 年 5 月版;第四卷,同社 1992 年 9 月版

  洪远朋教授主编的《新编〈资本论〉教程》(以下简称《教程》)第一至第三卷已经由复旦大学出版社正式出版了。这是集我国经济学术界、教育界研究、教学《资本论》成果的一部最新力作。粉碎"四人帮"以来,我国理论工作者在《资本论》研究方面取得了很大的成绩:山东人民出版社正式编辑出版了 24 种 29 本的《资本论》研究丛书。此外,复旦大学、福建师大、厦门大学、中央党校、北京大学等单位也先后出版了几十种《资本论》辅导教材。《新编〈资本论〉教程》在国内同类著作中具有特殊的地位。它不满足于对《资本论》进行通俗化的解说,在利用《资本论》的原理研究当代资本主义和现代社会主义方面下了苦功。作者队伍阵容的强大也是国内外同类著作中少见的,由全国 22 个省、自治区、直辖市的 40 多所高校 50 多位教授专家组成。全国《资本论》研究会会长、著名经济学家、中国人民大学宋涛教授为《教程》撰写了序言。这套教材汇集了作者几十年研究《资本论》的成果,对于我国《资本论》的教学和研究将产生新的影响。

  这套教材雅俗共赏,适合各种层次的读者。它可以作为普通大专院校、各级党校学员学习《资本论》的辅导材料,帮助正确理解和掌握《资本论》原理。

  这套教材有以下六个方面的特点:

  第一,全面。首先,内容全面。在《教程》第一卷开头就对《资本论》4 卷进行了详尽的介绍。尔后,对 4 卷每章都有介绍、概述、主要内容、值得探讨的问题以及难句和典故解释。每一篇都有小结,指明这一篇中的主要概念和内容、现实意义、复习思考题。其次,论据全面。在进行学术观点介绍分析时,作者将有关不同论点基本上都予以列出,并进行简要分析,然后提出自己的观点及其依据。最后,评介全面。《教程》的作者对于资产阶级各种经济理论进行了全面的评介。主要表现在两个方面:一方面,作者几乎对资产阶级的价值、货币、工资、利润、利息、地租、再生产等理论都进行了评介;另一方面,对于每一种理论的评介也力求全面。例如,

《教程》第一卷中在评介资产阶级价值理论时,对于从古典学派的亚当·斯密直到当前西方未来学家的11种价值理论都进行了分析批判。这甚至超过了大多数经济学说史教材。在评介资产阶级再生产理论时,作者从魁奈之前的康替龙开始分析,这是少见的。还对当代一些资产阶级学者进行了分析,诸如对列昂节夫的"投入—产出"、"哈罗德—多玛模型"、"斯旺—索洛"增长理论、纳克斯的"均衡增长"以及赫尔希曼的"非均衡增长"的分析。通过对各种再生产理论的评介,作者论证了马克思再生产理论的历史地位。

第二,准确。这套教材本着实事求是的态度对于马克思主义政治经济学的一些基本概念范畴进行了准确的概括。对于一些主要概念,《教程》按照《资本论》中各种提法出现的先后顺序加以列出。例如在《教程》第一卷第三篇小结中,作者将马克思对于剩余价值的四种提法都列出。这样就使读者可以全面理解掌握剩余价值概念。又如,作者在第三卷中对剩余产品这个概念进行了小结。作者分析了马克思关于剩余产品的三种不同含义:第一,通常代表全部剩余价值的产品;第二,在分析地租时代表超额利润的相应部分;第三,在个别情况下代表平均利润的产品部分。进而,作者还分析了劳动生产力的变化导致使用价值量与价值量的对立运动对于剩余产品量和剩余价值量两者的影响。这对读者准确地把握剩余产品的全部含义是十分必要的。又如,关于再生产的类型,通常人们只是分为简单再生产和扩大再生产。《教程》的作者根据马克思《资本论》第二卷第十七章的分析提出再生产实际可分为三种类型:简单再生产,扩大再生产和缩小再生产。由此提醒人们要注意克服工作中的失误,要尊重客观经济规律以防止缩小再生产的出现。这充分体现了作者深厚的理论功底。

第三,新颖。这套《教程》第一卷于1988年9月正式出版,第二卷1989年4月,第三卷1989年5月。这套教材汲取了国内外研究《资本论》的最新成果,针对当代资本主义和现代社会主义中出现的新情况进行了分析研究。例如,在《教程》第一卷中分析了托夫勒和奈斯比特的信息价值论。在第二卷中分析了当代资产阶级经济学家的"均衡增长"理论和"非均衡增长"理论。在第三卷中分析了希克斯和汉森的利率理论。这些批判内容在同类著作中是鲜有的。再如,《教程》第一卷中运用马克思的剩余价值生产理论分析了第二次世界大战后发达资本主义国家中自动化工厂里剩余价值的来源。在第二卷中,作者提出:"学习《资本论》第二卷第二篇关于资本周转的理论,对于加速我国社会主义企业的资金周转,对提高经济效益,促进社会主义建设,具有重要意义。"接着作者从加速资金周转的意义及其方法、折旧基金的使用、扩大再生产、生产的比例等方面进行了详细的阐述,对于每一方面又都进行了分析小结。这些论述完全可以直接指导我国社会主义企业的现实经济活动。在第三卷中,作者研究了社会主义商品生产中的成本问题,并分析了提高社会主义利润率的 7 条途径。此外关于社会主义价格、利率、银行的作用等分析在国内都是比较新的。

第四,系统。《新编〈资本论〉教程》不是停留在对《资本论》本身内容的概括说明上,而是在介绍其基本内容基础上,全面系统地总结了《资本论》中的各种主要观点,并就各种有争议的观点进行全面评论,同时还针对《资本论》中的典故和难句加以解释。特别是在每一篇小结中,作者将主要概念和内容都进行了归纳,并把在本篇原著中出现的一些重要观点也加以列出。不仅如此,作者还分别结合当代资本主义和现代社会主义的实践进行研究。例如,作者对于当代资本主义社会中出现的黄金非货币化、经济危机周期、现代资本主义剥削新形式以及绝对地租等问题都尝试作出新的解释。另外,作者还特别注重联系我国社会主义初级阶段的经济现象进行剖析说明。在《教程》第一卷中,作者分析了社会主义再生产和积累的关系;在第二卷中研究了社会主义资金的运动;在第三卷中分析了社会主义条件下成本和利润、利息和地租等一系列问题。这对于我们运用《资本论》中基本原理、方法指导社会主义有计划的商品经济的发展来讲是不可多得的好榜样。《教程》还从不同层次上提出复习思考题,教学进度。因此,这套教材在某种意义上堪称学习研究《资本论》的一套"百科全书"。每一个有心的读者都可以通过这套《教程》得到益处。

第五,客观。作者刻意宣传马克思主义,对于《资本论》中的各种提法都进行了客观介绍。有些提法通常读者一掠而过,《教程》也仔细地将它发掘出来。例如,我们通常讲劳动力成为商品的主要条件是劳动者一无所有,同时又有人身自由。《教程》的作者指出马克思在《资本论》第二卷第 539 页中认为"在奴隶社会劳动力也是商品"。这就为我们全面理解劳动力商品打开了新的思路。再如作者对于马克思《资本论》第二卷第 443 页中提出的"任何商品生产的经营都同时成为剥削劳动力的经营"这句话进行了重点研究。作者引用德文原文证明现行翻译的不精确地方,通过分析马克思原意证明不能将社会主义商品生产也看成是剥削劳动力的经营。此外,这套《教程》还在多处对于政治经济学教材中流行的观点,依据马克思《资本论》原意提出更正。比如无产阶级贫困化问题。《教程》第一卷令人信服地提出在资本主义社会无产阶级贫困既是绝对的,又是相对的。无产阶级贫困是资本主义制度的必然产物,但将这种经济现象描述成绝对贫困化和相对贫困化不是客观实际的反映,是不能成立的。又如,《教程》第二卷对于生产资料优先增长规律提出了质疑。作者提出应该为生产资料较快增长正名。因为这是说明在技术进步条件下,生产资料生产的增长速度快一点,但不能将它理解成优先增长。马克思在《资本论》中未提出过这种规律,而且这种提法不符合客观事物的本来面目,容易造成误解,往往会导致片面发展生产资料生产,忽视人民生活,对社会主义建设不利。诸如此类的分析都可以帮助我们掌握马克思主义本来面貌。

第六，简要。为了使读者能够学好《资本论》，作者在简要上花了大功夫。《资本论》4卷共6大本300多万字。这对于初学者来讲难以抓住关键，不容易把握马克思为了论证自己的观点所进行的大量引证、分析和批判。《教程》为了使读者对《资本论》有较全面的了解，采取了由面到点的介绍。任何一个读者只要细心学习一遍《资本论》总介绍就可以对四卷《资本论》有清晰的全面的了解：从《资本论》的产生和传播，《资本论》的对象、体系和方法，《资本论》的伟大意义，到怎样学习研究《资本论》都给读者一个明确简要的解答。同样，每一卷的介绍也可以供读者掌握这一卷的对象、结构、地位和意义。因此，这套《教程》可以说是每一位想学习掌握《资本论》的指南针。对于初学者来讲，可以首先学习《教程》中的总介绍，然后再依据各篇章的介绍阅读原著，逐步掌握《资本论》。

《教程》的作者用了100多万字全面概括、介绍、评述了四卷《资本论》。在《教程》第一卷30余万字445页中，作者用了40%篇幅的184页归纳概括了马克思《资本论》第一卷的843页内容，显示了《教程》的简要。另外，对于不同学术观点，作者也是列出各种观点的依据，然后加以分析总结。寥寥数语，使人一目了然。例如，作者用了4页篇幅评介分析了资产阶级经济学家的11种价值理论。这套《教程》内容丰富，信息量大，然而却非常紧凑。这种高度概括的能力在同类著作中确实是少见的。

诚然，任何一本好的辅导教材都是不可能代替对《资本论》原著的直接学习。然而，一套好的辅导材料却可以帮助我们理解、掌握和运用《资本论》。我们深信，这套教材的出版不仅会促进我国《资本论》的教学和研究，而且会推动我国《资本论》的学习和运用，我们期盼着《新编〈资本论〉教材》第四卷的早日问世！

（原载《中国经济问题》1990年第3期，作者：严法善）

研读《资本论》的好教材
——评《新编〈资本论〉教程》(第一卷)

由洪远朋同志任主编,钟禄俊、王弘远、王心恒、程恩富四位同志担任副主编的《新编〈资本论〉教程》(第一卷)是在改革和开放形势下研读《资本论》的好教材。该书已由复旦大学出版社出版发行。这本教材吸收了国内外最新研究成果,既对《资本论》第一卷的主要内容作了简明扼要的介绍,又帮助读者解惑排难,并广泛联系当代经济生活的实际情况和理论发展,进行探讨和评述。正如著名经济学家宋涛教授在《序言》中所说的,这是别具风格,具有相当高水平的教材。

参加本书编写的都是长期从事《资本论》教学和研究的同志,他们在教学和科研的实践中共同认识到,坚持《资本论》的基本理论,不是僵化的固守,而是要灵活运用《资本论》的立场、方法和原理来探索新情况,研究新问题,这样才能进一步丰富和发展马克思主义经济学。因此,既坚持《资本论》的基本理论,又积极联系教学和科研的实际,积极联系社会主义经济建设和改革发展的实际,大胆探索和创新,成为该书一个最显著的特色。具体来说,这本教程的主要特点有:

第一,对《资本论》第一卷的主要内容作了整体全面介绍,每一篇、章都分别有简介和小结。它在尊重原著的基础上,简明扼要地介绍了主要内容,并力求将原著中的主要结论和精辟论述用原文叙说。每篇小结后又将本篇的基本概念,按先后顺序一一列出,再加以解释,帮助读者理解马克思主义政治经济学基本概念的完整性和科学性。为了帮助读者解决疑难,有关章节还列有"典故和难句解释"。同时,在每一篇小结部分的"其他重要观点"的标题下,对《资本论》中有关经济学、哲学、科学社会主义、政治学、法律学、历史学等重要论述都作了介绍。此外,《教程》适应教学的需要,还列有全书、每卷、每篇和每章各个层次的复习思考题,有利于读者对《资本论》重点的复习和巩固。

第二,对《资本论》第一卷中的疑难问题和值得探索的问题在每章后用专题列出。这是《教程》一个很显著的特色,为研究《资本论》起了很好的促进作用。该书力求联系实际、刻意求新,启发思考。《教程》大部分章都列有"值得探讨的问题",每一篇都有"现实意义"的阐释。介绍国内外学术界有关理论问题的争论观点,并运用《资本论》的原理,阐发作者自己的看法。每一个探讨的问题都是先提出问题,再简要介绍对这一问题的不同看法,最后则坦率地提出作者的看法,以繁荣对《资本论》的研讨。这些值得探讨和争论的问题涉及面广,既包括政治经济学基本理论方面的争议问题,也包括运用《资本论》基本原理解释当代资本主义经济的一些问题,还包括运用《资本论》原理研究社会主义经济理论的一些问题。

在联系当代资本主义方面,《教程》广泛地分析了黄金非货币化、剥削形式的变化、经济危机周期的变化,当代资本主义国家的工资形式及发展趋势等现实情况,作出一些理论上的新的解释。在联系社会主义经济方面,《教程》力图根据党的十一届三中全会以来的党的路线、方针和党的十三大主要精神,以及我国尚处于社会主义初级阶段的现实,进行有益的探索。例如,用《资本论》的积累理论来分析我国现代化建设中扩大再生产的问题,论证了扩大再生产除了资金积累外,还可以通过提高劳动生产率、应用先进科技、降低生产成本、资源综合利用等途径来实现,批评了片面认为资金积累是扩大再生产的唯一源泉,一味大搞基本建设的观点。虽然,这种联系是初步的,但确是一种难能可贵的探索,对我国经济理论和经济实践的发展都有着积极的意义。

第三,敢于冲破某些传统的理论禁区,大胆地介绍和评介了与《资本论》基本原理有关的西方资产阶级经济学理论。《教程》在概述资产阶级经济学各流派中的价值理论、资本理论、工资理论、货币理论和剩余价值理论时,不仅介绍了古典政治经济学和庸俗经济学派的观点,还介绍了当代资产阶级学者对这些问题的观点;不仅客观介绍某种理论的主要观点、代表人物和代表著作,而且还用《资本论》原理加以实事求是的分析和评价。本着实事求是的态度,在作者认识的程度上,该否定的就否定,该肯定的就肯定,有启示和借鉴作用的,也如实指出。

总之,《教程》内容博采众长,介绍简练准确,力求贴近现实,确实能使读者受到启发,开阔眼界,是《资本论》教学和科研中一本不可多得的参考书。

当然,由于本书的作者着重强调原著的精神,因而在行文中过多地引用原文,这给初学者和自学者会带来一些困难。此外,由于经济理论界近年发展变化极快,尤其是在改革开放过程中,新观点和新情况不断涌现,因而有些最新科研成果来不及收进本书。但是,作为高校《资本论》教材,仍不失为一本较高水平的教材,尤其是作者那种勇于探索,大胆创新,紧密联系经济现实的精神,将为《资本论》教研带来新的学术气氛。

(原载《世界经济文汇》1989 年第 2 期,作者:周环)

我所编写的《通俗〈资本论〉》

洪远朋编著《通俗〈资本论〉》,辽宁人民出版社1985年9月版

建国以来,特别是近些年来,《资本论》的学习和研究空前活跃,研究成果日见增多,介绍性的著作也不断问世。广大干部、青年自学《资本论》的渴望,使得用通俗的语言来解说这部博大精深的巨著,已经成为非完成不可的工作了。1886年,恩格斯在写给费洛伦斯·凯利——威士涅威茨基夫人的信中说:"如果出一套用通俗的语言解说《资本论》内容的小册子,那倒是件很好的事情。"基于恩格斯的这一思想和广大读者的热切期望,笔者将这本《通俗〈资本论〉》奉献给读者。

这本书笔者是根据以下几点想法编写的。

第一,这个通俗本基本上是以《资本论》原著的篇为单元来介绍的,既不完全拘泥于原著章、节的标题,又保持了原著的体系和章节的顺序。

第二,为了能全面反映《资本论》的本来面貌,对原著总的以及各篇的对象、体系和方法,都作了扼要的介绍。为了体现《资本论》的完整性,这个通俗本除了主要介绍原著前三卷理论部分以外,对第四卷即剩余价值理论史,也在最后作了简要的介绍。

第三,为了紧密联系《资本论》,通俗本对原著中马克思阐述的最基本的原理、最精彩的论述、最生动的语言,都尽可能地原文引出。

第四,这个通俗本介绍《资本论》的主要内容不采取平铺直叙、面面俱到的方法,而是着重介绍主要观点。重点章节详细介绍,一般章节简要介绍。前三卷中关于批判资产阶级经济理论的章节一般都从略。对一些比较重要的难点,做了必要的释疑工作。

第五,为了使读者学习《资本论》联系社会主义经济的实践,本书在每个问题的后面,都专门有一部分简述学习《资本论》有关原理,对社会主义经济建设的指导意义。

第六,为了适应更多、更广泛的读者需要,使广大基层干部和青年同志可以读

懂,有关大专院校学生可以作为学习的参考读物,以及其他感兴趣的同志也可能有所启发,本书在文字表达上,力求做到深入浅出、雅俗共赏。

1985年是恩格斯整理的《资本论》第二卷出版一百周年。能在此期间使这本通俗读物与广大读者见面,对于一个长期从事《资本论》研究和教学工作的笔者来说,是十分欣慰的事情。同时,也算是我对革命导师——马克思、恩格斯的深切寄怀。

(原载《辽宁书讯》1985年11月5日,摘自作者在《通俗〈资本论〉》1985年版书前所撰"写在前面的话")

推荐《通俗〈资本论〉》

《资本论》是伟大的无产阶级革命导师马克思倾注毕生精力从事研究、前后用了整整四十年时间才写成的科学巨著,这部"工人阶级的圣经",不仅是批判资本主义的锐利武器,而且对指导社会主义建设具有重大的现实意义,一百多年来,它显示出了顽强的生命力。

但是,《资本论》又是一本比较难读的书。为满足广大读者的需要,由复旦大学洪远朋同志编著的《资本论》普及读本——《通俗〈资本论〉》一书,最近由辽宁人民出版社出版。

该书忠于原著,体系完整,重点突出,结构严谨,紧密联系社会主义经济的实际,文字生动活泼。它既区别于政治经济学原理和一般的教科书,又不同于《资本论》原著和各种各样的《资本论》解说与讲稿,颇有特色。

1. 该书基本上是以《资本论》原著的篇为单元来介绍的,既不完全拘泥于原著章节的标题,又保持了原著篇的体系和章节的顺序。整书结构紧凑,布局合理。共分这样十九个问题来展开:(1) "工人阶级的圣经"(介绍《资本论》的序言和跋);(2) 从解剖"细胞"开始(商品与货币);(3) "幼虫"怎样变为"蝴蝶"(货币转化为资本);(4) 时间的原子就是利润的要素(绝对剩余价值的生产);(5) "榨取血汗的艺术的进步"(相对剩余价值的生产);(6) "相对"是绝对的,"绝对"是相对的(分析两种剩余价值生产的关系);(7) 资本主义欺诈的最丰富的源泉(工资理论);(8) "雪球"越滚越大(资本积累);(9) 资本运动的关键在于连续性(讲资本形态变化及其循环);(10) 加速资本周转是为了获取更多的剩余价值(资本周转);(11) 平衡本身只是一种偶然现象(社会总资本的再生产和流通);(12) 全部预付资本的产物(剩余价值转化为利润);(13) "虚伪的兄弟"与"真正的共济会团体"(利润转化为平均利润);(14) 一个两重性的规律(即利润率趋向下降的规律);(15) 贱买贵卖是商业的规律(讲商人资本);(16) 钱能生钱吗

(生息资本。利润分为利息和企业主收入);(17)土地所有者坐地分赃(超额利润转化为地租);(18)评"三位一体"公式(分解各种收入及其源泉);(19)一幅资产阶级经济学说史的图画(《资本论》第四卷《剩余价值理论》简介)。

2. 本书全面、完整地反映了《资本论》逻辑与艺术统一整体的本来面目。

3. 针对《资本论》内容多、篇幅大的特点,这个通俗本在介绍它的内容时,一般采取对主要观点着重展开,重点章节详细介绍,次要部分简要介绍的办法来处理。而对一些比较重要的难点、疑点和有争议的地方,均做了必要的注释工作,以帮助读者准确地把握、领会和理解。

4. 《资本论》是19世纪的著作,虽然马克思以后的整个世界发生了翻天覆地的巨大变化,但《资本论》的理论和马克思主义的思想体系与方法始终没有过时,而且也不会过时。它像光芒万丈的灯塔,今天仍然照耀和指引着我们。通俗本紧密联系社会主义经济的实践,在每个问题的后面都专门设有"现实意义"栏目,简述学习《资本论》的有关原理对社会主义经济建设的指导作用。从内容看,大致上分这样三种类型:(1)马克思在《资本论》中直接对未来社会的科学预言。(2)《资本论》所揭示的人类社会普遍适用的经济规律对社会主义经济建设的指导意义。(3)《资本论》主要是论述资本主义社会的经济运动规律的,但资本主义生产是商品生产,社会主义生产也是商品生产。因此,有些作为商品经济所共有的规律,如价值规律,我们可直接运用,但有些则带有资本属性,从而表现为资本主义的特有规律。这样,如何去掉它的外壳、认识它对发展社会主义经济所具有的借鉴作用呢?这便是该书自始至终加以注意并回答的问题。

5. 《资本论》是一部高度抽象的、逻辑性很强的著作,与文学作品相比不免有点枯燥,对此,《通俗〈资本论〉》在文字表达上下了一番功夫。它语言生动、形象、活泼,深入浅出,雅俗共赏,引人入胜。

(原载《经济日报》1985年12月21日,作者:蒋家俊、陆德明)

关于新版《通俗〈资本论〉》

洪远朋著《通俗〈资本论〉》，上海科学技术文献出版社2009年4月版

　　2008年，从美国开始的金融危机和经济危机席卷全球，其范围之广、影响之深，历史上少见。全球：不论是美洲、欧洲，还是亚洲、非洲；各界：无论是政界、商界还是学界，很多人在考察、在思考，在寻找原因、在寻求对策。就在这时，欧洲重新出现了马克思热、《资本论》热。在德国，书架上沉睡多年的《资本论》重新畅销，柏林卡尔·迪茨出版社出版的《资本论》到2008年10月已卖出1 500套，是2007年全年销量的3倍。据德国出版商预测，《资本论》将成为圣诞节的最佳礼物。在影界，德国新电影之父亚历山大·克鲁格正准备将《资本论》拍成电影；在政界，法国总统萨科齐和德国财政部长施泰因布吕克也在阅读马克思的《资本论》等著作。现在，《资本论》的新读者中还有一批比较年轻的读者，德国左翼党下属的社会主义民主大学学生联合会，在德国30多所高校组织了《资本论》研读会，还有中学生看到海报后要求参加研读会。德国"马克思纪念图书馆"还专门编辑了供年轻人学习的《资本论》简读本。近来，欧洲的这股《资本论》热，绝不是偶然的。这是因为《资本论》是分析资本主义制度最深入、最详尽的著作，人们企望从中找到资本主义弊端产生的原因，并探索相应的对策和出路。

　　在中国，人们在研究和分析这场席卷全球的金融危机和经济危机时，有识者也想到了马克思，想到了《资本论》。最近，我参加了一个经济理论研讨会，有一位老教授对当前世界金融和经济危机的成因作了剖析，他首先介绍了对此次危机成因的各种解释：美国信贷环境恶化论、金融衍生工具发展过度论、美国贷款机构低估贷款风险论、美国金融监管机构操作失误论、美国过度透支国家信用论、新自由资本主义缺陷论等等，这些看法，从某个角度讲都有一定道理。但是，都不能很好地解释此次危机的根本原因。他认为从马克思主义经济学的角度看，还是《资本论》中所揭示的危机的根本原因是生产社会化与资本主义所有制之间的矛盾，这个观点得到与会者的共鸣；并论及在中国，也应该扩大《资本论》的学习、研究和宣传。

怎样学习马克思主义、阅读《资本论》？最近在中国也有一次讨论。有人主张"全集论"、"原著论",认为学马克思主义就要看《马克思恩格斯全集》,读《资本论》就要看《资本论》原著;有人主张学马克思主义,只要知道马克思主义的 ABC 就可以了,读《资本论》看通俗解释本就够了。谁对？谁错？谁都不错。这要看不同的对象而言。对马克思主义理论的研究者、教学者、宣传者来说,需要看《马克思恩格斯全集》,需要读《资本论》原著;但对广大老百姓来说,对广大青年来说,对一般干部来说,懂得马克思主义的 ABC,看看《资本论》通俗解释的本子就可以了。可不要小看通俗读物,一本好的通俗读物,深入浅出、雅俗共赏,把马克思主义的精华,言简意赅地奉献给读者,真是一件功德无量的事情。艾思奇的《大众哲学》教育培养了多少党的干部和理论工作者。

我也有自身的体会。自从 20 世纪 50 年代开始学习马克思主义、读《资本论》以来,已经半个多世纪了。作为一个马克思主义的小学生,我写过《〈资本论〉讲稿》(三卷本),主编过《新编〈资本论〉教程》(四卷本)、《〈资本论〉简明教程》,撰写过《资本论》学术专著:《〈资本论〉难题探索》,还有就是出了一本《通俗〈资本论〉》。在这些论著中,我自感投入心血最多、印象最深、最感得意的,还是《通俗〈资本论〉》。在这一轮《资本论》热潮中,上海科技文献出版社的同志提出重新出版我写的《通俗〈资本论〉》,我非常高兴,当然就欣然同意了。

《资本论》是马克思 100 多年前写的,尽管当代资本主义经济出现了许多新情况、新问题,但是《资本论》仍然是剖析当代资本主义的理论基础。所以,这次席卷全球的金融危机和经济危机发生后,人们又想起了马克思的《资本论》,这是很自然的,一点都不奇怪。《通俗〈资本论〉》初版至今也已 20 多年了,具体情况发生了很多变化。当时,总体写的现实意义并没有什么大的变化,因此仍予保留;按章节写的现实意义有不少变化,此次不再保留。

(原载《联合时报》2010 年 2 月 26 日,作者:洪远朋)

对新版《通俗〈资本论〉》的热议

2010年初,在由中宣部、新闻出版总署组织的第二届优秀通俗理论读物推荐活动中,全国共有10种图书成为优秀推荐图书,上海科技文献出版社出版的《通俗〈资本论〉》榜上有名。消息一经传出,立即在全国引起了对新版《通俗〈资本论〉》的热议。

2010年2月1日中央电视台的《新闻联播》以及2月2日《人民日报》《光明日报》等中央主要媒体均作了报道,称这些推荐读物"代表了当前通俗理论读物编写和出版的最好水平"。

2010年2月以后,全国和上海许多报刊纷纷评介新版《通俗〈资本论〉》。2010年2月9日,《解放日报》发了"融汇理论精髓,面向当代实际——理论读物《通俗〈资本论〉》获中宣部推荐"。该报称:《通俗〈资本论〉》以晓畅易懂的语言,深入浅出而完整准确地反映了《资本论》的基本理论和基本思想,既区别于原著及一般的政治经济学读物,又保持了原著的体系和方法,同时更提炼出了原著的思想精华和理论精髓,堪称一部出色的《资本论》普及读物。2月16日《新民晚报》发表了记者简明写的《〈资本论〉走近你》,文中说:洪远朋先生的《通俗〈资本论〉》,让读者走近了《资本论》能够在阅读中深深领会马克思的精髓。《文汇报》2010年2月22日发表了:社会主义因素进一步成长了——访《通俗〈资本论〉》作者、复旦大学教授洪远朋于2010年2月21日《劳动报》发了《经济寒流中,〈资本论〉很热》,认为《通俗〈资本论〉》的出版对于人们认识资本市场、尤其为应对当前席卷全球的金融危机起到了适时而有效的积极作用。

2010年2月21日在一篇让理论著作真正走向大众——第二届优秀通俗理论读物综述中说道:《通俗〈资本论〉》"没有生搬硬套《资本论》的条条框框,没有丝毫的应景色和媚俗气,最大限度地忠实于原著的理论体系,为读者提供了自由的理解和思辨空间,《通俗〈资本论〉》一书因而深深得好评"。2010年3月1日《中国新闻出版报》记者王坤宁写道,"《通俗〈资本论〉》出版启示：时代化不应景通俗化不媚俗"。

2010年4月27日《中国社会科学报》上发表了程恩富写的"当前西方金融经济危机与《资本论》——读洪远朋的《通俗〈资本论〉》"一文中写道："《通俗〈资本论〉》以生动活泼、群众喜闻乐见的语言表达形式和现实生活的案例,准确和系统地再现了马克思主义经典名著《资本论》的核心思想和理论脉络,有力地推动了马克思主义的中国化、现代化和大众化。……因而该书不仅具有新的学术和理论价值,而且具有极高的社会和文化价值。"

2010年第3期发表的"世纪回眸：永远的经典《资本论》——访复旦大学经济学院洪远朋教授"一文有三段标题是这样写的：《资本论》,解读危机之匙;《资本论》,堪称百科大全;《资本论》,领导必读之书。

《通俗〈资本论〉》出版回顾

由中宣部、新闻出版总署组织的第二届优秀通俗理论读物推荐活动近日揭晓，全国共有10种图书入选，上海科学技术文献出版社出版的《通俗〈资本论〉》为其中之一。

一、《通俗〈资本论〉》的选题起因与出版过程

2008年9月，由美国次贷危机引起的世界金融危机全面爆发，其范围之广、影响之深，可为空前。面对这场大萧条以来最严重的经济危机，各国纷纷出台各种应对措施，各界的人们也从不同角度分析危机产生的根源，探索走出危机的对策。当出版业也不可避免地遭受危机重创的时候，作为出版人，上海科学技术文献出版社的领导在想方设法谋求自身发展的同时，也在苦苦思索为各类经营决策者以及其他广大读者提供什么样的参考读物，以引导人们深入思考、共同探讨，找到渡过难关、走出困境的有效对策。经过认真研究，我们想到了马克思的经典著作《资本论》；而西方世界方兴未艾的《资本论》研读热也坚定了我们的信心和决心。但是《资本论》毕竟是一部非常专业的政治经济学著作，并且部帙庞大，非专业人员很难读懂、读完。怎么办？只能想办法将其通俗化，以便最广泛读者的阅读理解。确定了这样的思路之后，经过仔细检索，我们发现20多年前国内曾出版过一本《通俗〈资本论〉》，于是迅速找来研究。阅读之后，我们认为这部《通俗〈资本论〉》尽管写于25年前，部分内容不可避免地显得过时陈旧，但是其基本框架和理论内核还是富有现实意义的，于是我们决定将其修订后予以重新出版。

2008年12月中旬，我们联系到了《通俗〈资本论〉》的作者——中国《资本论》研究会副会长、上海市经济学会副会长、复旦大学经济学院原院长洪远朋教授。经过坦诚沟通、深入商讨，洪教授承诺将《通俗〈资本论〉》做必要修订后交由我社出版。2009年2月，修订完善后的《通俗〈资本论〉》书稿交付我社，我们迅速安排编

辑加工和设计制作。经过各方面两个月的紧锣密鼓的通力协作,《通俗〈资本论〉》终于于 2009 年 4 月份在全国书市上漂亮亮相,迅速引起读者的关注。

二、《通俗〈资本论〉》在普及经典理论方面的特色

理论普及看似简单实非易事,若方法不得当,要么难出新意,要么流于庸俗。两者都难以达到普及的最佳效果。在构思《资本论》通俗化这一选题的时候,我们就确立了这样几条原则:

首先,《资本论》是一部经典理论著作,经典绝不可以由人们随意发挥和解读;

最后,要对经典怀有敬畏之心,不能将其庸俗化;

第三,经典之所以历久而光芒不衰,是因为其体现了一定的普世原则,但这并不意味着经典可以生搬硬套。

在确立了这样几条原则之后,我们设想中的"通俗《资本论》"应该具有如下特色:

1. 本选题是应当前的金融危机而策划,但书稿绝不能以现实问题去套用《资本论》的经典理论,或以经典的教条去解释现实问题,那样就是将经典庸俗化;而应该奉献原汁原味的经典内核,让读者依据对经典的理解去分析、思考,从而探索解决现实问题的方法;

2. 作为普及读物,既要区别于原著及一般的政治经济学读物,又须保持原著的体系和方法,同时更应提炼出原著的思想精华和理论精髓;

3. 作为一部经典著作,《资本论》的理论体系严密而不可分割,"通俗《资本论》"应该完整而准确地反映《资本论》的基本理论和基本思想,这就需要对其庞杂的内容进行有机的提炼;

4. 既然是通俗读物,"通俗《资本论》"就要以晓畅易懂的语言,深入浅出地诠解《资本论》的理论精髓和思想精华。

通过研究比对,我们幸运地发现洪远朋教授的《通俗〈资本论〉》基本符合我们的经典通俗化理念,认为经过必要的修订完善,这部 25 年前的旧著是可以达到我们的预期目标的。

三、《通俗〈资本论〉》的市场表现与读者反应

《通俗〈资本论〉》于 2009 年 4 月上市,一年多来,市场表现不俗,网上销售加上读者邮购已逾万册;另外市场零售也将近 6 000 册,且目前仍在动销中。本书尤其深受工商界、财经界、金融界读者的欢迎,大家认为它的出版适得其时,为应对当前的金融危机提供了理论指导,有助于人们认清危机产生的根源,从而帮助人们找到化解危机的方法和途径。特别是本书没有生搬硬套《资本论》的条条框框,最大

限度地忠实于原著的理论体系,为读者提供了自由理解和思辨的空间。

四、出版《通俗〈资本论〉》的体会

《通俗〈资本论〉》出版以来,我们一直冷静理性地关注着市场反应,没有为其做过任何刻意的宣传。这次能入选中宣部推荐的优秀通俗理论读物,我们初感意外,继而深思,体会良多,归纳如下:

1. 作为出版工作者,应将出版社的经营发展与其承担的社会责任紧密结合,时刻关注社会热点问题,想方设法为解决社会共同关注的热点问题提供有益的思想参考;

2. 坚持科学理性的通俗化理念,努力使经典理论通俗化而摒弃媚俗;

3. 要给予读者根据各自不同情况理解经典理论的自由,避免用现实问题去套用经典或以经典的教条去解释现实问题;

4. 在普及经典理论的过程中,要对经典怀有敬畏之心,要忠实于经典的理论体系和思想精髓,保证其理论的完整性和准确性。

(原载《中国出版》2010年第9期,作者:邹西礼)

对利益理论和实践研究的评价

经济利益理论研究的新视野
——评《经济利益关系通论》

洪远朋等著《经济利益关系通论》，复旦大学出版社1999年12月版

洪远朋教授主编，由复旦大学出版社出版的《经济利益关系通论——社会主义市场经济的利益关系研究》（以下简称《通论》）是《经济利益理论与实践丛书》的重要组成部分，也是这套丛书中具有综述意义的一本。其理论创新和学术贡献是多方面的，总体来讲主要可以归纳为以下几点：

第一，选题新颖，视角独特。《通论》的选题是该书的作者们经过了长期的探讨和缜密的思考之后确定的。书中所研究的经济利益关系，被界定经济利益主体之间的关系，内容涵盖了生产、流通、分配、消费等主要经济过程。作者认为，在现实生活中，各种经济主体客观上都必然以追求本身的综合利益为出发点，对经济利益关系问题的研究不仅是理论研究的需要，同时也是现实的需要。强调经济利益与社会主义精神文明建设也是一致的。一切经济学的核心是经济利益、一切经济活动的核心是经济利益、一切经济关系的核心是经济利益，把经济利益作为经济理论体系的中心，对马克思主义政治经济学的研究和发展提供了一个新的视野。

第二，理论体系完整，脉络清晰。《通论》以马克思主义经济原理和社会主义市场经济的理论与实践为基础，建立了一整套社会主义经济利益关系的理论体系。该书的理论部分，包含了马克思主义的经济利益关系理论、西方经济学的经济利益理论、中国共产党人对经济利益关系理论的贡献以及社会主义市场经济下的经济利益关系制衡等四章内容。在系统地阐述了马克思主义经济理论和西方经济理论中经济利益关系理论的演变轨迹基础上，《通论》对我党三代领导人的观点也进行了凝练的概括和评析，这在目前同类的经济研究专著中是不多见的，这也是《通论》的一个重要理论贡献。

在理论篇中，作者的比较研究建立在对马克思主义基本原理透彻的理解和分析的基础之上。作者认为，马克思主义经典作家关于经济利益关系的理论，是我们研究社会主义市场经济条件下利益关系的理论基础。在对西方经济学经济利益理

论的观点进行概括和总结过程中,作者一方面揭露了西方经济学是为资产阶级利益服务的这一本来面目,另一方面,通过对亚当·斯密、李嘉图、萨伊、李斯特、麦克库洛赫、凯恩斯、萨缪尔逊等十多位经济学家的观点的分析,纠正了一般认为的"资产阶级经济利益理论就是鼓吹个人利益理论"的误解,资产阶级经济学家除了强调个人利益论外,还有阶级利益论、国家利益论、利益和谐论、混合利益论等等,这大大提高了我们对于资本主义经济利益论的认识。虽然社会主义的经济利益关系和资本主义的经济利益关系是有许多本质区别的,但是吸收西方经济学经济利益理论中的合理成分对研究社会主义市场经济条件下的经济利益关系会有许多有益的启示。

对中国共产党人在经济利益关系理论贡献所进行的研究是《通论》的又一理论贡献。作者以一种崭新的理论体系系统地阐述了我党三代领导人在经济利益关系方面的主要观点。首先作者对中国共产党第一代领导人的核心毛泽东同志在《论十大关系》、《关于正确处理人民内部矛盾问题》等著作中的观点进行了评介,然后作者将邓小平同志的经济利益理论高度概括为"人民利益根本论""共同富裕论""对立统一论"和"平等互利论"四个方面,言简意赅,使之更趋于理论化。最后作者还对我党第三代领导集体在深化改革过程中对社会主义市场经济下经济利益关系的相关重要论断进行了归纳和评述,这些内容使《通论》的理论体系更加全面,没有相当深厚的理论功力是无法使研究达到这种水准的。

第三,研究内容细致入微,内容广博。内容的详尽和全面是《通论》的又一特点。在全书5篇26章内容里,作者总共对22类、40多对利益主体之间的经济利益关系进行了考察研究,内容涵盖了工业、农业、金融、房地产、休闲等产业,国有、合作、股份制、私营、中外合资等所有制形式,以及经济增长、经济改革、通货膨胀、人民币汇率,环境等经济专题。这本身就是一项极富有创造性的工作。

《通论》遵循着从一般原理分析到具体问题的逻辑思路。在理论基础上,从现实经济现象中提炼出具有经济利益关系的共性内容,精心构建了全书的理论框架,使理论的深入和实践的发展有机地结合起来,许多内容都很新颖。在对社会主义经济利益和经济利益关系问题的研究过程中,作者没有局限于一般经济现象和经济问题的研究范围,而是把视野拓展到了社会主义市场经济宏观、微观领域的多个层面,透过整体经济深入观察。对宏观经济内容的分析覆盖了政府、国家利益、通货膨胀、对外开放等主要内容,而微观内容则细致到对诸如市场暴利行为的分析等具体问题。这些研究成果的产生使这本著作成为经济利益问题研究专著中内容最为详实丰富的一本。

第四,《通论》出版的意义重大,影响深远。《通论》正式出版之际,正值我国以建立社会主义市场经济为导向的经济体制改革进入了攻坚阶段,如何妥善处理各类经济主体之间的关系,如何进一步推进经济改革、如何衡量改革的成败以及如何在转轨时期保持社会的稳定等等一系列问题成为经济学界的热门论题。《通论》从经济利益关系的角度对这些问题进行了深入的研究并提出自己的论点和见解,这为社会主义经济理论研究开拓了新的领域,也为我国经济学科的发展提供了新的思路。

作者认为,经济利益是社会主义经济发展的动力,是经济改革得失的测量器,是社会主义制度巩固和完善的稳定器,经济改革实质是经济利益关系调整,经济改革的过程实际上是经济利益关系调整的过程。可见,研究经济利益关系,具有重大的现实意义。

在具体问题的研究过程中,作者在坚持马克思主义经济利益关系理论的基础上,提出了自己对诸多利益关系问题的观点和见解。针对社会主义条件下对利益问题的认识,作者在否定个人利益至上论的基础上,认为必须承认和尊重个人经济利益。在社会主义市场经济条件下的经济利益多元化,首先必须承认各个经济主体的利益,不断提高经济利益才是一切经济活动(包括经济增长)的目的和根本出发点。但是,在社会主义市场经济条件下处理经济利益关系应以追求主体利益为主的综合经济利益作为出发点。同时,在研究经济利益关系中也不能片面地只讲经济利益。作者为提出了要遵循经济利益、政治利益、文化利益三兼顾的原则。

除了上述这些特点之外,《通论》在风格上保持了洪先生以往著作中所具有的全面、准确、系统、客观、简要的写作特点,读来让人在轻松自然中受益。

当然,任何一部著作的内容都不可能面面俱到,在观点上甚至可能与其他学者和读者存在某些分歧,《通论》也是如此。但是正是由于存在着各种分歧,才说明了对这一领域内存在问题进行研究所具有的价值。

(原载《社会科学》2000 年第 3 期,作者:鲍博)

理论经济学研究的新进展
——经济利益理论评介

洪远朋主编《经济利益理论与实践丛书》,复旦大学出版社出版

以著名经济学家、复旦大学经济学博士生导师洪远朋教授为首的学术团队经过十余年来对经济利益理论进行的系统研究,将理论与实际结合起来,从各种不同的现实经济问题中探索经济利益理论,形成了最新的系列学术成果——《经济利益理论与实践丛书》,由复旦大学出版社出版发行。该套丛书已出8本,204万字,分别从不同的角度、不同的视野、不同的层次、不同的领域,应用科学的研究方法为我们构建了经济利益理论的框架;作者阵容之强、内容涉及面之广、既有理论深度又注意理论与实践的结合,自成体系,独树一帜,在当今中国经济学界尚不多见。

经济利益理论综述

"天下熙熙,皆为利来;天下攘攘,皆为利往。"(司马迁《史记·货殖列传》)司马迁用形象的语言表现了熙来攘往的人们为追逐利益而奔忙的景象。何谓利益?"利益是人们能满足自身需要的物质财富和精神财富之和,以及其他需要的满足。"何谓经济利益?"经济利益是人们在生产、流通、分配、消费过程中的利益。生产过程创造利益,流通过程交换利益,分配过程分享利益,消费过程实现利益。"[1]对此,研究者们提出了一个很重要的观点,即"经济学的核心是经济利益,经济学是研究生产、交换、分配和消费过程中经济利益问题的科学。"①他们结合现实经济问题,围绕经济利益,展开研究,形成了经济利益理论,主要涉及社会主义市场经济的利益关系、综合经济利益、分享利益、机会利益、风险利益、保险利益、开放利益和创业利益等。

---

① 洪远朋等:《经济利益关系通论——社会主义市场经济的利益关系研究》,复旦大学出版社2004年版,第2页。

一、社会主义市场经济的利益关系研究

《经济利益关系通论——社会主义市场经济的利益关系研究》(以下简称《通论》)一书,可以说是该套丛书的核心和灵魂,是理解和掌握经济利益理论及其精髓的入门书和必读书。

经济关系实质上是经济利益关系。该书主要研究社会主义市场经济下的各种利益关系。理论篇概述经济利益关系理论;综合篇从宏观角度研究社会主义市场经济下的综合性的六种主要利益关系;产业篇研究农业内部、工业内部、金融领域、房地产休闲产业以及对外开放中的各种利益关系;所有制篇研究各种经济成分之间及内部的经济利益关系;专题篇研究了经济增长、经济改革、通货膨胀、人民币汇率、生态环境与经济利益的关系。他们认为,马克思主义历来重视经济利益及其关系。"马克思通过研究发现,人们奋斗所争取的一切都与利益有关,一切经济关系实质上都是经济利益关系。但是不同的经济制度就有不同的经济利益关系。"马克思的《资本论》就是研究资本主义经济利益的,它公开声明是为工人阶级,也就是大多数人的利益服务的。中国共产党人的三代领导集体以马克思主义经济利益关系理论为指导,同时吸收西方经济学经济利益关系理论中某些有用的成分,结合中国实际,丰富和发展了经济利益关系理论,这是我们研究、认识和处理社会主义市场经济下的各种利益关系的指导思想。他们提出,在社会主义市场经济条件下,经济利益主体多元化,各种经济利益关系错综复杂,必须以追求各经济利益主体本身利益为主的综合经济利益为出发点,建立社会主义市场经济下利益关系的制衡机制;个人利益服从集体利益;局部利益服从整体利益;暂时利益服从长远利益;维护大多数人的利益,限制少数人的暴利;保障合法利益,打击非法利益。同时,要遵循经济利益、政治利益、文化利益三结合的原则,以推动我国社会主义的物质文明、精神文明和政治文明建设与发展[①]。

二、社会主义市场经济下的各种经济利益研究

该套丛书,除《通论》是许多人通力合作的学术成果外,其余各本多为在洪远朋教授的指导下,博士生们在其学位论文基础上加工提炼而成的。

(一) 综合经济利益研究

余政著的《综合经济利益论》一书,界定综合经济利益范畴并考察其渊源;考察了综合经济利益的构成及其与自然利益、政治利益和文化利益的关系;研究了综

---

① 洪远朋等:《经济利益关系通论——社会主义市场经济的利益关系研究》,复旦大学出版社2004年版,第2—6页。

合利益的耦合机制。

他认为,在理论上,经济利益已为人们所关注。但综合经济利益尚未引起人们的注意。在某种意义上,综合经济利益是一个比经济利益更为重要的概念,综合经济利益是各种形式经济利益耦合的最大化。他提出,任何经济主体追求的都不是单一的经济利益,而是各种客体经济利益的耦合;任何一种经济主体的综合经济利益都是在与其他经济主体的经济利益的耦合中实现的;一种合理的经济体制应该体现综合经济利益关系的要求,经济体制是综合经济利益的制度形式。综合经济利益是经济稳定运行、持续发展的动力。要实现经济的发展不能不讲经济利益,要实现经济的稳定持续发展不能只讲经济利益而要讲综合经济利益[①]。

(二) 分享利益研究

刘宁著的《分享利益论——兼析在我国的发展与运用》一书,研究分享利益论的理论依据和现代西方分享经济理论;探讨分享利益制度安排并对分享利益理论在国有企业改革中的运作进行了探索。

她认为,西方的要素贡献分配理论蕴涵了分享利益思想的萌芽,马克思的剩余价值理论是分享利益论的理论基础,现代西方分享经济理论旨在缓和劳资之间的对抗性矛盾,解决资本主义社会的滞胀现象和分散企业投资风险。她所进行的探索,一是通过提出分享利益的概念,试图建立一个分享利益的理论框架,从而实现对传统收入分配理论的突破;二是分享利益论的关键是承认劳动力不但是商品,而且是资本;三是目前最能体现分享利益论实质的组织形式是股份合作制,应该大力发展股份合作制;四是分享利益论应遵循累进分享利益制原则,需要建立科学的劳动力资本的量化体系[②]。

(三) 机会利益研究

金伯富著的《机会利益论——兼析其在金融体系中的应用》,提出机会利益理论的初步框架并阐述了机会利益理论在金融体系中的应用。

他认为,人类追寻的利益在很大程度上是一种机会利益。机会利益是指在不对称信息条件下拥有信息优势的经济主体利用其信息优势所提供的经济机会而获得的经济净收益。机会利益就是抓住机会而获得的利益。他提出了机会利益的概念,并建立机会利益理论的基本分析框架。试图解决经济主体如何去创造相对信息优势来获取机会利益;如何降低相对信息劣势来约束他人获取分配性机会利益;在金融领域中如何有效地获取机会利益或约束分配性机会利益[③]。

---

① 余政:《综合经济利益论》,复旦大学出版社 2004 年版,第 1—4 页。
② 刘宁:《分享利益论——兼析在我国的发展与运用》,复旦大学出版社 2004 年版,第 8—114 页。
③ 金伯富:《机会利益论——兼析其在金融体系中的应用》,复旦大学出版社 2004 年版,第 2—9 页。

(四) 开放利益研究

陈飞翔著的《开放利益论》一书,界定了开放利益的概念和分析方法,研究了开放的内部利益和外部利益。

他认为,在经济生活全球化的今天,尽管国家之间在经济上相互依赖愈来愈深刻,但相互之间的矛盾并没有减少,其根源就在于利益上的差异。开放经济的各种现象,都需要从利益出发才能作出最合理的解释。作为经济利益形态之一的开放利益,是指在开放过程中和开放条件下获得更多的物质利益。他提出了开放利益的概念,并以此作为研究的出发点;开放条件下必须重视成本-利益比较分析;利益关系的协调对于开放经济运行的效率具有举足轻重的影响;为更多地获得开放利益,对内,中国需要适时地推进产业结构高级化,需要重点培育自主技术创新能力,需要努力完善市场经济体制;对外,中国需要坚持适度保护的贸易政策,努力转换贸易模式,需要努力提高利用外资的质量与效率,鼓励本国企业开拓海外投资,需要尽早完善我国的汇率制度,加强国际收支调节方面的政策引导①。[5]

(五) 风险利益研究

马艳著的《风险利益论——兼析在风险投资等领域的运用》,系统探索了风险利益的一般规律和特殊机理,构建风险利益的基本理论框架和制度框架,探讨了风险利益理论在中国经济中的应用。

她认为,人类的一切经济活动都是利益活动,而人类的一切利益活动又都具有风险性特征。风险的产生、存在、发展、结果以及风险的内在规定性都以利益为核心,因此,风险的本质是风险利益。她将风险的本质和研究核心归结为风险利益,由此,将风险活动由规避风险损失的行为转为主动追逐风险增益的行为,并以此为中心构建风险利益理论体系;从制度的角度,创建风险利益制度的框架,以期保持风险增益日趋递增,风险损失日趋递减的发展趋势;运用风险利益理论,探索中国经济获取最大化的微观、宏观和开放风险利益的对策和建议②。

(六) 保险利益研究

谢虹著的《保险利益论》,对保险利益进行理论分析,特别是对保险利益主体,以及对保险利益的均衡和发展趋势进行分析和评述。

她认为,保险利益是广义经济利益的一个组成部分,是经济利益在保险这一特殊经济领域内的具体表现。保险利益是综合利益,是指保险利益涉及多种利益形式,是多种利益的综合体。她提出了保险利益范畴,并以此作为研究的核心范畴;探讨了保险利益具有的若干基本特性;提出了利益均衡是保险市场存在并正常运

---

① 陈飞翔:《开放利益论》,复旦大学出版社 2004 年版,第 1—5 页。
② 马艳:《风险利益论——兼析在风险投资等领域的运用》,复旦大学出版社 2004 年版,第 5—22 页。

行的保证等①。

(七) 创业利益研究

许玫著的《创业利益论》,分别论述了创业理论、创业利益制度和创业利益实践。

她认为,创业作为一种以创新为基础,以创造价值及提高生产力为目的的综合性经济活动,对经济的增长发挥着重要作用。创业者作为经济人,开展创业活动的动机就是追求创业利益,即创业者通过创业活动获得经济和非经济利益。她以利益为核心,从分析创业利益的形成原因、表现形式、实现机制、分配机制和对经济增长的贡献为切入点,建立起创业利益理论框架,填补了当前经济学理论在研究创业利益和创业活动方面的空白②。

经济利益理论提出的理论价值和现实意义

经济利益理论的提出,给我们的观念、理论和实践产生巨大冲击和影响,对社会主义市场经济下的经济利益进行研究,具有重要的理论意义和实践意义。

一、观念上的解放

在中国的传统文化里,"利"是一个贬义词,如"小人见利忘义"、"君子喻于义,小人喻于利"、"视金钱如粪土"等,推崇儒家的"重义轻利"的思想,从而在很大程度上否定了经济利益的动力作用,这是致使中国经济长期处于自然经济的重要原因之一。

在长期的计划经济时代,受"左"的思想影响,人们讳言经济利益特别是个人的经济利益,似乎一提利益,就是"斤斤计较",就是宣扬个人利益至上,就是一个"自私自利"的人,就是在走资本主义道路。

经济利益理论的提出,就是树起了一面旗帜,公开地为利益特别是为经济利益正名。在这面旗帜上,明确地写着马克思的名言——"人们奋斗所争取的一切,都同他们的利益有关。"③

在社会主义市场经济下,我们提倡的是能够实现经济、社会可持续发展的综合经济利益观;是个人在追求自身个人利益时,要考虑集体利益,要为国家多做贡献的利益观;是经济利益、政治利益、文化利益三兼顾,促进社会主义物质文明、精神

---

① 谢虹:《保险利益论》,复旦大学出版社2004年版,第11—21页。
② 许玫:《创业利益论》,复旦大学出版社2004年版,第1—22页。
③ 洪远朋等:《经济利益关系通论——社会主义市场经济的利益关系研究》,复旦大学出版社2004年版,第23页。

文明和政治文明共同发展的利益观。

二、理论上的创新

"客观现实世界的变化运动永远没有完结,人们在实践中对于真理的认识也就永远没有完结。马克思列宁主义并没有结束真理,而是在实践中不断地开辟认识真理的道路。"①毛泽东的这段话从根本上,即从理论与实践的关系上阐明了马克思主义是发展的理论这一本质的特征。研究者们在深入学习和研究马克思经济理论的基础上,融合了当代西方经济理论的精华,紧密结合中国社会主义经济建设和经济改革的实际,形成了自己的经济学理论——经济利益理论。它的理论价值在于:一是为马克思主义经济理论的研究开拓了一个新视野;二是为社会主义经济理论的研究,特别是中国社会主义市场经济理论的研究开辟了一个新的领域;三是为经济学科的发展和建设提供了一个新思路。

三、实践中的探索

当代的中国,对内正处在经济转轨、体制转轨、经济社会融入全球一体化的大变革时期;对外对一个很不安宁的世界。发展、改革、对外开放、加入WTO,各种诸如就业、收入差距过大、腐败、"三农"、产权、国有企业改革、社会流动人口、社会治安、环境资源以及国家安全利益等问题,实质都是一个对利益的追逐、协调和再分配问题。"利益问题"被提到了前所未有的高度,人们不同的角度对它进行重点关注。特别是在现阶断,改革已经进入了深层次的攻坚时期,正在触动传统体制的关键部位,政府管理体制的改革,大型国企的改革,金融体制的改革,都是下一步急需解决的难题。改革初期社会各方面普遍受益的情况已不复存在,改革的社会基础正在分化,利益群体也在分化。当前经济改革措施的出台,已演变成部分受益和部分受损的复杂局面。转变政府职能势必精简机构和人员,削弱一些部门的权力和利益,深化国企改革,势必打破某些行业的垄断地位,导致失业增加和国企职工身份的变化等等。总之,今后的改革和发展,调整社会各阶层利益的难度在加大,对经济利益理论与实践方面的研究已变得越来越重要而迫切。今天回过头来看,在十多年前,经济利益理论研究的开拓者们是有理论预见和学术眼光的。

经济利益理论来源于当今中国改革开放的实践,又反过来为当今中国改革开放的实践服务。他们的研究成果对建设社会主义的市场经济是有重要的参考价值和重大的现实意义的。如洪远朋等著的《通论》,专门研究经济利益关系,经济利益是推动社会主义经济发展的动力,是衡量经济改革得失的测量器,是完善和巩固

---

① 《毛泽东选集》第1卷,人民出版社1991年版,第296页。

社会主义制度的稳定器,因此,探寻经济利益关系演变的规律性,寻找人民内部利益关系矛盾的解决方法,就具有特别重要的意义。再如,刘宁著的《分享利益论——兼析在我国的发展与运用》,提出了分享利益理论。该理论的提出和应用,有利于实现经济的持续增长;有利于维护劳动者利益;有利于国有企业改革等。

  理论是灰色的,生活之树常青。经济利益理论与实践是当代经济科学的前沿课题,无论是在实践方面,还是在理论研究的深度方面,我们的研究都是不能满足或落后于实践的。如利益保障机制如何形成;社会公平如何体现;各个经济领域的利益分配格局如何规范;以及如何把利益分配建立在法制基础上,用科学而合理的规则调整各类利益分配关系等方面,仍需进一步深入探讨。

(原载《云南民族大学学报》哲学社会科学版,2005年第1期,作者:侯蕊玲、董学君)

与君同享"共享利益论"
——复旦大学经济学院洪远朋教授访谈录

洪远朋等著《共享利益论》，上海人民出版社2001年6月版

"说实在的，我搞经济学四十多年，对经济学的核心到底是什么，一时也讲不清。"见到复旦大学经济学院洪远朋教授时，他说的这句话使我怔住了。

其实，我知道这是洪教授的谦辞。最近，由洪远朋教授和上海财大叶正茂博士等撰写的《共享利益论》一书正引起人们的关注。出于与本刊读者诸君同享"共享利益论"的愿望，于是有了与洪远朋教授的访谈。

一、经济学的核心是经济利益

"经济学的核心到底是什么？"洪教授双眼注视着我，我顿时产生了一丝神秘感。"有一次，我给经济学专业的研究生讲课，一开头就提出了这个问题。"

洪教授告诉我，这个问题一提出，课堂上众说纷纭。有的说，经济学的核心是生产关系，是研究人们在经济活动中的各种经济关系；有的说，经济学的核心是生产力，是研究生产什么、如何生产、为谁生产；有的说，经济学的核心是交换或是市场，是研究市场经济如何运行的问题；有的说，经济学的核心是价格问题，是研究市场价格的形成机制；有的说，经济学的核心是货币问题或是金融问题，是研究可用货币衡量的经济活动的动力或阻力；有的说，经济学的核心是资源配置，是研究稀缺或有限资源如何进行合理配置的问题；有的说，经济学的核心是经济利益，是研究经济利益的生产、交换、分配和消费；有的说，经济学的核心是分配，是研究经济利益在各个社会集团中如何进行分配……

于是，随后就形成了一个"沙龙"专门探讨这一问题，参加者主要是一些年轻的博士生和青年教师。大家边读书、边议论、边写文章。分头有目的地重点阅读了十几部有代表性的经济学名著，其中包括马克思主义和西方经济学著作。"经过很多次联系实际的讨论，我们初步取得了共识：经济学的核心是经济利益，经济学是研究生产、交换、分配和消费过程中经济利益问题的科学。"洪远朋说出他们研究最

终的观点,接着提出了理由,"之所以这样说,一是一切经济学的核心是经济利益,无论是马克思主义经济学还是西方经济学,虽然各种说法不同,实质上都是以经济利益为核心的:马克思主义经济学公开声明是为无产阶级的利益服务的,是以谋求无产阶级(即大多数人)利益为目的的经济理论体系;西方经济学实质上是以谋求资产阶级(即少数人)利益为目的的经济理论体系。二是一切经济活动的核心是经济利益,经济活动包括生产、流通、分配和消费。人们从事生产,实际上是创造经济效益;流通实际上是交换经济利益;分配实际上是分享经济利益;消费实际上是实现经济利益。人们从事各种经济活动,实际上都是企图以最少的耗费,取得最大的经济利益。三是一切经济关系的核心是经济利益。在各种社会关系中,首要的是利益关系,各种经济关系实质上就是经济利益关系。恩格斯说过:'每一既定社会的经济关系首先表现为利益。'例如,国家、企业和个人之间的关系,实际上就是三者的经济利益关系。"

洪远朋强调指出,经济活动的运行要讲求经济利益的增加,经济改革和对外开放要注重经济利益关系的调整。我们尝试从新的角度、以新的视野、在更深层次上来探讨现实的经济问题,这就是从经济利益的角度出发来研究实际的经济问题。他告诉我,他们已经搞出一套丛书"经济利益理论与实践",其中有阐述基本理论的《经济利益关系通论》、《综合经济利益论》,也有从开放利益的角度,探讨我国对外开放问题的《开放利益论》、从机会利益的角度研究金融体系中的经济关系的《机会利益论》、从风险投资角度探讨高科技产业发展问题的《风险利益论》等。

二、股份合作制的核心是共享利益

谈到《共享利益论》这本书,洪远朋说这是教育部人文社会科学研究"九五"规划项目——"股份合作制企业的产权界定与利益关系研究及其政策建议"课题的最终成果。这本书从利益角度研究股份合作制,从共享利益的角度,探讨股份合作制的产权界定和利益关系。

洪远朋说,"共享利益"是指劳动与资本共享企业内劳动创造的利益。股份合作制是典型的资本和劳动的利益共享;劳动者既有实物投资又把劳动力作为资本来投资,从而分享红利。从微观来说,为了充分调动广大劳动者的积极性应该这样共享利益;从宏观来说,全社会也都要实现利益共享,比如中央与地方要共享利益,地区与地区之间要共享利益,现在利益要共享,过去利益也要共享,将来利益也要共享,还有产业、行业之间要共享利益,劳动、资本、土地等各种要素也要共享利益。"共享利益"实际上是邓小平的"共同富裕"思想的体现。当然"共享利益"并不是搞平均主义,而是要根据不同单位不同的人或各种要素所作出的贡献来决定分享。

"共享利益"是股份合作制的核心,它的基本原则是"共同占有、权力共使、风险共担、利益共享"。洪远朋说,社会经济是不断发展的,合作经济也是不断向前发展的。不能一提合作经济,就是20世纪英国罗虚代尔的产物,或者就是20世纪50年代的农业合作化。事实上,合作经济是一个跨度大、范围广、时间长,大有发展前途的经济形式。第二次世界大战后,资本主义国家的合作经济出现了朝集中化、一体化发展的趋势。当代合作社已不仅仅是当初那种社员之间互助互济为抵御中间商人盘剥的惠顾者经济组织,而已成为同政府、垄断集团和其他利益集团交涉的力量。随着农业现代化和商品化的推行,农业合作组织已经发展为从农用物资的生产和供应到农业生产、农产品收购、储运、加工、包装直至销售的农业合作体系,还逐步实行跨地区、多层次的专业联合,成为各种专业联合体和农工商一体化组织。它凭借自己日益壮大的经济实力,积极参与市场竞争,正在向一体化、大型化和现代企业的方向发展。

近年来,我国正在迅速发展的股份合作制是合作经济的又一新发展。这种股份合作制是一种合作经济与现代股份经济相结合而形成的新型合作经济。它是一种各种不同所有制内部相互之间,借鉴股份制的组织运作方法,实行资本、劳动力、土地、设备、技术等生产要素参股和形成的一种新型合作经济组织。股份合作制企业不管是从原国有企业、合作企业转制而来的,还是由个体企业或个体劳动者联合新组建的,都已不是原来的国有经济、合作经济和个人经济,而是新形成的股份合作经济,这是社会主义公有制的新发展。

股份合作制是群众在实践中的一种创造,它在实践中产生,又在实践中发展。其魅力就在于它的广泛的兼容性,既可以兼容多层次的生产力,又可以兼容多种所有制形式。因此,股份合作制就成了市场经济条件下有效的企业组织形式。股份合作制坚持合作经济的原则,运用股份制的机制,具有较强的生命力、吸引力和广泛的适应性。它是改革中的新事物,是一种以劳动者的劳动联合与劳动者的资本联合为主的合作经济。

股份合作制无论从它的产生渊源、组建目的及性质,还是从运行机制来看,都是与共享利益息息相关、紧密联系在一起的。从股份合作制产生的历史渊源来看,法国傅立叶设计的法郎吉、中国的初级社,以及西方合作社,它们都是体现共享利益思想的形式;从股份合作制组建的目的来看,股份合作制作为劳动联合和资本联合的新型组织形式,是劳动权益和资本权益的融合,它使生产要素的组合有一个较大的空间。生产要素组合的目的,就是为了实现生产要素所有者各自的利益。劳动联合的目的是劳动力所有者为了获得自身的利益,资本联合的目的是资本所有者为了获得自身的利益,在股份合作制企业,它们各自不可能获取企业劳动所创造的全部利益,而只能是劳动和资本共享利益;从股份合作制的性质来看,它本质上是劳动者权益与资本所有者权益的相互融合,是以劳动者为主的劳动和资本共享企业内劳动创造的利益,它的性质决定了所有权是联合的,利益是共享的;从运行机制来看,股份合作制遵循"共同占有、权力共使、利益共享、风险共担"的原则,具有民主管理、自主经营机制、利益共享、公平分配机制、组织避险与内部积累机制、资产收入双重激励约束机制,使劳动力所有者和资本所有者的利益与企业利益结为一体,保证共享利益的实现。

三、"共享利益"建立的前提是劳动力产权

洪远朋教授向我介绍了《共享利益论》全书的主要内容和基本观点。按照抽象到具体的方法,除导言外,由理论篇(第1至第3章)、实证篇(第4至第6章)、对策篇(第7至第9章)组成。理论篇主要从一个新的理论视角,探索共享利益的界定与形成。理论渊源及实现机制,构建共享利益的基本理论框架;实证篇主要论述股份合作制与共享利益的关系,从而说明股份合作制是共享利益的一种现实模型;对策篇阐述为实现股份合作制中共享利益,必须对其进行产权界定,理顺其经济利益关系,并提出政策建议。

限于访谈录的篇幅,我请洪教授主要谈谈"共享利益"建立的前提是劳动力产权这一问题。

洪远朋指出,股份合作制实现共享利益,首先必须界定股份合作制的产权。承认劳动力资本的产权是实现共享利益的重要前提。确立劳动力产权,就是使劳动力资本化,把劳动力与生产资料、房地产、金融等一样赋予产权内容。劳动者是劳动力产权的主体,劳动者向企业投入劳动力,不仅是一种劳动行为,而且是一种投资行为。劳动者不仅应该获得劳动收入,而且应该获得产权收益。

劳动力产权的确立,为劳动者成为企业的主人提供了客观依据,从而激发了劳动者的热情和积极性,强化了劳动者的责任感。劳动者的主人翁地位越具体、真实,预期经济利益越是确定,他们的主人翁意识就越强烈,积极性和责任性就越高涨、越持久。劳动力产权把劳动者的个人得失与企业兴衰紧紧联系在一起,劳动者与企业结为真正休戚与共的命运共同体,劳动者出于对眼前利益的关心和对长远利益的追求,自觉地以主人姿态主动关心企业命运,并为企业发展兴旺或者所面临的困难而努力拼搏。

洪远朋教授关于"共享利益"的观点,令人耳目一新。临别之际,他对我说:"从经济利益这一视角去研究,我们还准备再搞一套丛书,叫'经济利益专题系列研究',其中有研究宏观利益(国家整体)的、中观利益(地区)的、微观利益(企业利益)的,也有着眼创新的'创新利益'、着眼农民的'农民利益'、着眼未来(可持续发展、环保等)的'未来利益'等等。"我听了不禁连声说:"好极了!这可是多多益善啊!"

(原载《现代领导》2002年第1期,记者:邵大祥)

探索共享利益理论与实践的力作

评《共享利益论——股份合作制利益关系研究》

最近,由上海人民出版社推出的复旦大学经济学院洪远朋教授、上海财经大学经济学院叶正茂博士以及上海工业合作经济研究所姚康镛所长、骆德芸副所长和苏雪明经济师合著的《共享利益论——股份合作制利益关系研究》一书,是一份高质量、高水平的课题研究成果。有关合作制和股份合作制的研究著作或论文,可谓浩如烟海,但大都雷同化。本书独辟蹊径,抓住"共享利益"这一中心范畴,展开研究和论述,从理论到实证,到对策,一路道来,不乏独到见解,很有新意,很有创造性。

该书按照抽象到具体的方法,除导论外共分三篇,构建了一个较为严密、系统的内容框架。理论篇,首先从经济利益的理论视角,探索共享利益的界定与形成、理论渊源及实现机制,构建共享利益的基本理论框架。通过对业主制、合伙制、股份公司等主要企业制度的分析,提出就企业制度创新的角度而言,应该对公司制进行变更,使得新型的企业为劳动力所有者与资本所有者共同拥有,从而建立劳动力所有者与资本所有者共享企业内劳动创造的利益的企业制度。其次,主要从经济利益理论视角挖掘马克思主义经济学与西方经济学理论中蕴涵的共享利益思想内容,为共享利益理论研究提供了理论依据和丰富的思想材料。最后,主要从制度角度,探索共享制企业里共享利益的实现机制。承认劳动力产权是共享利益的实现前提,最能体现劳动力产权的是劳动者因拥有和使用劳动力而享有剩余劳动成果的剩余索取权。共享利益的提出,是建立在劳动权益与资本权益相统一的基础上的,因此,"共同占有、权力共使、利益共享、风险共担"是共享制设计的基本原则或总的原则。共享利益制度的运行主要围绕共享制企业的资本参与、劳动参与、经营者行为指导三个方面进行。

实证篇,通过对股份合作制的历史渊源、产生的基础与原因及其界定进行解析的基础上,论述股份合作制与共享利益的关系,从而说明股份合作制是共享利益制度的一种现实模型。为进一步深化对股份合作制的研究诸如产权界定、利益关系等作铺垫。首先,从股份合作制的历史渊源:法郎吉、中国的初级社、蒙德拉贡这三个方面来体现共享利益的思想。其次,股份合作制产生的基础、原因与共享利益具有密切的关系。最后,股份合作制的界定与共享利益的关系,无论是从定义、性质、特征来看,还是从适用范围和功能来看,都能说明股份合作制是共享利益制度的现实模型。

对策篇,为了实现股份合作制中的共享利益,我们必须对股份合作制进行产权界定,理顺股份合作制企业的经济利益关系,然后提出若干政策建议。第一,探讨了产权界定的实质是利益关系的界定、股份合作制产权界定的原则、劳动力资本与物力资本的产权界定等问题。第二,理顺股份合作制企业的利益关系是实现共享利益的保证。股份合作制企业的利益关系,主要分为两个层次:一是以股份合作制企业作为利益主体形成的利益关系;二是以构成股份合作制企业的资源要素为主体形成的利益关系。在此基础上,通过分析股份合作制企业的利益冲突,提出理顺股份合作制企业利益关系的原则。第三,关于股份合作制企业的产权界定与利益关系的政策建议,主要围绕城镇集体企业与乡镇企业进行。理顺股份合作制企业利益关系的政策建议将围绕股份合作制企业的股权设置、表决权与收益分配进行。此外,股份合作制企业是一个独立的企业,理论与实践都要求建立一部《股份合作制企业法》。

该书通过对共享利益理论与实践所作的一些尝试性的探索,在以下理论与实践问题上有所创新:首先,提出并界定了共享利益这一新的经济范畴,认为共享利益是劳动力所有者与资本所有者共享企业内劳动创造的利益,并以共享利益为核心尝试构建了一个共享利益理论与制度框架,它丰富了经济理论的研究范畴。其次,运用马克思主义的劳动价值论、剩余价值理论等和西方经济学人力资本论等对共享利益的源泉和实现方式进行了深入的探讨,并以此来研究股份合作制发展中的经济利益问题,这些在学术上是创新性的探索。第三,劳动力产权是共享利益建立的前提,因此,该书又确立了劳动力产权的概念和内涵。劳动力产权的确立,是产权关系发展过程中一次具有革命性的变革。从此,打破了产权关系研究长期以来只局限于实物资本产权的格局,丰富了产权理论的内容,开辟了产权关系研究的新领域。第四,该书在政策上提出了一系列关于股份合作制的产权界定与利益关系的合理建议,如同权、均占、激励、制衡与风险"五原则",出资与投资的界限,国家政策行为与国家投资行为的界限,国有单位扶持行为与投资行为的界限,处理"假集体"的方式,乡镇企业产权界定中的资产积累三因素等等。这些政策主张鲜明,合乎中国现实,值得重视。

该书的研究成果具有十分重要的理论意义。它从经济利益角度,重新审视股份合作制。作者认为,股份合作制是劳动者权益与资本所有者权益相互融合的一种企业制度。从中,我们抽象出劳动力所有者与资本所有者共享企业内劳动创造的利益这一共享利益思想,并提出股份合作制是共享利益制度的现实模型,这是一件十分有意义的工作。从经济利益角度对股份合作制的系统性分析与研究尚不多见,用共享利益来解析股份合作制则属于理论空白。因此,共享利益论为经济学研究利益关系增添了新的内容。

从经济利益出发,作者发现马克思的劳动价值论,剩余价值论、合作经济理论、自由人联合体理论等蕴涵着丰富的共享利益思想;西方经济学中的人力资本论、双因素经济论等同样含有共享利益的思想材料。这些就成为共享利益的理论依据。既然共享利益论已经挖掘了马克思主义经济学与西方经济学里蕴涵的丰富的共享利益思想,那么,它的研究就具有十分重要的理论意义。

党的"十五大"提出的生产要素参与利益分配是对我国社会主义分配理论的重大突破,企业的主要生产要素就是劳动与资本,按生产要素产权分配的实质是各要素所有者的利益得到实现,它表明劳动力所有者与资本所有者应该参与企业收益分配,这与共享利益是完全吻合的。共享利益论为党的十五大提出的按生产要素分配提供了强有力的理论支持,共享利益的提出,有利于正确处理要素与要素之间的经济利益关系,因此,从这一角度来看,共享利益论的研究同样具有重要的理论意义。

股份合作制是共享利益制度的现实模型,共享利益的研究能揭示股份合作制的本质特征是劳动者权益与资本所有者权益相互融合。股份合作制是一种独立的经济组织形式,它实行生产资料的共同占有与职工个人所有相统一,劳动者与所有者(股东)相统一,按劳分配与按股分红相统一,风险共担与利润共享相统一,共享利益论能为这种富有创新意义的企业制度提供理论支撑。股份合作制能否真正具有生命力的关键是能否理顺股份合作制的产权关系与利益关系。共享利益的提出,对股份合作制企业的产权界定、股份合作制企业内外部经济利益关系的理顺,具有十分重要的指导作用。

(原载《上海管理科学》2001年第4期,作者:程恩富)

利益是社会关系的核心
——《利益关系总论》评析

洪远朋等主编《利益关系总论——新时期我国社会利益关系发展变化研究的报告》，复旦大学出版社2011年7月版

一

利益是社会关系的核心，是社会发展和进步的动力。关于利益问题的讨论也是极其广泛的，它综合了政治、经济、宗教、道德、法律等因素，也涉及人们生活实践的各个方面。经济学关于利益理论的研究历史悠长，自亚当·斯密以来的西方经济学就是以个人的经济利益为逻辑基础，主要分析理性人在追求利益最大化过程中自动或由政府调节各方利益关系的模式和影响因素。马克思主义经济学则探到了利益问题的本质，从生产关系角度分析这一问题，并将经济关系的核心归结为利益关系。马克思认为："人们奋斗所争取的一切，都同他们的利益有关。"并且，只要阶级存在，那么任何社会的利益都是为一定的阶级利益服务的，不同的经济制度追求不同的经济利益。

我国学界沿着马克思主义的利益关系理论逻辑，围绕官方利益理论的思想脉络对这一问题也进行了长期的探讨。建国后较早期的研究主要侧重于利益关系阶级性的讨论，20世纪80年代以后，随着我国改革开放和社会主义市场经济体制的建立，许多学者开始关注利益关系的新变化和新特点。

尽管有关利益问题的理论研究已经很丰富了，这也是现代马克思主义经济学的重要创新成果，然而，我们发现，利益关系理论的研究仍然存在较大空间与局限，主要可以归结为三点，一是不够系统化，二是不够具体化，三是不够现实化。而洪远朋等教授主编的《利益关系总论》，基于已有的研究成果，对我国现时期有关利益关系问题进行了较为系统性、深入性、广泛性、前瞻性和创新性的研究，不仅在一定程度上弥补了既有利益理论的缺憾与不足，还将对马克思主义经济学的现代化、中国化和国际化发展作出重要的理论贡献。

二

《利益关系总论》是国家社会科学基金重大课题——"新时期我国社会利益关系的发展变化研究"的总报告,是复旦大学经济学院和其他院校,如上海财经大学的老中青学者、企业家和政府官员大协作的产物。它对已经出版的关于利益关系研究的27部专著,70余篇文章,21篇博士论文作了高度提炼和整体概括,于2011年结题出版,是对中国共产党成立90周年的献礼作品。此项研究具有以下几个方面的特点:

（一）系统性

《利益关系总论》总体脉络清晰,各个部分相互联系,相互补充,并形成了一个有机整体。此项研究总报告的主体部分可分为三篇:理论篇、现实篇和对策篇。理论篇主要是对我国和西方关于利益理论史的梳理,在总结了人类社会、资本主义社会和社会主义中国新时期利益关系发展规律、深度挖掘导致利益关系变动原因的背景下,分析利益的内含、外延、性质和特点等利益关系质的规定性,然后从量的方面初步建立利益评价体系。可见,这一理论研究具有历史与现实、质与量、历史逻辑与理论逻辑的统一性,由此也形成了利益关系的理论系统。现实篇在上述理论研究的基础上,着重从经济利益关系、政治利益关系、文化利益关系三个方面,遵循由一般到特殊的分析思路,系统地探讨我国利益关系,其中关于经济利益分别从整体、地方、产业、企业、国际等方面进行了系统分析;对策篇则从我国现时期社会利益关系的十大变化入手,着重十大利益关系的探讨,在以和谐利益关系为建设目标之下,对我国社会利益关系的协调提出了十大思路。此项研究的整体逻辑顺序是先基于利益理论和实践发展历史进行理论抽象与创新,接着应用这些创新性理论对现实重要利益关系进行解释与分析,最后在上述基础上针对我国现实进行对策性探讨。此项研究既具有宏观系统性,每一分项研究又都自成体系,沿着一定的逻辑进行布局和整合,从而使这一研究的各个部分都具有有机的联系。

（二）深入性

综观中外学术界关于利益问题的研究成果还是比较丰富的。但是,就研究的深度来看,已有的研究内容还不够完整、深入、全面,有些仅描述了利益关系的局部现象,缺乏对原因、机理、性质等的进一步探究;有的剖析了某种利益关系的形成、作用方法,但没有延伸至它的特点、性质以及与其他利益关系之间的联系。而《利益关系总论》弥补了这些研究的不足,坚持沿着经典马克思主义经济学的理论逻辑,在总括各方面利益现象的基础上对利益关系研究作出了较为深刻的阐释和分析,主要体现在三方面:首先,此项研究充分论证了利益关系研究在政治经济学中的地位与作用,深化了利益关系的概念,提出:一切社会活动的中心是利益,一切社会关系的核心是利益关系,一切社会科学的核心归根到底是利益关系问题,利益的基本部分——经济利益是一切经济学的核心,是一切经济活动的核心,是一切经济关系的核心,这就将利益关系上升到社会科学和经济学的中心和核心地位;其次,扩展了研究的内容,深化了利益的来源、诉求和利益关系主体,既着眼于经济利益、政治利益这些基础利益的研究,又对文化利益、保障利益和环境利益等利益关系研究热点问题着重进行了探讨,将一些整合到整体利益中去的特殊利益分解出来,细分成不同层面、群体的利益关系,多样的利益来源和诉求、多元的利益主体使其研究更细化、更有针对性;再次,深化了我国利益关系矛盾研究,突出了其时代性和中国性,强调了处理社会利益关系对构建社会主义和谐社会这一任务的关键性,指出:利益表达多维、利益差距扩大、利益矛盾公开等现实要求我们正视矛盾,而协调利益关系,实现利益共享,实现社会利益最大化与实现社会主义和谐社会具有共同性。

(三) 创新性

利益关系虽然反映了社会关系的本质,但是,在现实社会这些利益关系则是具体的、历史的、变化的,在新的时代背景下,社会利益关系也发生了许多新变化,形成了许多新形式,其利益关系的涵义更日趋丰富和复杂化。《利益关系总论》力图根据利益关系这些新变化趋势和新变化特点,在理论与实践上进行创新发展。此项研究较早地提出了十个新概念,这对利益关系理论研究具有补白的作用。此项研究还将我国社会利益关系概括为利益观念普遍化、利益主体多元化、利益来源多样化、利益表达多维化、利益差距扩大化、利益关系复杂化、利益诉求全面化、利益矛盾公开化、利益协调关键化、利益研究深入化等十大特点,将利益关系归纳为中央与地方,国家、企业与个人以及地区、工农、行业、企业、劳资等十大利益关系,与此对应所提出的十大协调思路,是对我国利益关系的较为全面的概括与总结,也是贴近实际的对策分析。这一研究首次尝试构建利益关系的评价体系,提出了利益的测度原则和利益关系测量指标体系,构建了利益的综合评价模型,它是对利益的衡量、操作研究的初步尝试体验。总之,这些新理论紧密结合新时期社会的政治经济文化等方面的新发展、新变化,从利益关系的质与量、理论与现实多重角度拓宽了国内利益关系研究的领域,发展了马克思主义利益理论。

(四) 广泛性

社会利益是一个总体的综合性概念,包含多种基本要素,而社会利益关系更是涵盖了社会生活的各个方面,研究社会利益关系必须将视角扩散到整个利益系统的每个元素。《利益关系总论》从多个角度,对多种形式的利益关系主体、客体、时间、过程给予了全方位的探讨,体现了广泛性、丰富性和层次性。诸如从学科上来看,此项研究立足于经济学基础,并融合政治学、社会学、环境学、统计学等领域进行交叉性研究;从利益关系主体角度来看,此项研究主体多元,层次分明,大到世界各国,小到个人个体,分别对应着一国之内、地区间、行业间、企业间、个人间,到世界范围的国与国之间,跨度宏大而广远;从利益关系客体来看,有基础的经济利益、政治利益,也有新兴的文化利益、保障利益和环境利益等,不仅有物质财富所得的利益,还有更高层次的精神、文化利益;从利益时间角度来看,不仅研究现实的、当代人的利益关系,还有关于下一代的未来利益论研究;从研究的触角来看,此项研究从理论延伸到新时期全球和中国社会的现实问题,涵盖了现存的一系列亟待解决的问题;而从研究的参与者来看,则凝结了老中青三代经济学者的集体智慧结晶,体现了研究者群体的广泛性。

(五) 前瞻性

此项研究不仅包括对过去的利益关系总结和现实利益关系的描述,还有对未来利益的展望和预测。《利益关系总论》里关于虚拟利益的展望研究可为解释此次全球金融危机、预防将来的虚拟经济危机提供一定的理论支持和指导;关于文化利益的超前研究对于我国当下的文化建设和文化利益矛盾的解决以及对较好地发展文化产业、深化文化产业体制改革、繁荣我国文化提供了一定的理论支撑;关于政治利益的前瞻研究对于我国改革开放的进一步深化,保持政治体制改革与经济体制改革的一致性,充分发挥政治体制在建设中国特色社会主义中的重要作用具有理论意义。此外,此项研究关于开放利益、机会利益、风险利益、分享利益、休闲利益、保障利益、补偿利益、未来利益等问题的研究也都具有较强的前瞻性和未来性。

三

《利益关系总论》作为我国新时期理论界的重要创新性研究成果具有重要的理论价值和实践意义。

1. 此项研究成果为马克思主义经济学综合化发展提供了理论支持。

首先,这一研究成果将理论经济学与应用经济学联系起来进行综合分析,在一定程度上提升了马克思主义经济学对于应用经济学的指导作用。其次,在马克思主义经济学框架下,借鉴了西方经济学有价值的理论,使两者相互融合,这在一定程度上扩展了两个经济学的交叉边缘,将为马克思主义经济学建设成为超越西方经济学的精华经济学起到理论上的支持作用。再次,将微观经济理论与宏观经济理论进行了有效的对接,使微观利益与宏观利益成为一体化的理论体系,从而在一定程度打破了微观经济学与宏观经济学的界桩,为微观经济学与宏观经济学相互联系相互支持提供了基本条件。第四,将一般理论经济学与国别经济学进行有机结合,形成了既具有一般普遍意义,可以指导全球经济活动,也具有中国特色为我国社会主义建设所用的理论体系。

2. 此项研究成果为马克思主义经济学主流地位的夯实提供了理论支撑。

首先,《利益关系总论》以利益关系这一生产关系核心理论为基础,将诸多应用经济学领域的重要问题给予了马克思主义经济学视角的分析,并构建了许多新的研究框架。其次,在利益关系的大框架下,不拘泥于劳动价值论或者要素价值论的争论,大量使用了西方经济学的研究方法、分析工具,广泛地借鉴了西方经济学的一些有价值的理论以及较为成熟的理论模型。这为在马克思主义经济学框架下大量借鉴和使用西方经济学作了有效的尝试。再次,此项研究沿着利益关系脉络将微观经济学与宏观经济学统一在一个理论框架之内,从而为我国主流经济学在借鉴西方经济学过程中,克服微观经济学与宏观经济学分离以及宏观经济学缺乏微观基础的局限提供了线索,符合马克思主义经济学是微观经济学与宏观经济学密切相连的理论体系这一特点。

3. 此项研究成果为中国特色社会主义市场经济的发展提供了可供参考的思路,对于我国较好地处理现实社会存在的利益矛盾、协调利益关系具有重要的现实意义,且贴近生活利益关系现实,具有借鉴性和参考性。

(原载《社会科学研究》2012年第4期,作者:邬璟璟)

新时期我国社会利益关系发展变化研讨会及《利益关系总论》新书发行会在上海举行

2011年12月10日复旦大学大金报告厅举行了新时期我国社会利益关系发展变化研讨会及《利益关系总论》新书发行会,来自上海和内地其他地区以及香港等地高校、科研单位的70多位专家学者出席会议。洪远朋教授作主题报告,介绍了由他挂帅的"新时期我国社会利益关系发展变化"国家社科基金重大课题。该课题为2006年度国家社科基金项目首批重大课题,历时5载,于2011年结项。

该课题已出专著27本,发表论文21篇,获省部级奖的论著共有7篇8次。其中一等奖1个,二等奖3个,三等奖4个。《社会利益关系演进论——我国社会利益关系发展变化的轨迹》获上海市第九届哲学社会科学优秀成果奖著作类一等奖和第五届中国高校人文科学优秀成果奖著作类二等奖;发表的论文被《新华文摘》《高等学校文科学术文摘》和中国人民大学书报资料中心等媒体转载的有8篇11次,其中《协调新时期我国社会利益的十大思路》(上、下),由《社会科学研究》发表,被4家刊物转载。

该课题的部分成果已报中央及有关部门、地方领导参阅。《新时期我国社会利益及其协调原则》由国家社科办以《成果要报》报中央领导参阅,并获得有关部门领导批示;《经济全球化与我国利益关系的变动》以《成果要报》报中央;《努力将垄断企业转变为"龙头"企业》载入《人民日报》内参部主办的《内部参阅》;《论当前经济利益的十大表现》编入中华全国手工业合作总社等主办的《城镇合作经济》信息;《新时期我国老年利益问题研究》编入上海市老龄科学研究中心的内部资料《上海老年科学》等供有关领导参阅。

该课题的重要成果《利益关系总论》已对外宣传。《大公报》以《国内经济核心在协调利益》为题,在中国香港地区报道了该书的部分成果;《中国社会科学论丛》(英文版)以英文发表了评述《社会利益关系演进论》的文章。

与会的复旦大学副校长林尚立教授、上海理工大学党委书记燕爽教授、上海市经济学会会长周振华教授、上海市社科办主任荣耀明教授等专家致辞均对该课题予以高度赞赏,荣耀明教授认为该课题为社科基金重大课题研究树立了标杆。

(张琦)

《社会科学研究》2012年第2期

Interest Relationship in China: Evolution and Solutions(评社会利益关系演进论)

洪远朋等著《社会利益关系演进论——我国社会利益关系发展变化的轨迹》,复旦大学出版社2006年10月版

This book is a thorough, insightful, and neatly-organized account of the changes in interest relationship in China resulting from the country's political and economic reforms. Based on the theoretical perspectives developed by Western economists such as Karl Marx, Adam Smith, and John Keynes, the authors first examine the elements that have shaped the evolution of social interest relationship, including economic growth, industrial structure, and institutional transformation. Then, against the backdrop of a rapidly and profoundly changing China, the book explores the "developments and changes in the social interest relationship." as the subtitle suggests, which underline the manifestations of the relationship in the three main phases, namely, planned economy, transition period, and market economy, This is the most important contribution of the book, since most analyses of China's reforms have understated the significance of the social interest relationship in the political and economic restructuring. The authors focus in particular on contemporary China, and their conclusions, although not surprising, are novel.

The first question raised in the book is: "Why has social interest relationship changed?" (5) The authors have placed this question in both a cross-disciplinary and a historical context and they have created a vivid analogy for their answer in chapters 3, 4, and 5: Economic growth has expanded the pie of interests; institutional transformation has changed the rules of the distribution of the pie; and the evolution of the industrial structure, the authors argue, is essentially an adjustment to the interest relationship. Institutions, therefore, should be able to offer a mechanism to coordinate social interest relationship. To this end, altruism, which has long been admired and advocated in socialist China, cannot serve as the basis for institutional design; instead, a solid foundation should be "the assumption that most people are 'Economic Men' in pursuit of individual interests" (204).

To test their answer to the first question, the authors take China as a case study (cf. chapters 6, 7, and 8) as they believe that the birth of new China is a major change in the interest relationship in the country (237). As for the history and status quo of that relationship in China. the detailed and impressive description of the book—particularly the authors' conceptualization of this evolution as a process from vertical authoritativeness to horizontal contractual relationship—is a fresh and welcome approach. According to the authors' observations, there are three distinctive phases in the evolution of the socially beneficial ties in China. The first is the phase of planned economy from the 1950s to the late 1970s, which was characterized by "vertical authoritativeness" (257), i. e. , the central government deciding the allotment of interests via imperative orders and plans. The second phase, lasting from the early 1980s to the late 1990s, is marked by transition. The main argument of the book about this period is that the relationship in question, as well as the core issue in the "internal contradiction among the people," surfaced. With a mass of data, the authors have proved this bold and new conclusion a convincing argument. The relationship in this period of trial-and-error reforms, as the authors have found out, became much more complicated with the diversification of interest sources and the expansion of the gaps in the interests. The third and latest phase is what the authors call "socialist market economy since 2000" (376), with the interest relationship being a sign of horizontal contractual relationship of greater equality.

The last phase, the one in which we live, will naturally attract more attention from the readers. However, the part about the social interest relationship in contemporary China merely offers the description of more trends than current scenarios. Also, the equal relationship of horizontal contracts is steeped more in hope than in reality. Notwithstanding this, the authors have well stated their frank predictions. For instance, "the value of 'Efficiency First' in allocating interests will lead to a wider gap in primary distribution" (381), "the gap between the rural and the urban will expand further" (383), "the relationship between China's economic growth and regional gap will follow a reversed U-shaped path" (387), "WTO accession will accelerate the division of China into different interest groups and social classes" (390), and "FDI will cause intensified tension between varied regions" (411), to name just a few.

Regarding the challenges in this relationship in contemporary China, the authors eagerly put forward their views on policy options in the tenth and last chapters. Even though the suggestions are not concrete prescriptions, they are specific to the crux of the problems. This may be amajor reason why the book has won the sponsorship of the National Fund of Social Science and the first prize of Shanghai's Philosophy and Social Science Awards. In the ten principles that the book has suggested of coordinating the social interest relationship, the key word is "Shared Interests," together with the supporting concepts of fundamental interests and comprehensive interests. Behind these concepts, the basic idea is that interests should be shared among different layers of governments and various regions, industries, and groups. For this reason, China must introduce compensation for those who lose out in the economic reforms. "Market mechanism can realize optimal efficiency in allocating resources, yet it cannot address the imbalance in terms of interests. [...] This means that China must have a social and political mechanism to protect against social unfairness" (492).

As part of the largest-ever research project in social sciences at Fudan University, this book is a valuable, empirical addition to the studies of China's social interest relationship and the country's reforms and development as a whole. It is not pleasant to accept their conclusions and forecast, though the authors seem assured in their sound argument and proof. The suggestions for the policies, nevertheless, are the only choice for China, whose "change in income disparity over such a short range of years is unparalleled in the world" (491).

Fortunately, these suggestions are taking effect now. As if in response to the publication of the book in 2006, the Report to the National Congress of the Communist Party of China, the most significant guideline for China's development, introduced, in October 2007, the principle of shared interests for the first time in CPC documents. Based on the idea of sharing, the report underpined equality of interests and announced more detailed policies such as "increasing the share of personal income in the distribution of national income" and "raising the share of work remuneration in primary distribution."①The doctrine of shared interests is believed to be a new development in Marxism; more importantly, it is designed to help China to survive the current period when per capita income is USD 1,000 to 4,000, and during which increased contradictions would occur as global experience has shown. The report also included many other judgments from the book under review. As "fundamental changes have taken

---

① *Hold High the Great Banner of Socialism with Chinese Characteristics and Strive for New Victories in Building a Moderately Prosperous Society in All Respects*, Report to the 17th National Congress of the Communist Party of China on Oct. 15th, 2007.

place in the structure of social interest relationship" in China now, efforts must be made to establish a reasonable allocation system, which embodies social fairness (441 – 93). More specifically, "[m]ore importance must therefore be attached to the social development on the basis of economic growth to ensure and improve people's livelihood, to carry out social restructuring, to expand public services, to improve social management, and to promote social equity and justice" (17th NCCPC Report).

As its title "Evolution of Social Interest Relationship" suggests, the book deals with social interest relationship, and the authors have recognized that the interests include economic, political, and cultural gains (456). However, it is not hard to find that economic interests have dominated the discussion of social interest relationship in the book. The evolution of such a social relationship as presented is essentially that of economic interest relationship. The theoretical approaches and methods used are, in most cases, economic ones. The pitiful absence of the politics that studies "who gets what" in this research of interest relationship weakens the explanatory power of the book.

Although the subject matter of Prof. Hong Yuan-peng and his colleagues' research is about the evolution of economic interest relationship in China, the implications of their research go well beyond the field of Chinese studies. In an epoch of globalization, rather than improving common interests, integration with the world has, at least in the case of China's entry into the WTO and FDI utilization, widened divisions. The challenges that globalization has posed to this social interest relationship are clearly delineated, and the solutions are provided in this important work.

（原载《复旦人文社会科学论丛》2009年6月第2卷第2期，作者：周叶菁）

综评篇

洪远朋：《资本论》到"资本家"

洪远朋。

洪远朋是谁？

一句话：是个有大出息的如皋人。

要是往全了说，那请您先呷口茶，听我慢慢道来。

洪远朋1935年10月生于如城的一个小职员之家。天资聪颖的他，自5岁开蒙，此后一生即与书本结缘，学问与年龄齐长。16岁那年，正上高二的他即离开家乡转入江苏省财经学校读书，从此他又与经济结下不解之缘。1953年，他以优异的成绩毕业分配在江苏省工业厅工作。1956年，他响应党中央国务院向科学进军的号召，作为调干生考入复旦大学经济系政治经济学专业。1961年大学毕业后师从蒋学模先生做社会主义经济理论专业的研究生。1964年学成后留校任教，一直从事《资本论》、价格理论、社会主义经济理论、比较经济理论、经济利益理论与实践、合作经济理论与实践等教学与研究至今。

四十年的教学与研究，洪远朋以其等身的著作和满天下的桃李，完成了由一个有志青年到知名教授的人生角色的成功塑造。

四十年里，洪教授先后发表论文250余篇，出版著作（含合著参编）80多部，其中获奖近30项。1989年洪远朋与蒋学模、伍柏麟合作的《政治经济学课程的教学改革》，获全国普通高校优秀教学成果国家级特等奖。鉴于其丰硕的研究成果与突出的贡献，1984年洪远朋成为全国百名50岁以下特批教授之一。1990年被评为国家级有突出贡献的中青年专家。1992年起享受国务院颁发的政府特殊津贴，并被英国剑桥国际传记中心列入1992/1993年度世界名人录，收入《国际传记辞典》。

四十年里，洪远朋先后担任过复旦大学教授、博士生导师、经济系主任、经济学院院长、复旦大学理论经济学博士后科研流动站站长、复旦大学经济学院学位委员会主席、《世界经济文汇》编委会主任。

四十年里,洪远朋的社会兼职更是"琳琅满目":国家社科基金学科组成员;中国《资本论》研究会副会长、全国综合大学《资本论》研究会会长;上海市经济学会副会长;上海市集体经济研究会副会长;上海市社会科学界联合会常委;河南大学、福建师范大学、宁夏大学兼职教授;江西财经大学客座教授;南京经济学院名誉教授;上海财经大学兼职博士生导师。

当然,以世俗的眼光来"扫视"洪远朋,他已是功成名就的大教授、大学问家,但倘若以智者的眼光穿越这些名衔,"透视"一下洪远朋以其坚定的信仰、过人的睿智和不息的勤奋所构建起来的庞大的"理论王国",你就会由虚套的"仰止"而至由衷的叹服。

当记者问洪教授对他一生影响最大的一本书是什么时,洪教授坦言道:"对我影响最大的一本书,当然是马克思的《资本论》。《资本论》博大精深,是一部马克思主义的百科全书。《资本论》首先使我坚定了社会主义必胜的信念。《资本论》对人类社会发展规律的揭示,使我坚信有中国特色的社会主义一定能建成,社会主义一定会在全世界胜利。当然,道路是曲折的,形式是多样的,但是,前途是光明的。《资本论》还教我怎样做学问。我始终不会忘记马克思的那句教诲:'在科学上没有平坦的大道,只有不畏劳苦沿着陡峭山路攀登的人,才有希望达到光辉的顶点。'(《资本论》第1卷,人民出版社1975年6月版,第26页)《资本论》还使我成了'资本家。我从事《资本论》学习、宣传、研究几十年,共撰写《资本论》的通俗读物、教材、专著十多本,多次获省部级奖励。目前,我还担任中国《资本论》研究会副会长,全国综合大学《资本论》研究会会长。可以称得上是一个学习和研究《资本论》的专家,所以圈内人常称我为'资本家'。"

下面就让我们来看一看这位"资本家"与《资本论》的结缘。

洪远朋读研究生起就在蒋学模先生指导下攻读《资本论》,自1971年开始随漆琪生和张薰华先生从事《资本论》教学和研究。在1977年前后即与张薰华先生合作编写了《〈资本论〉提要》以及《〈资本论〉难句试解》,成为全国最早的《资本论》解释本。

从1981年起,洪教授开始单独编写《〈资本论〉讲稿》三卷,共60多万字。后来又在此基础上进一步加工充实,正式出版了四卷本《新编〈资本论〉教程》。该书曾获上海市哲学社会科学优秀成果著作类三等奖。书中值得研究和思考的问题受到许多读者和专家的好评。

为纪念马克思逝世100周年,洪教授出版了近40万字的专著《〈资本论〉难题探索》。该书提出了许多新见解,如关于资本主义发展阶段能否跳跃的问题、两种不同含义的使用价值、两种货币危机、划分社会经济时期的标准问题、流通费用的分类问题、社会再生产的类型、生产资料较快增长规律、资本主义社会内部能否产生社会主义经济因素、社会主义地租等都有其独特的看法。由此可见,洪教授研究《资本论》的两大特色:一是紧密联系实际,特别是社会主义经济实际;二是深层次研究和通俗化宣传相结合。

致力于马克思主义经济理论的通俗化,真正为群众所掌握,这正是洪教授走出理论研究的象牙塔,使自己的理论研究成果在社会政治、经济生活中发挥巨大作用的成功尝试。他编写的《通俗〈资本论〉》就是一本面向大众的通俗读本。该书以《资本论》原著为蓝本,并以原著的篇为单元来介绍。既不拘泥于原著的章节标题,又保持原著的篇的体系和章节的顺序。该书还全面完整地反映了《资本论》逻辑与艺术统一整体的本来面目。不仅包括前三卷理论部分,而且还有第四卷的简介。针对《资本论》内容多,篇幅大的特点,该书对一些较为重要的难点和有争议的地方做了必要的注释工作,有助于读者准确把握和理解。该书紧密联系社会主义经济的实践,在每章后面都专门设有"现实意义"部分,简述学习《资本论》的有关原理对社会主义建设的指导作用。全书语言生动,深入浅出,雅俗共赏,引人入胜。

洪远朋这位"资本家"不仅在研究"资本"上"才"力雄厚,纵横捭阖,驾轻就熟,而且还是一位勇于和善于探索创新的马克思主义经济学家。他对经济学科建设的探索、经济利益理论与实践研究方面的探索、对中国改革理论的探索都取得了丰硕的成果。例如:随着社会主义市场经济体制改革的不断深入,中国的经济成分和经济利益不断多样化。分配方式也逐渐发生变化,党中央提出了建立按劳分配为主体、多种分配方式并存的分配制度。由此就引出了理论界对于劳动价值论、剥削、阶级等问题的思考与争论。洪教授提出了对劳动和劳动价值理论的十点认识:(1)深化劳动和劳动价值理论的认识,首先要认真学习马克思主义经济学。(2)也要好好学习和了解西方经济学。(3)马克思对创造价值的劳动的具体的分析,有些应该加以深化,有些应该继续发展。(4)在研究中应该区分价值创造、价值形式、价值实现和价值分配的联系与区别。(5)不能笼统地说资本家和资本创造价值或不创造价值,要辩证地看待这一问题,一分为二地加以分析。(6)劳动价值论和价值规律是商品经济的一般规律。(7)承认劳动价值论必须承认剩余价值。(8)参与剩余价值的分配与剥削没有必然联系,我国现阶段存在剥削现象,从"三个有利于"出发,应当允许正常的剥削,限制超经济剥削,制裁残酷剥削。(9)不能轻易否定马克思的劳动价值论;(10)马克思的劳动价值必须发展,也可以发展。洪教授关于劳动和劳动价值的十条认识,是针对近年来对劳动价值理论争论的一次总结,获得了许多学者和有关决策部门的高度重视。

洪教授的学问做得好,他的为人亦如他的学问,多有可圈可点之处。俗话说:文如其人。"认认真真读书,扎扎实实工作,诚诚恳恳处世,清清白白做人"是洪远朋为人处世的基本准则。无论在学术上还是行政上,洪远朋都可谓是身居"高位"手握"重权",可他从不以此谋私,拿原则做交易。用他的嫡外甥、现供职于我市交通局的袁明生的话说——"我舅舅可是个真共产党员,要想找他说情办点私事,难着呢!"

说到家乡如皋,洪远朋充满了深刻而美好的回忆。从小老辈们向他灌输的"金如皋"的说法,深刻在他童年的记忆里,也一直为家乡的美丽富饶而深感自豪。他说:"由于工作繁忙,不能经常回家看看,但一直关注着家乡的发展变化。多年来一直专门订了一份《扬子晚报》,就是想了解一点家乡的情况。当我从报上看到如皋现在变成长寿之乡、盆景艺术之乡,心里非常高兴。最近有机会回家看了看,宽阔的马路、崭新的民居又给人以现代文明之乡的感觉。"

最后,洪远朋动情地对记者说:"多年来,我对家乡没有什么帮助和贡献,但家乡对我们这些游子却非常关注。我想首先通过《如皋日报》感谢家乡父老兄弟姐妹和媒体对我的关注和厚爱。我只是个'教书匠',过去是'臭老九'和'穷老九'。现在老九不再'臭',也不再那么'穷'了。因为知识就是生产力,知识就是财富。当然,这是潜在的生产力,无形的财富。我想可以在适当时候,在一定情况下,通过适当的形式将其变成现实的生产力,有形的财富,并以此对社会、对家乡作出贡献。祝愿我的家乡——如皋,更加美丽、更加富饶、更加现代、更加文明。"

(原载《如皋日报》2003年5月16日,记者:汤一建)

根茂实遂　功崇业广
——记著名经济学家洪远朋先生

先哲黑格尔认为，一切事物都是在正、反、合中发展的。纵观古今，横观世界，经济的变迁、经济学的发展无不是在分化和综合中进行的。当今世界，经济学正从分化转入综合的时代。同样，我国的经济学也正从"文革"后的恢复和坚持马克思主义转到当前和今后相当长一个时期在综合中发展马克思主义。在我国经济界中著名经济学家洪远朋教授，正是以其丰富的阅历、深厚的理论底蕴和广博的学识，把握住了经济学发展的脉搏，而建树颇多。

一、才储八斗　基础坚实

洪远朋先生，1935年10月出生于江苏省如皋市，天资聪颖，五岁上学，高中二年级时转入江苏财经学校读书。从此便与经济结下不解之缘。1953年毕业分配去江苏省工业厅工作，时值我国开始大规模经济建设，洪先生曾参加为资本主义工商业社会主义改造作准备的私营工业调查，实际工作使他懂得进行社会主义革命和建设必须以马克思主义为指导。为了加强理论学习，1956年响应党中央国务院向科学进军的号召，作为调干生考入复旦大学经济系政治经济学专业，1961年毕业后即师从蒋学模先生做社会主义经济的研究生，之后，留校从事《资本论》、价格理论、社会主义经济理论、比较经济理论等的教学和研究，发表论文200余篇，出版著作20多部，其中获奖近三十项。洪先生历任教研室主任、经济系主任、经济学院院长、兼任中国《资本论》研究会副会长、全国综合大学《资本论》研究会副会长、上海市经济学会副会长等职。鉴于其丰硕的成果，突出的贡献，1984年特批晋升为教授。1990年被评为国家级有突出贡献的中青年专家。1992年起享受国务院颁发的政府特殊津贴，并被英国剑桥国际传记中心列入1992、1993年度世界名人录，收入《国际传记辞典》第23版。还被华东交通大学、河南大学、福建师范大学和广西工学院等大学聘为兼职教授。洪先生获得以上荣誉是当之无愧的，他在诸多经济理论领域都有自己的独创和建树。

二、《资本论》研究 硕果累累

洪先生从1971年开始随漆琪生和张薰华等老师从事《资本论》教学和研究。在1977年前后,与张薰华先生合作编写了《〈资本论〉提要》第一册和第二册,以及《〈资本论〉难句试解》第一册,成为全国最早的《资本论》解释本。《〈资本论〉提要》1984年获上海市高校文科科研成果三等奖。

从1981年起,洪先生开始单独编写《〈资本论〉讲稿》三卷,共六十多万字,该书起初由上海同济大学、上海市工交党校等单位油印,1982年由江苏省委党校铅印,内部发行,在国内流传甚广。笔者其时正在兰州大学读本科,也用到了这个本子。后来,又在此基础上进一步加工充实,正式出版了四卷本《新编〈资本论〉教程》,获上海市哲学社会科学优秀成果著作类三等奖。该书与众不同,独具特色:(1) 着重《资本论》对象、体系、方法等的总体性介绍;(2) 主要章节有值得研究和思考的问题;(3) 每篇有小结,着重联系社会主义实际。该书特别是其中值得研究和思考的问题受到许多读者和专家的好评。

在恩格斯整理的《资本论》第二卷出版一百周年之际,洪先生编写了《通俗〈资本论〉》一书,该书忠于原著,体系完整,重点突出,结构严谨,紧密联系社会主义经济实际。为纪念马克思逝世一百周年,洪先生出版了近四十万字的专著《〈资本论〉难题探索》一书。该书对《资本论》中有关基本理论,联系当代资本主义经济和社会主义经济的实际,对国内外长期争论的重大问题进行了评价,并着重阐述本人的观点,提出许多新见解,如关于资本主义发展阶段能否跳跃的问题、两种不同含义的使用价值、两种货币危机、划分社会经济时期的标准问题、流通费用的分类问题、社会再生产的类型、生产资料较快增长规律、资本主义社会内部能否产生社会主义经济因素、社会主义地租等都有其独特的看法。这部学术著作,被推荐参加了1985年香港中国书展。

从前述可见,洪先生研究《资本论》有两大特色:第一是紧密联系实际,特别是社会主义经济实际。这与他研究生时攻读社会主义经济有一定关系。在研究社会主义经济时,他感到不以马克思主义基本理论为指导,不深入钻研《资本论》是不行的;在从事《资本论》教学与研究时,他感到不联系社会主义经济实际是没有生命力、没有出路的。第二个特色是深层次研究和通俗化宣传相结合。

"文革"结束后,理论上面临的首要任务就是要将各种"左"的和右的非马克思主义的东西从理论中清理出去,要恢复和坚持马克思主义。洪先生如上大量的成果,为此作出了重大贡献。他堪称一位坚定的马克思主义经济学家。

三、马克思主义经济学在综合中创新

洪先生认为,马克思主义是一个开放的、活的体系,它是在实践的基础上不断吸取、综合人类文明一切有用的成果而不断丰富和发展的。洪先生不仅是一位坚定地坚持马克思主义的经济学家,同时还是一位不断创新的马克思主义经济学家。洪先生认为,对待马克思主义经济理论,一要坚持,二要澄清,三要发展。首先,洪先生梳理了必须坚持的马克思主义经济理论的基本内容,包括三个方面。一要坚持马克思主义经典作家已经揭示的社会主义经济运行的一系列主要规律。如社会主义的根本任务是发展生产力。洪先生1978年在《思想战线》发表的题为《试论生产力的内在源泉》的文章,针对理论界长期以来研究生产力停留在生产力要素上做文章的现象,较早地讨论了生产力的内在源泉问题,指出,劳动力、科学力和自然力是生产力的三个内在源泉。该文后被收入由中国社会科学院经济研究所编辑的《论生产力——建国以来关于生产力问题的论文集》一书,被北京师范大学编入《〈资本论〉研究论丛》第四辑。再如,生产资料所有制是生产关系的基础;社会主义必须有剩余劳动、必须有积累;社会主义必须实行按劳分配等等。二要坚持马克思所揭示的人类社会普遍适用的规律。如劳动生产率增长规律;农业是国民经济的基础;企业管理是大规模共同劳动的客观要求;任何社会再生产都需要有一定的物质储备等等。三要坚持借鉴马克思对资本主义经济分析的方法。马克思的主要著作《资本论》中揭示的资本主义经济运动的许多规律,如果抛弃它的资本主义性质和目的,就它的方法来说,对于发展社会主义经济还有一定的借鉴作用。

其次,洪先生澄清了许多过去对马克思主义经济理论不全面或不正确的理解,甚至把误解加以讹传的东西。例如,他更正了长期以来许多政治经济学著作都认为的,社会主义经济因素不可能在资本主义社会内部产生的观点。洪先生论证了马克思主义的观点应该是资本主义社会内部有可能产生社会主义因素。这就为我国经济体制改革、借鉴西方资本主义经济体制找到了理论依据。再如,粉碎"四人帮"之后,国内关于积累是否是扩大再生产的唯一源泉有两派对立的意见。洪先生写了四五篇关于积累不是扩大再生产唯一源泉的文章,从理论和实践上论证了积累不是也不可能成为扩大再生产的唯一源泉,成为国内公认的积累不是扩大再生产唯一源泉的主要代表之一。他于1980年发表在《学术月刊》的题为《积累不是扩大再生产的唯一源泉》的文章,被评为上海市经济学会1979—1983年经济科学优秀论文奖。再如,长期以来,人们曾普遍认为,马克思主义扩大再生产只有一个规律,即生产资料优先增长规律。但洪先生认为在马克思再生产理论中有两个基本规律:一是生产资料生产增长较快规律(而不是生产资料生产优先增长规律),二是生产资料生产的增长最终必须依存于消费资料增长的规律。又如,过去有一

种误解,以为只要消灭了土地私有制就消灭了地租。但洪先生撰文指出,只要存在土地所有权就存在地租,所以,社会主义仍然存在地租。

最后,尤其值得重写一笔的是洪先生认为,发展马克思主义经济理论要从三个方面进行。首要的是要把马克思主义经济理论与中国的社会主义实际相结合加以发展。马克思主义经典作家的许多理论结论要随着实践的发展加以更新。如社会主义单一的公有制理论;高度集中的计划经济理论;产品形式的按劳分配理论等等。其次,要借鉴和吸取西方经济理论的合理成分,主张对西方经济学一要了解,二要批判,三要吸取。最后还要继承和弘扬中国经济思想的宝贵遗产。对中国经济思想一要挖掘、二要继承、三要扬弃。就如上这些方面,洪先生开展了大量研究取得了不少成果。例如《经济理论的轨迹》一书就是较为突出的一项成果。该书按经济理论专题就古今中外的经济理论进行了梳理和比较,创立了经济理论史的新体系。在此基础上,洪先生着手创建他酝酿已久的综合经济学。

洪先生认为,经济理论形成迄今已有两千多年的历史,现在由经济理论演变成的经济学科,经过内部演化和边缘交叉,已发展成一个庞大的经济学科体系。合久必分、分久必合,经济科学在不断分化、交叉的基础上存在着多层次综合的趋势。不仅经济理论本身的发展,而且经济建设的实践都要求创建一门社会主义综合经济学。社会主义经济改革和发展中提出的各种问题,现有的各门经济学科尽管都从某个角度、某个方面作出了一定的解答,但要对它们的总体面貌给出一个清晰、明了的描述,却是现有任何一门经济学科的对象都不能包容的。洪先生正在创建的综合经济学包括五个方面的综合:一是生产力、生产关系和上层建筑研究的综合;二是宏观经济、中观经济和微观经济的综合;三是现有各国、各家、各派社会主义经济理论的综合;四是各门经济科学和相关学科的综合;五是各种经济分析方法的综合。综合经济学创建已进行了大量基础性工作,已有不少阶段性成果,与广大读者见面将为期不远。

洪先生创建综合经济学不仅在国内居领先地位,早在 1985 年起就在《复旦学报》《经济研究参考资料》等刊,撰文提出建立社会主义综合经济学,而且在国际经济理论界也是处于前沿的。据报道,德、美、澳等国的不少经济学家也正在努力创建所谓的 mesoeconomics,有人译为综观经济学;与之相比,洪先生的综合经济学综合层次更高,某种程度上包容了国外的 mesoeconomics。

四、改革理论独树一帜

直到十四届三中全会以前,怎样进行改革,国内理论界有两种对立的见解:一种见解认为,企业改革是整个经济改革的中心,企业改革应该先行;另一种见解认为,价格改革是整个经济改革的中心,价格改革应该先行。而洪先生认为,经济改革是一个系统工程,既不能过于突出某种改革、孤军作战,也不能眉毛胡子一把抓、没有重点。他主张以企业改革和价格改革为中心,计划、财政、金融、流通、工资和社会保险等其他各项经济改革协作动作,综合配套进行。对于企业改革,洪先生早在1990年就提出了"全方位、多层次、分阶段"的改革方案。"全方位"是指要从产权关系、经济运行机制、分配关系等多方面进行改革和调整;"多层次"是指不搞一刀切,而是分别各种不同类型的企业,在产权关系、经济运行机制、分配关系上,分别采用不同的对策措施。"分阶段"是在改革搞活大中型企业的过程中,分阶段逐步推进。对于价格理论,洪先生关于社会主义价格形成和价格改革素有研究。洪先生认为应坚持以马克思主义价格理论为指导,同时,借鉴西方价格理论的合理成分,继承我国古代价格思想的优秀遗产,吸取社会主义各国价格形成的经验教训。关于这些问题,洪先生发表了一系列论文,出版了《价格理论的发展与社会主义价格的形成》提出一系列真知灼见,获得了7个奖项。1984年在《中国社会科学》上发表的《工业品价格形成中的成本问题》,他提出价格形成中的成本必须是正常成本,必须是社会成本,必须是计划成本。并论证了价格形成中的成本与经济核算中的成本之间的关系。关于价格形成中应该采用什么利润率的问题,国内外主要有三种看法:一是采用资金盈利率;二是采用工资盈利率;三是采用成本盈利率。洪先生提出了第四种观点:工业品价格形成最好采用加工费用盈利率。加工费用盈利率,可以克服资金盈利率扩大过去劳动对价格形成影响的缺陷,可以克服用工资盈利率形成的价格不能反映劳动生产率变化对价格形成影响的缺陷,还可以克服成本盈利率形成的价格中盈利的重复计算的缺陷,从而使价格更接近于产品本身的价值。在多年的价格理论研究的基础上,洪先生提出了其价格改革理论:第一,提出了社会主义价格形成的四序列理论。这四个序列分别为:基础价格即价值;理论价格即转形价值;目标价格即计划价格;市场价格即现实价格。第二,提出了社会主义价格改革的目标模式是市场价格。

现在我国已将社会主义市场经济作为经济改革的目标模式,而以社会主义市场经济为目标模式的改革的主要特点之一就是将企业改革与价格改革以及一系列其他改革结合起来综合进行。由此可见,洪先生的理论具有很大的超前性。

五、经济理论通俗化成绩卓著

洪远朋先生不仅研究高层次理论,也致力于马克思主义经济理论的通俗化。洪先生认为理论只有走出学者的书斋,为群众所掌握,才能真正发挥其巨大的作用。他编写的《通俗〈资本论〉》,在《资本论》通俗化方面作出了可喜的尝试。(1)该书蓝本以《资本论》原著的篇为单元来介绍,既不拘泥于原著的章节标题,又保持原著的篇的体系和章节的顺序;(2)全面完整地反映了《资本论》逻辑与艺术统一整体的本来面目,不仅包括前三卷理论部分,而且还有第四卷的简介;(3) 针对《资本论》内容多、篇幅大的特点,该书对一些较为重要的难点和有争议的地方做了必要的注释工作,有助于读者准确地把握领会和理解;(4) 该书紧密联系社会主义经济的实践,在每章后面都专门设有"现实意义"部分,简述学习《资本论》的有关原理对社会主义建设的指导作用;(5) 该书语言生动,深入浅出,雅俗共赏,引人入胜,在辽宁人民出版社纪念建社三十五周年之时被评为优秀图书三等奖。

1980年编写的《政治经济学入门》,1982年修改第二版,近15万字。该书紧密结合我国社会主义经济建设的实际,深入浅出地介绍了政治经济学的主要内容和基本原理,学习政治经济学对认清历史发展趋势、指导社会主义现代化建设的关系,以及怎样学好政治经济学等问题。在叙述基本理论方面,作者对政治经济学理论上的一些重大问题,提出了自己的看法,有独到之见。例如,作者主张生产关系是四环节,而不是三方面;生产力是三要素,而不是二要素;在资本主义条件下,只有无产阶级贫困的规律,而没有什么绝对贫困化规律和相对贫困化规律等等。这是一本理论联系实际,重点突出,既通俗易懂,又有一定的理论深度和学术价值的富有特色的政治经济学入门书。它做到了既通俗化,又不庸俗化。该书出版后受到读者好评,全国有十多家报章杂志推荐介绍,1983年7月全国首届通俗政治理论读物评选获得一等奖,1984年被列为全国青年读书活动推荐书目、上海市振兴中华读书活动推荐书目。

经济理论的通俗化并非易事,做文章可有三个档次:第一档是用深奥的语言表达浅显的思想;第二档是用深奥的语言表达深奥的思想;第三档则是用浅显的语言表达深奥的思想。洪先生的通俗化工作所达到的正是这第三个档次的境界。大凡读过洪先生文章或著作的人都会有一个感觉:他的作品就如他本人一样平易近人。读他的东西,真如孔老夫子所云:有朋自远方来,不亦乐乎!

(原载《生产力研究》1995年5月,特约记者:余政)

洪远朋的学术思想与成就

在作为显学的中国经济学界,众说纷呈、人才辈出。而一批老经济学家们,以其丰富的人生阅历、坚实的理论底蕴和广博的学识,以及对时代发展和社会进步的强烈使命感与责任感,对经济学的发展与社会主义经济建设做出了巨大贡献。在这当中,杰出经济学家洪远朋教授,因其身体力行、紧紧把握时代的脉搏并建树颇丰而得到同行的认可与社会的赞誉。

一、洪远朋教授简历

洪远朋教授,1935年10月出生于江苏省如皋市,高中二年级时转入江苏财经学校读书,从此便与经济学结下不解之缘。1953年毕业分配到江苏省工业厅工作,时值我国开始大规模经济建设,洪远朋教授参加为资本主义工商业的社会主义改造做准备的私营工业调查,在实际工作过程中,洪远朋教授深深明白了,进行社会主义革命和建设必须以马克思主义为指导。为了加强理论学习,1956年他响应党中央国务院向科学进军的号召,作为调干生考入复旦大学经济系政治经济学专业,1961年毕业后即师从蒋学模先生做社会主义经济理论专业的研究生,之后,留校从事《资本论》、价格理论、社会主义经济理论、比较经济理论、经济利益理论与实践、合作经济理论与实践等的教学和研究。洪远朋教授发表论文250余篇,出版著作80多部(含合著、编著),其中获奖近三十项。洪远朋教授历任复旦大学经济系主任、经济学院院长;兼任中国《资本论》研究会副会长、全国综合大学《资本论》研究会会长、上海市经济学会副会长、上海市集体经济研究会副会长等职。鉴于其丰硕的成果与突出的贡献,1984年获特批教授,1990年被评为国家级有突出贡献的中青年专家,1992年起享受国务院颁发的政府特殊津贴,并被英国剑桥国际传记中心列入1992/1993年度世界名人录,收入《国际传记辞典》第23版。洪远朋教授获得以上种种殊荣是当之无愧的,他在诸多经济理论领域都有自己的独到见解和建树。

二、洪远朋教授在《资本论》研究方面所取得的成果

在1977年前后,洪远朋教授与张薰华先生合作编写了《〈资本论〉提要》第一册和第二册,以及《〈资本论〉难句试解》第一册,成为全国最早的《资本论》解释本,这三本书都获得了1984年上海市高校哲学社会科学优秀成果三等奖。

从1981年起,洪远朋教授开始单独编写《〈资本论〉讲稿》三卷,共六十多万字,该书起初由上海同济大学、上海市工交党校等单位油印,1982年由江苏省委党校铅印,内部发行,在国内流传甚广。后来,又在此基础上进一步加工充实,正式出版了四卷本《新编〈资本论〉教程》(以下简称《教程》)。该书与众不同,独具特色:(1)《教程》不但对《资本论》一至四卷作了总介绍,而且,每一卷分别有总的介绍,每一篇有简介和小结,各章都有概述或总的介绍;(2)《教程》尊重原著,按照《资本论》的本来面貌以提要的方式简要明了地介绍了主要内容,并尽量将《资本论》中的主要结论和有关精辟论述原文引出;(3)《教程》按照《资本论》中每个概念出现的先后顺序,在每篇小结中对这些基本概念进行介绍,以帮助读者了解马克思主义政治经济学基本概念的来龙去脉;(4)《教程》在有关章节列有难句解释和典故注释,以帮助读者解决阅读《资本论》中的疑难问题;(5)《教程》对《资本论》中有关哲学、科学社会主义、政治学、法律、历史等重要论述,以利于全面掌握马克思主义的理论;(6)《教程》介绍一些在理论界有争议的问题,以启发思考,并为研究这些问题打下一定的基础;(7)《教程》运用《资本论》的原理联系当代资本主义的现实并作出一些新的解释;(8)《教程》紧密联系建设有中国特色社会主义的实际;(9)《教程》还根据《资本论》的基本原理,对当代资产阶级经济学的有关理论,如价值、货币、工资、利润、利息、地租等理论作了简要评价;(10)《教程》列有各个层次的复习思考题,为读者复习思考提供方便。该书特别是其中值得研究和思考的问题受到许多读者和专家的好评,获得1986—1993年上海市哲学社会科学优秀成果三等奖和1995年上海市普通高校优秀教材二等奖。

为纪念马克思逝世一百周年,洪远朋教授出版了近四十万字的专著《〈资本论〉难题探索》一书。该书对《资本论》中有关基本理论,联系当代资本主义经济和社会主义经济的实际,对国内外长期争论的重大问题进行了评价,并着重阐述本人的观点,提出许多新见解;如关于资本主义发展阶段能否跳跃的问题;两种不同含义的使用价值;关于两种货币危机;关于划分社会经济时期的标准问题;流通费用的分类问题;关于社会再生产的类型;生产资料较快增长规律;关于资本主义社会内部能否产生社会主义经济因素;社会主义地租等都有其独特的看法。这部学术著作,被推荐参加了1985年香港中国书展,并获得上海市(1979—1985年)哲学社

会科学优秀成果著作奖和北方十三省市哲学社会科学优秀图书一等奖。

如上成果,以及复旦大学出版社2002年出版的由洪远朋教授主编的《〈资本论〉简明教程》等,都显示出了洪远朋教授进行《资本论》研究的两大特色:第一个是紧密联系实际,特别是社会主义经济实际。这与他从事社会主义实际经济工作,以及研究生时攻读社会主义经济不无关系。在研究社会主义经济时,他感到不以马克思主义基本理论指导,不深入钻研《资本论》是不行的;在从事《资本论》教学与研究时,他感到不联系社会主义经济实际是没有生命力、没有出路的。第二个特色是深层次研究和通俗化宣传相结合。

中国社会主义建设的过程中,理论上面临的首要任务就是正本清源,要将各种"左"的和右的非马克思主义的东西从理论中清理出去,要恢复和坚持马克思主义。洪远朋教授所取得的大量成果,在这一方面作出了重大贡献。他堪称一位坚定的马克思主义经济学家。

三、洪远朋教授对经济学科建设的探索

洪远朋教授不仅是一位坚定地坚持马克思主义的经济学家,同时还是一位不断创新的马克思主义经济学家。在政治经济学的发展与创新方面,洪远朋教授认为,政治经济学是一门发展的学科,应根据时代特色和新的历史使命,进行理论创新,建立新的政治经济学体系。至于如何发展政治经济学,洪远朋教授提出,第一,政治经济学不能离开"政治"。从系统论角度讲,社会经济系统是由政治、经济、社会、文化、生产力等子系统相互作用而构成的大系统。只有同时把政治、文化、制度等因素对经济系统运行的影响统加以考虑,才能对经济现象和政治运动作出科学的解释;第二,政治经济学作为一门研究社会经济制度的科学,必须结合本国的实际来展开,要有自己的特色,现在,我们讲政治经济学的发展,就是要建立有中国特色的政治经济学;第三,应明确政治经济学的研究对象是生产关系,但应根据时代特色和新的历史使命,进行理论创新,建立新的政治经济学体系。基于以上认识,洪远朋教授主张,应根据时代特色和新的历史使命,创立新的政治经济学体系,以取代传统的由资本主义部分和社会主义部分两大块构成的政治经济学旧体系。新的政治经济学体系应由以下几个部分组成:第一部分,经济制度的更迭和内部变革;第二部分,生产过程;第三部分,交换过程;第四部分,分配过程;第五部分,消费过程;第六部分,政治经济学发展史。

在马克思主义经济理论的发展与创新方面,洪远朋教授认为,马克思主义是一个开放的、活的体系,它是在实践的基础上不断吸取,综合人类文明一切有用的成果而不断丰富和发展的。基于此,洪远朋教授提出,对待马克思主义经济理论,一要坚持,二要澄清,三要发展。

首先，洪远朋教授梳理了马克思主义经济理论必须坚持的基本内容，包括三个方面：（1）是要坚持马克思主义经典著作已经揭示的社会主义经济运行的一系列主要规律。如社会主义的根本任务是发展生产力。洪远朋教授1978年在《思想战线》发表的题为《试论生产力的内在源泉》的文章，针对理论界长期以来研究生产力停留在生产要素上做文章的现象，较早地讨论了生产力的内在源泉问题，指出，劳动力、科学力和自然力是生产力的三个内在源泉。该文后被收入由中国社会科学院经济研究所编辑的《论生产力——建国以来关于生产力问题的论文集》一书，并编入北京师范大学《〈资本论〉研究论丛》第四辑；（2）是要坚持马克思所揭示的人类社会普遍适用的规律。如劳动生产率增长规律、农业是国民经济的基础、企业管理是大规模共同劳动的客观要求、任何社会的再生产都需要一定的物质储备等；（3）是要坚持借鉴马克思主义的研究方法，马克思的主要著作《资本论》中所揭示的资本主义经济运动的许多规律，如果抛弃它的资本主义性质和目的，就其方法而言，对于发展社会主义经济还有一定的借鉴作用。

其次，洪远朋教授认为要正本清源，澄清许多对马克思主义经济理论不全面或不正确的理解，甚至误解或讹传的东西。例如，针对长期以来许多政治经济学著作都认为社会主义经济因素不可能在资本主义社会内部产生的观点，1981年，洪远朋教授在《复旦学报》上发表文章《资本主义社会内部不可能产生社会主义经济因素吗？》，认为在资本主义社会内部存在着社会主义经济因素。这一观点引起广泛争论，1997年，洪远朋教授再度发表论文《再论资本主义社会中的社会主义经济因素》，指出：社会主义经济因素不可能在资本主义社会内部产生，只有无产阶级夺取政权以后，社会主义经济因素才能逐步成长起来的论断并非马克思主义的观点，必须正本清源。他还认为，不仅资本主义社会应该而且必然有社会主义经济因素是有充分的理论依据的，而且还指出了当代资本主义的现实说明了社会主义的经济因素已经在资本主义母体内产生了，表现在以下方面：合作经济是资本主义制度的"积极扬弃"；国家垄断资本主义是社会主义的入口；股份经济是资本主义转化为社会主义经济的过渡形式；经济计划化是"资本主义社会的无计划生产向行将到来的社会主义社会的计划生产投降"；社会福利制度的社会化是对资本主义分配关系的局部调整等。洪远朋教授指出在资本主义社会存在着社会主义经济因素的论点，其重要现实意义在于，它坚定了我们对社会主义的信心，并帮助我们正确认识当代资本主义和全面了解无产阶级革命的道路问题。

又如，关于社会主义积累问题，洪远朋教授1978年在《经济研究》上发表文章《关于社会主义积累的几个问题》，认为积累是扩大再生产的主要源泉，但并不是扩大再生产的唯一源泉。洪远朋教授的这一论点马上引发了理论界的激烈论战。随后，他又连续发表文章《积累不是扩大再生产的唯一源泉》《三论积累不是扩大再生产的唯一源泉》,对此问题进行了理论说明和论证。其中,他于1980年发表在《学术月刊》的题为《积累不是扩大再生产的唯一源泉》的文章,被评为上海市经济学会1979—1983年经济科学优秀论文奖。

再如,过去有一种误解,以为只要消灭了土地私有制就消灭了地租。但洪远朋教授撰文指出,只要存在土地所有权就存在地租,社会主义建立了生产资料公有制,消灭了土地私有制,但是,并没有取消土地所有权,所以,社会主义仍然存在地租。而且,为了制止土地使用中的严重浪费,防止在房地产交易中个人获得暴利和国家收益的流失,必须承认社会主义仍然存在地租,要"为地租正名"。

最后,尤其值得注意的是,洪远朋教授认为,马克思主义经济理论的发展要从三个方面进行。首要的是要把马克思主义经济理论与中国的社会主义实际相结合加以发展。马克思主义经典作家的许多理论结论要随着实践的发展加以更新。如社会主义单一的公有制理论;高度集中的计划经济理论;产品形式的按劳分配理论等等。其次,要借鉴和吸取西方经济理论的合理成分,他主张,对西方经济学一要了解,二要批判,三要吸取。最后还要继承和弘扬中国经济思想的宝贵遗产。对中国经济思想一要挖掘、二要继承、三要扬弃。就如上这些方面,洪远朋教授开展了大量研究取得了不少成果。例如,《经济理论的轨迹》一书就是较为突出的一项战果。该书按经济理论专题就古今中外的经济理论进行了梳理和比较,创立了经济理论史的新体系。在此基础上,洪远朋教授着手创建他酝酿已久的综合经济学。

洪远朋教授认为,经济理论发展的主旋律是综合创新。经济理论形成迄今已有两百多年的历史,现在由经济理论演变成的经济学科,经过内部演化和边缘交叉,已发展成一个庞大的经济科学体系。合久必分、分久必合、合了再分、分了再合、分分合合、合合分分,经济科学在不断深化、交叉的基础上存在着多层次综合的趋势。亚当·斯密的《国富论》就是对其先辈的各种观点进行综合创新后形成的一部经济学巨著,在《国富论》出版后的一百多年中,随着科技的发展及在工艺上的运用,随着劳动分工的细化,经济体系日趋复杂,相应地经济科学也经历着纵向和横向分化,产生了许多经济学分支和经济学流派。经济学的再次综合应运而生。马克思通过对资产阶级经济学的全面批判、吸收和综合,写下了他的不朽之作——《资本论》。马歇尔通过对前人理论的折中调和或综合,创现代微观经济学之先河;凯恩斯通过对宏观经济领域的理论和实践进行综合创新,奠基了现代宏观经济学。萨缪尔森则更上一层楼,统揽各种西方经济理论,形成了一个包罗万象的综合经济学体系。此后,随着新科技革命的崛起,经济学在新的基点上再度不断分化、交叉,现已形成了一个分类学科更为庞杂的经济学体系。

不仅经济理论本身的发展,而且经济建设的实践也要求创建一门社会主义综合经济学。社会主义经济改革和发展中提出的各种问题,现有的各门经济学科尽管都从某个角度、某个方面作出了一定的解答,但要对它们的总体面貌给出一个清晰、明了的描述,却是现有任何一门经济学科的对象都不能包容的。

洪远朋教授创建的综合经济学包括五个方面的综合:一是生产力、生产关系和上层建筑研究的综合;二是宏观经济、中观经济和微观经济的综合;三是现有各国各家、各派社会主义经济理论的综合;四是各门经济科学和相关学科的综合;五是各种经济分析方法的综合。

综合经济学创建已进行了大量基础性工作,并取得了大量成果。洪远朋教授创建综合经济学不仅在国内居领先地位,早在1985年起就在《复旦学报》《经济研究参考资料》等刊物撰文提出建立社会主义综合经济学,而且在国际经济理论界也是处于前沿的。据报导,德、美、澳等国的不少经济学家也正在努力创建所谓的mesoeconomics,有人译为综观经济学,与之相比,洪远朋教授的综合经济学综合层次更高,某种程度上包容了国外的mesoeconomics。

四、洪远朋教授在经济利益理论方面的创新

洪远朋教授在给经济学专业的研究生上课的过程中,提出了一个问题"经济学的核心到底是什么?"在带领一批博士生和青年教师对这一问题进行研究和探讨的过程中,洪远朋教授认为,经济学的核心是经济利益,经济学是研究生产、交换、分配、消费过程中的经济利益问题的科学。基于此,洪远朋教授提出了三条著名的论断:"一切经济学的核心是经济利益";"一切经济活动的核心是经济利益";"一切经济关系的核心是经济利益"。

洪远朋教授认为,在各种社会关系中,首要的就是利益关系,各种经济关系实质上都是经济利益关系。马克思主义历来重视经济利益及其关系,马克思主义创始人马克思,通过研究发现:人们奋斗所争取的一切都与利益有关,一切经济关系实质上都是经济利益关系。但是不同的经济制度就有不同的经济利益关系。马克思主义的主要著作——《资本论》实际上就是研究资本主义经济利益关系的,它从生产、流通、分配等方面研究了经济利益关系的创造、交换和分配。马克思主义经济学公开声明是为工人阶级,也就是大多数人的利益服务的。列宁和斯大林通过原苏联社会主义建设的一段实践,也进一步丰富了马克思主义经济利益关系理论。中国共产党人的三代领导集体以马克思主义经济利益关系理论为指导,同时,吸收西方经济学经济利益关系理论中某些有用的成分,结合中国实际,大大丰富和发展了经济利益关系理论。洪远朋教授发表的《中国共产党人对马克思主义经济利益理论的贡献》一文,还获得了上海市邓小平理论研究和宣传优秀成果论文三等奖。

洪远朋教授认为,在社会主义市场经济条件下,经济利益主体多元化,各种经济利益关系无时不在,无处不在。从整体或宏观的角度综合来看,有中央与地方的

经济利益关系,国家、企业和个人之间的经济利益关系,地区与地区之间的经济利益关系,工农之间的经济利益关系,要素与要素之间的经济利益关系,以及个人与个人之间的经济利益关系,等等。从产业或部门的角度来看,有农业内部的经济利益关系,工业内部的经济利益关系,金融领域的经济利益关系,房地产业的经济利益关系,休闲业的经济利益关系,对外开放中的经济利益关系,等等。从所有制或经济成分的角度来看,有国有经济的经济利益关系、合作经济的经济利益关系、股份经济的经济利益关系、私营经济的经济利益关系、中外合作经济的经济利益关系,等等。从专门问题的研究角度来看,有如经济增长与经济利益关系、经济改革与经济利益关系、通货膨胀与经济利益关系、人民币汇率与经济利益关系、环境利益与经济利益关系,等等。

洪远朋教授还提出,在社会主义市场经济条件下,经济利益主体多元化,各种经济利益关系错综复杂,利益矛盾是不可避免的,但是,利益关系是可以调和的,而调整利益关系,必须以追求各经济利益主体本身利益为主的综合经济利益为出发点,建立社会主义市场经济下利益关系的制衡机制:个人利益服从集体利益;局部利益服从整体利益;暂时利益服从长远利益;维护大多数人的利益,限制少数人的暴利;保障合法利益,打击非法利益。同时,要遵循经济利益、政治利益、文化利益三结合的原则,以推动我国社会主义的物质文明建设和精神文明建设。

研究经济利益关系具有重大的理论意义和现实意义。研究经济利益及其关系,可以从一个新的视野研究马克思主义经济理论,拓宽社会主义经济理论研究的范围,完善和深化经济学科的建设,具有重大的理论意义。社会主义的发展、改革和稳定都离不开经济利益关系,因此,研究经济利益关系,对社会主义经济建设和经济改革具有重大的现实意义。

洪远朋教授对经济利益理论与实践的研究,已经取得了一批成果,形成了由洪远朋教授主编、复旦大学出版社出版的"经济利益理论与实践丛书",该丛书已经出版《经济利益关系通论》《综合经济利益论》《开放利益论》《机会利益论》《风险利益论》《分享利益论》《创新利益论》《保险利益论》,其中,《经济利益关系通论》是洪远朋教授承担的上海市哲学社会科学规划课题"社会主义市场经济的利益关系研究"的最终成果;另外,还有《利益变更论》《宏观利益论》《中观利益论》《微观利益论》《垄断利益论》《交易利益论》《农民利益论》《海外投资利益论》《保障利益论》《超额利益论》《休闲利益论》等处于计划出版之中,在丛书之外,上海人民出版社出版了洪远朋教授等的合著《共享利益论》。其中,洪远朋教授的两篇论文《论社会主义市场经济体制下的十大利益关系》和《中国共产党人对马克思主义经济利益理论的贡献》分别获得第二届上海市邓小平理论研究和宣传优秀成果论文二等奖和第四届上海市邓小平理论研究和宣传优秀成果论文三等奖。

五、洪远朋教授对中国改革的理论创新

直到中共十四届三中全会以前,怎样进行改革,国内理论界有两种对立的见解:一种见解认为,企业改革是整个经济改革的中心,企业改革应该先行;另一种见解认为,价格改革是整个经济改革的中心,价格改革应该先行。而洪远朋教授认为,经济改革是一个系统工程,既不能过于突出某种改革、孤军作战,也不能眉毛胡子一把抓、没有重点。他主张以企业改革和价格改革为中心、计划、财政、金融、流通、工资和社会保险等其他各项经济改革协作运作,综合配套进行。对于企业改革,洪远朋教授早在1990年就提出了"全方位、多层次、分阶段"的改革方案。"全方位"是指要从产权关系、经济运行机制、分配关系等多方面进行改革和调整;"多层次"是指不搞"一刀切",而是分别各种不同类型的企业,在产权关系上、经济运行机制、分配关系上,采用不同的对策措施。"分阶段"是在改革搞活大中型企业的过程中,分阶段逐步推进。

对于价格理论,洪远朋教授素有研究关于社会主义价格形成和价格改革,洪远朋教授认为应坚持以马克思主义价格理论为指导,同时,借鉴西方价格理论的合理成分,继承我国古代价格思想的优秀遗产,吸取社会主义各国价格形成的经验教训。关于这些问题,洪远朋教授发表了一系列论文,出版了《价格理论的发展与社会主义价格的形成》提出一系列真知灼见,获得了多个奖项。1984年在《中国社会科学》上发表的《工业品价格形成中的成本问题》,他提出:价格形成中的成本必须是正常成本,必须是社会成本,必须是计划成本。并论证了价格形成中的成本与经济核算中的成本之间的关系。

关于价格形成中应该采用什么利润率的问题,国内外主要有三种看法:一是采用资金盈利率;二是采用工资盈利率;三是采用成本盈利率。洪远朋教授提出了第四种观点:工业品价格形成最好采用加工费用盈利率。加工费用盈利率,可以克服资金盈利率扩大过去劳动对价格形成影响的缺陷,可以克服用工资盈利率形成的价格不能反映劳动生产率变化对价格形成影响的缺陷,还可以克服成本盈利率形成的价格中盈利的重复计算的缺陷,从而使价格更接近于产品本身的价值,在多年的价格理论研究的基础上,洪远朋教授提出了其价格改革理论:第一,提出了社会主义价格形成的四序列理论。这四个序列分别为:基础价格即价值;理论价格即转形价值;目标价格即计划价格;市场价格即现实价格。第二,提出了社会主义价格改革的目标模式是市场价格。

中国共产党第十四次代表大会已经确立了建立社会主义市场经济体制改革目标,而以社会主义市场经济为目标模式的改革的主要特点之一就是将企业改革与价格、改革以及一系列其他改革结合起来综合进行。由此可见,洪远朋教授的理论

具有很大的超前性。

在建设社会主义市场经济体制的过程中,对于市场经济的基本规律是什么?理论界有不同的观点,有的人认为,是供求规律,又有人说是竞争规律。洪远朋坚定的指出,市场经济的基本规律应该是价值规律。在市场经济条件下,价值规律调节着社会经济的生产、流通、分配和消费的各个领域和各个方面。在生产领域,价值规律按照两种含义的社会必要劳动时间引导生产资料和劳动力在国民经济各部门之间的转移,调节企业的生产和社会资源的配置;在流通领域,价值规律按照等价交换的原则,要求各个生产者和经营者进行公平的交换;在分配领域,价值规律调节产品和剩余产品的分配;在消费领域,价值规律可以调节消费者的需求。洪远朋教授还指出,既然价值规律是社会主义市场经济的基本规律,那么,实行社会主义市场经济,就必须尊重价值规律,按照价值规律办事。"我们不仅要摸着石头过河,而且要掌握规律过河"。

关于股份合作制问题,一般人认为,股份合作制是集体所有制企业深化改革形成的一种仍然属于集体经济的新的组织形式。洪远朋教授发表文章称这种股份合作制是狭义的股份合作制,他认为,还有一种广义的股份合作制。广义的股份合作制是一种利用现代股份经济的组织形式而发展起来的新型合作经济,它是在各种不同所有制内部相互之间,借鉴股份制的组织运作方法,实行资本、劳动力、土地、设备、技术等生产要素的参股而形成的一种新型经济组织。股份合作制可以是在以国有经济为主的原股份制企业的基础上引入合作经济原则,形成兼有股份资本联合和合作制劳动联合的企业制度;股份合作制也可以是在原有集体所有制经济组织中引入股份形式,形成兼有合作制劳动联合和股份制资本联合的新型企业制度;股份合作制还可以是个体经济入股联合而成的新型企业。但是,不管是通过哪种形式建立的股份合作制企业,都已不是原来的国有经济、集体经济和个体经济,而是新形成的股份合作经济,这是社会主义所有制的新形式,也是坚持社会主义公有制主体地位的重要形式,而且很可能是社会主义所有制的发展方向。中国的股份合作制"方兴未艾、前途无量"。

随着社会主义市场经济体制改革的不断深入,中国的经济成分和经济利益不断多样化,分配方式也逐渐发生变化,党中央提出了建立按劳分配为主体、多种分配方式为补充的收入分配制度,由此,就引发了理论界对于劳动价值论、剥削、阶级等问题的思考与争论。洪远朋教授提出了对劳动和劳动价值理论的十点认识,认为,深化对劳动和劳动价值理论的认识,首先要认真学习马克思主义经济学和西方经济学;马克思对创造价值的劳动有具体的分析,有些应该加以深化,有些应该继续发展;在研究中应该区分价值创造、价值形成、价值实现和价值分配的联系与区别;不能笼统地说资本家和资本创造价值或不创造价值,要辩证地看待这一问题,一分为二地加以分析；劳动价值论是商品经济的一般规律,承认劳动价值论必须承认剩余价值；参与剩余价值的分配与剥削没有必然联系,我国现阶段存在剥削现象,从"三个有利于"出发,应当允许正常的剥削,限制超经济剥削,制裁残酷剥削；马克思的劳动价值论必须发展,也可以发展,但不能轻易否定。洪远朋教授关于劳动和劳动价值的十条认识,是针对近年来对劳动价值理论争论的一次全面总结,获得了诸多学者和有关决策部门的高度重视。

六、洪远朋教授对经济理论通俗化的贡献

洪远朋教授认为,理论只有走出学者的书斋,为群众所掌握,才能真正发挥其巨大的作用。因此,洪远朋教授不仅研究深层次的理论问题,他还深入浅出,致力于将马克思主义经济理论的通俗化,并且成绩斐然。

1981年洪远朋教授编写《政治经济学入门》,1982年修订第二版,近15万字。该书紧密结合我国社会主义经济建设的实际,深入浅出地介绍了政治经济学的主要内容和基本原理。学习政治经济学对认清历史发展趋势,指导社会主义现代化建设的关系,以及怎样学好政治经济学等问题,在叙述基本理论方面,作者对政治经济学理论上的一些重大问题,提出了自己的看法,有独到之见。例如,作者主张生产关系是四环节,而不是三方面；生产力是三要素而不是二要素；在资本主义条件下,只有无产阶级贫困化规律而没有什么绝对贫困化规律和相对贫困化规律,等等。这是一本理论联系实际,重点突出,既通俗易懂,又有一定的理论深度和学术价值的富有特色的政治经济学入门书,它做到了既通俗化,又不庸俗化。该书出版后受到读者好评,全国有十多家报章杂志推荐介绍,1983年7月全国首届通俗政治理论读物评选获得一等奖,1984年被列为全国青年读书活动推荐书目,上海市振兴中华读书活动推荐书目。

在恩格斯整理的《资本论》第二卷出版一百周年之际,洪远朋教授编写了《通俗〈资本论〉》一书,该书忠于原著,体系完整,重点突出,结构严谨,紧密联系社会主义经济实际。在《资本论》通俗化方面作出了可喜的尝试：(1) 该书蓝本以《资本论》原著的篇为单元来介绍,既不拘泥于原著的章节标题；又保持原著的篇的体系和章节的顺序；(2) 全面完整地反映了《资本论》逻辑与艺术统一整体的本来面目,不仅包括前三卷理论部分,而且还有第四卷的简介；(3) 针对《资本论》内容多、篇幅大的特点,该书对一些较为重要的难点和有争议的地方做了必要的注释工作,有助于读者准确地把握领会和理解；(4) 该节紧密联系社会主义经济的实践,在每章后面都专门设有"现实意义"部分,简述学习《资本论》的有关原理对社会主义建设的指导作用；(5) 该书语言生动,深入浅出,雅俗共赏,引人入胜,在辽宁人民出版社纪念建社三十五周年之时被评为优秀图书三等奖。

经济理论的通俗化并非易事,做文章可以有三个层次:第一个层次是用深奥的语言表达浅显的思想;第二个层次是用深奥的语言表达深奥的思想;第三个层次是用浅显的语言表达深奥的思想。洪远朋教授在《资本论》通俗化方面所做的工作和所取得的成果,已经达到了第三个层次的境界。

(原载《海派经济学》〔第二辑〕,上海财经大学出版社 2003 年 7 月版,作者:陈波)

最早创立综合经济利益理论和政策的经济学家
——复旦大学经济学院原院长洪远朋

一、洪远朋学术简介

洪远朋1935年10月生于江苏省如皋市一个小职员之家,此后一生即与书本结缘,学问与年龄齐长。16岁那年,正上高二的他即离开家乡转入江苏省财经学校读书,从此他又与经济学结下不解之缘。1953年,他以优异的成绩毕业分配在江苏省工业厅工作,成了政府机关里一个科员级的小干部。

1956年,他响应党中央国务院向科学进军的号召,作为调干生考入复旦大学经济系政治经济学专业。1961年大学毕业后师从蒋学模先生做社会主义经济理论专业的研究生。1964年学成后留校任教,一直从事《资本论》、价格理论、社会主义经济理论、比较经济理论、经济利益理论与实践、合作经济理论与实践等教学与研究工作至今。

洪远朋现为复旦大学经济学院教授,博士生导师。历任复旦大学经济系主任、经济学院院长、经济学院学位委员会主席、复旦大学理论经济学博士后流动站站长,国家社科基金学科组成员、中国《资本论》研究会副会长、全国综合大学《资本论》研究会名誉会长、复旦大学泛海书院院长、《世界经济文汇》编委会主任、中国社会科学院马克思主义研究院特聘研究员等。主要研究领域:《资本论》、社会主义经济理论、经济理论比较研究、经济利益理论与实践。主要著作和教材有:《政治经济学入门》、《〈资本论〉难题探索》、《新编〈资本论〉教程》(1—4卷)、《社会主义政治经济学新论》、《价格理论的发展与社会主义价格形成》、《经济理论的轨迹》、《合作经济的理论与实践》、《经济利益理论与实践丛书》、《共享利益》、《经济理论的过去、现在和未来》、《新时期利益关系丛书》等30多部书,并发表论文300多篇,曾多次获国家级、省部级教学和研究成果奖。

1984年为国家教育委员会特批教授,1989年与蒋学模、伍柏麟教授合作的《政治经济学课程的教学改革》获普通高等学校优秀教学成果国家级特等奖,1990年获评国家级有突出贡献的中青年专家,1992年起享受国务院颁发的政府特殊津贴,1992—1993年度被列入英国剑桥国际传记中心的世界名人录,收入《国际传记辞典》第23版。

承担的省部级以上项目,有国家社会科学规划课题"我国经济利益关系演变",其中部分成果《中国共产党人对马克思主义经济利益理论的贡献》等获上海市邓小平理论与宣传优成果论文奖;教育部"九五"规划课题"股份合作制企业的产权鉴定研究及其政策建议",其最终结果《共享利益论》获第四届中国高校人文社会科学研究优秀著作奖三等奖;上海市社会科学规划课题"社会主义市场经济的利益关系研究",其最终成果《经济利益关系论》获第三届中国高校人文社会科学研究优秀成果著作奖三等奖;系2005年国家社科基金重大课题"新时期我国社会利益关系的发展变化"的首席专家,其阶段性成果之一《社会利益关系演进论》2006年入选国家社科基金《成果要报》(第56期),2008年获上海市哲学社会科学优秀成果著作类一等奖。

洪远朋自从1956年作为调干生考入复旦大学后,经过五年的本科生、三年研究生的学习,毕业后就留校成了一个"教书匠",经历助教、讲师、副教授、教授,直至博士生导师。

四十多年来,洪远朋给本科生、硕士生、博士生开设的课程有:政治经济学、政治经济学研究、《资本论》、《资本论》研读、社会主义政治经济学、经济理论比较研究、经济学名著研读、价格理论与实践、合作经济理论与实践、经济利益理论与实践等十多门。

四十多年来,洪远朋教授培养的专科生、本科生、硕士生、博士生以及博士后研究工作者,这些广义的学生不是成百成千,而是成千上万,分布于全国东、西、南、北、中各地。

四十多年来,洪远朋教授直接指导的硕士生、博士生、博士后,这些狭义的学生(俗称"洪门弟子")至2009年为止,共有130名,其中硕士生60名,博士生54名(其中9人硕士续读),博士后16名。洪远朋教授主张培养高级人才,不仅要培养学者,也要培养官员,还要培养企业家。因此,在他培养的"弟子"中有学者,多名已是副教授、教授、博士生导师;有官员,有不少人是处长、厅局长,还有省部级干部;有企业家,有上市公司董事长、证券(基金)公司总裁、保险公司老总、银行行长等。在一次博士生毕业典礼活动中,洪远朋语重心长地说:祝大家一帆风顺,该当学者的当学者,但是当学者不能脱离实际,否则要变成书呆子;该当官的当官,但是当官的不能发财,否则就要腐败;该发财的发财,但是发财不能心太黑,否则要脱离广大老百姓。

洪远朋教授在教学中一贯注重教书育人。"认认真真读书、扎扎实实工作、诚诚恳恳处世、清清白白做人"是他的座右铭,也是他教育弟子为人处世的基本准则。

二、学术贡献

(一)洪远朋教授在《资本论》传播和研究方面的贡献

当笔者问洪教授对他一生影响最大的一本书是什么时,洪教授坦言道:"对我影响最大的一本书,当然是马克思的《资本论》。《资本论》博大精深,是一部马克思主义的百科全书。《资本论》首先使我坚定了社会主义必胜的信念。《资本论》对人类社会发展规律的揭示,使我坚信有中国特色的社会主义一定能建成,社会主义一定会在全世界胜利。当然,道路是曲折的,形式是多样的,但是前途是光明的。《资本论》还教我怎样做学问。我始终不会忘记马克思的那句教诲:'在科学上没有平坦的大道,只有不畏劳苦沿着陡峭山路攀登的人,才有希望达到光辉的顶点。'[①]《资本论》还使我成了'资本家'。我从事《资本论》学习、宣传、研究几十年,共撰写《资本论》的通俗读物、教材、专著十多本,多次获省部级奖励。现在还担任中国《资本论》研究会副会长、全国综合大学《资本论》研究会名誉会长。可以称得上是一个学习和研究《资本论》的专家,所以简称为'资本家'。"

1.《资本论》研究成果丰硕影响巨大。洪远朋教授在《资本论》学习、研究、传播上的贡献是多方面,不仅有大量的教材,还有学术著作和通俗读物,共计13部。

(1)《资本论》教材层次多颇具特色。洪远朋从读研究生起,就在蒋学模先生指导下攻读《资本论》,自1971年开始随漆琪生和张薰华先生从事《资本论》教学和研究。在1977年前后,洪远朋教授与张薰华先生合作编写了《〈资本论〉提要》第一册和第二册,以及《〈资本论〉难句试解》第一册,成为全国最早的《资本论》解释本,这本书获得了1984年上海市高校哲学社会科学优秀成果三等奖。

从1981年起,洪远朋教授开始单独编写《〈资本论〉讲稿》三卷,共六十多万字,该书起初由同济大学、上海市工交党校等单位油印,1982年由江苏省委党校铅印,内部发行,在国内流传甚广。后来,又在此基础上进一步加工充实,正式出版了四卷本《新编〈资本论〉教程》(以下简称《教程》)。该书与众不同,独具特色:①《教程》不但对《资本论》第一至第四卷作了总介绍,而且每一卷分别有总的介绍,每一篇有简介和小结,各章都有概述或总的介绍;②《教程》尊重原著,按照《资本论》的本来面貌以提要的方式简要明了地介绍了主要内容,并尽量将《资本论》中的主要结论和有关精辟论述原文引出;③《教程》按照《资本论》中每个概念出现的先后顺序,在每篇小结中对这些基本概念进行介绍,以帮助读者了解马克思主义政治经济学基本概念的来龙去脉;④《教程》在有关章节列有难句解释和

[①] 《马克思恩格斯全集》第23卷,人民出版社1972年版,第26页。

典故注释,以帮助读者解决阅读《资本论》中的疑难问题;⑤《教程》还有《资本论》中有关哲学、科学社会主义、政治学、法律、历史等重要论述,以利于全面掌握马克思主义的理论;⑥《教程》介绍一些在理论界有争议的问题,以启发思考,并为研究这些问题打下一定的基础;⑦《教程》运用《资本论》的原理联系当代资本主义的现实并作出一些新的解释;⑧《教程》紧密联系建设有中国特色社会主义的实际;⑨《教程》还根据《资本论》的基本原理,对当代资产阶级经济学的有关理论,如价值、货币、工资、利润、利息、地租等理论作了简要评价;⑩《教程》列有各个层次的复习思考题,为读者复习思考提供方便。该书特别是其中值得研究和思考的问题受到许多读者和专家的好评,获得1986—1993年上海市哲学社会科学优秀成果三等奖和1995年上海市普通高校优秀教材二等奖。

如上成果以及复旦大学出版社2002年出版的由洪远朋教授主编的《〈资本论〉简明教程》等,都显示出了洪远朋教授进行《资本论》研究的两大特色:第一个特色是紧密联系实际,特别是社会主义经济实际。这与他从事社会主义实际经济工作以及研究生时攻读社会主义经济不无关系。在研究社会主义经济时,他感到不以马克思主义基本理论指导,不深入钻研《资本论》是不行的;在从事《资本论》教学与研究时,他感到不联系社会主义经济实际是没有生命力、没有出路的。第二个特色是深层次研究和通俗化宣传相结合。

中国社会主义建设的过程中,理论上面临的首要任务就是正本清源,要将各种"左"的和右的非马克思主义的东西从理论中清理出去,要恢复和坚持马克思主义。洪远朋教授所取得的大量成果,在这一方面作出了重大贡献。他堪称一位坚定的马克思主义经济学家。

(2)《资本论》通俗读物雅俗共赏。洪远朋教授认为,理论只有走出学者的书斋,为群众所掌握,才能真正发挥其巨大的作用。因此,洪远朋教授不仅研究深层次的理论问题,他还深入浅出,致力于《资本论》的通俗化,并且成绩斐然。

在恩格斯整理的《资本论》第二卷出版一百周年之际,洪远朋教授编写了《通俗〈资本论〉》一书,该书忠于原著,体系完整,重点突出,结构严谨,紧密联系社会主义经济实际,在《资本论》通俗化方面作出了可喜的尝试:① 该书以《资本论》原著的篇为单元来介绍,既不拘泥于原著的章节标题,又保持原著的篇的体系和章节的顺序;② 该书全面完整地反映了《资本论》逻辑与艺术统一整体的本来面目,不仅包括前三卷理论部分,而且还有第四卷的简介;③ 针对《资本论》内容多、篇幅大的特点,该书对一些较为重要的难点和有争议的地方做了必要的注释工作,有助于读者准确地把握领会和理解;④ 该书紧密联系社会主义经济的实践,在每章后面都专门设有"现实意义"部分,简述学习《资本论》的有关原理对社会主义建设的指导作用;⑤ 该书语言生动,深入浅出,雅俗共赏,引人入胜,在辽宁人民出版社纪念建社三十五周年之时被评为优秀图书三等奖。

从美国开始的金融危机和金融席卷全球,西方世界重新出现了马克思热、《资本论》热,中国也不例外,应上海科学技术文献出版社之约,2009年4月《通俗〈资本论〉》重新出版。

洪远朋教授还根据《资本论》的原理在1981年编写了《政治经济学入门》,1982年修订第二版。该书紧密结合我国社会主义经济建设的实际,深入浅出地介绍了政治经济学的主要内容和基本原理,学习政治经济学对认清历史发展趋势、指导社会主义现代化建设的关系,以及怎样学好政治经济学等问题。在叙述基本理论方面,作者对政治经济学理论上的一些重大问题,提出了自己的看法,有独到之见。例如:作者主张生产关系是四环节,而不是三方面;生产力是三要素而不是二要素;在资本主义条件下,只有无产阶级贫困的规律而没有什么绝对贫困化规律和相对贫困化规律,等等。这是一本理论联系实际,重点突出,既通俗易懂,又有一定的理论深度和学术价值的富有特色的政治经济学入门书,它做到了既通俗化,又不庸俗化。该书出版后受到读者好评,全国有十多家报章杂志推荐介绍,1983年7月全国首届通俗政治理论读物评选获得一等奖,1984年被列为全国青年读书活动推荐书目、上海市振兴中华读书活动推荐书目。

经济理论的通俗化并非易事。做文章可以有三个层次:第一个层次是用深奥的语言表达浅显的思想;第二个层次是用深奥的语言表达深奥的思想;第三个层次是用浅显的语言表达深奥的思想。洪远朋教授在《资本论》通俗化方面所做的工作和所取得的成果,已经达到了第三个层次的境界。

(3)《资本论》研究专著全面深入。为纪念马克思逝世一百周年,洪远朋教授出版了近40万字的专著《〈资本论〉难题探索》一书。

该书探索的问题,不是指《资本论》中难懂的句子,也不是指弄不清楚的某些典故,主要是指在理论界有争议的问题,这里包括政治经济学基本理论方面的争议问题,也包括运用《资本论》基本原理如何解释当代资本主义的一些实际问题,还包括运用《资本论》基本原理研究社会主义经济理论的一些问题。

书中收集的主要是《资本论》第一至第三卷的难题,为了体现《资本论》的完整性,也提到了第四卷的少数几个问题。

该书对《资本论》中有关基本理论,联系当代资本主义经济和社会主义经济的实际,对国内外长期争论的重大问题进行了评价,并着重阐述本人的观点,提出许多新见解,如关于资本主义发展阶段能否跳越的问题、两种不同含义的使用价值、两种货币危机、划分社会经济时期的规律、资本主义社会内部能否产生社会主义经济因素、社会主义地租等都有其独特的看法。这部学术著作被推荐参加了1985年香港"中国书展",并获得上海市(1979—1985年)哲学社会科学优秀成果著作奖和北方十三省市哲学社会科学优秀图书一等奖。

2. 正确对待《资本论》一坚持、二澄清、三发展。洪远朋教授认为学习和研究《资本论》，正确对待马克思主义经济理论，一是坚持，二是澄清，三是发展。

（1）《资本论》的基本原理必须坚持。以《资本论》为代表的马克思主义政治经济学，是马克思主义最深刻、最全面、最详细的证明和运用，是社会主义革命、建设和改革的指导思想。当然，必须坚持。要坚持、要澄清、要发展，首先，要把《资本论》到底讲了哪些主要内容搞清楚，要全面准确地概括出来。洪远朋教授在这方面进行了大量艰苦的工作，作出了新概括，提出了新见解，作出了重要贡献。

一见《资本论》三个字，很多人就认为《资本论》只是研究资本主义经济运动规律的，这是很不全面的。洪远朋教授通过对《资本论》的深入研究，认为《资本论》揭示的经济理论，至少包括以下四个主要方面：

① 一般经济理论包括：关于政治经济学研究对象、体系、方法，关于生产力要素与源泉的理论，关于生产关系及其演变的理论，关于人类社会发展的普遍规律，关于经济利益及其关系的理论，关于所有权（制）的一般理论，关于分配的一般理论，关于消费的一般理论，关于农业是国民经济基础的理论，关于分工、协作和管理的理论。

② 商品经济理论包括：商品因素论，商品条件论，商品内在矛盾论，商品历史命运论，市场理论，价值理论，货币理论，信用理论，竞争理论，开放理论。

③ 关于资本主义经济的理论包括：关于资本主义发展阶段能不能跳越的问题，资本原始积累于资本主义的产生，资本主义（或剩余价值）生产过程，资本主义（或剩余价值）流通过程，资本主义（或剩余价值）分配过程，资本主义积累的一般规律，资本主义社会无产阶级贫困问题，资本主义社会再生产，资本主义经济周期，资本主义必然灭亡的趋势。

④ 关于社会主义经济的理论包括：关于社会主义革命的道路问题，社会主义必须建立在生产力高度发展的物质基础之上，社会主义生产的目的是为了满足全体成员的需要，社会主义的所有制，社会主义有计划分配劳动和组织生产，社会主义的分配，社会主义更加需要经济核算，社会主义是以人的全面而自由的发展为基本原则的社会形式，社会主义是经常变化和改革的社会，社会主义社会是共产主义的初级阶段。

洪远朋教授对《资本论》的这个准确概括，回答了两个重要问题：一是要坚持马克思主义经济理论包括哪些主要内容的问题；二是《资本论》没有过时，《资本论》不仅是指示资本主义经济运动的规律，还包括：一般经济理论，这是任何社会都适用的，社会主义中国也适用；商品经济理论，这是任何还存在商品经济的国家都适用的，社会主义市场经济的中国也适用；社会主义经济理论，当然适用于社会主义中国。

（2）对《资本论》中若干重要理论的正本清源。洪远朋教授认为要正本清源，澄清许多对马克思主义经济理论不全面或不正确的理解，甚至误解或讹传的东西。

① 关于资本主义社会内部是否产生社会主义经济因素的问题。长期以来，在许多政治经济学的著作或教科书中，甚至在最近出版的一些政治经济学著作中，都有这样的论断：社会主义经济因素不可能在资本主义内部产生，只有无产阶级夺取政权以后，社会主义经济因素才能逐步成长起来。而且把这种论断当作天经地义的马克思主义的观点。其实这一论断并不是马克思主义的，也不符合当代资本主义的实际，必须正本清源。

这一论断最早出自原苏联政治经济学教科书。该书是这样写的："无产阶级革命遇不到任何现成的社会主义经济形式，以生产资料公有制为基础的社会主义成分，不能在以私有制为基础的资产阶级社会内部成长起来。无产阶级革命的任务在于建立无产阶级政权，建成新的社会主义的经济。"①而这一论断实际上又来自斯大林在《苏联社会主义经济问题》中的论述。斯大林在论述苏维埃政权的特殊作用时说："由于国内没有任何形式的社会主义经济的萌芽，苏维埃政权必须在所谓'空地上'创造新的社会主义经济形式。"②

1981年，洪远朋教授在《复旦学报》上发表文章《资本主义社会内部不可能产生社会主义经济因素吗？》，认为在资本主义社会内部存在着社会主义经济因素。这一观点引起广泛争论，1997年，洪远朋教授再度发表论文《再论资本主义社会中的社会主义经济因素》指出：

原苏联政治经济学教科书和斯大林的观点，并非是马克思主义的。马克思主义的创始人曾多次论述，在资本主义社会内部是有可能产生社会主义经济因素的。马克思说过："庸俗经济学家不能设想各种在资本主义生产方式内部发展起来的形式，能够离开并且摆脱它们的对立的、资本主义的性质。"③

马克思在分析资本主义社会的合作工厂时指出："工人自己的合作工厂，是在旧形式内对旧形式打开的第一个缺口，虽然它在自己的实际组织中，当然到处都再生产出并且必然会再生产出旧制度的一切缺点。但是，资本和劳动之间的对立在这种工厂内已经被扬弃……这种工厂表明，在物质生产力和与之相适应的社会生产形式的一定的发展阶段上，一种新的生产方式怎样会自然而然地从一种生产方式中发展并成长起来。"④马克思还说过："无产阶级解放所必需的物质条件是在资

---

① 苏联科学院经济研究所编：《政治经济学教科书》（1954年版），人民出版社1955年译本，第342页。
② 斯大林：《苏联社会主义经济问题》，人民出版社1952年版，第4页。
③ 《马克思恩格斯全集》第25卷，人民出版社1974年版，第435页。
④ 同上书，第498页。

本主义生产发展过程中自发地产生的。"①

马克思的观点是很清楚的,社会主义经济因素有可能在资本主义内部产生。有的同志说,如果社会主义经济关系在资本主义内部已经产生,社会主义革命还有必要吗？马克思讲的是在资本主义社会内部已经孕育着社会主义的经济因素,或者说,已经有了社会主义经济的萌芽,而不是完整的成熟的社会主义经济关系。完整的成熟的社会主义生产关系,确实要无产阶级进行社会主义革命成功以后,才能逐步建立和完善起来。有的同志认为,新社会的经济因素可以在旧社会内部产生,是指的资本主义以前的以私有制为基础的社会形态中才可能,以公有制为特征的社会主义经济因素,是不可能在仍然以私有制为基础的资本主义社会内部产生的。这是不符合马克思原意的。马克思讲得很清楚:"无论哪一个社会形态,在它们所能容纳的全部生产力发挥出来以前,是决不会灭亡的；而新的更高的生产关系,在它存在的物质条件在旧社会的胎胞里成熟以前,是决不会出现的。"②总之,没有孕育着社会主义经济因素的资本主义社会,就不可能产生社会主义。马克思所说的社会主义运动,是从发达的资本主义社会中解放社会主义经济因素的运动。

② 关于生产资料生产较快增长规律的问题。这里所说的生产资料生产较快增长规律,就是过去人们通常所说的生产资料生产优先增长的规律,这是一个争议较多的问题,值得很好地研究和思考。应该为生产资料较快增长规律正名。

关于"生产资料生产优先增长规律"的内容就是指生产资料生产增长的速度要比消费资料生产的增长速度快一些,这一点长期以来理论界的争议不大,但是,这个规律的名字"优先增长"和实际内容"增长较快"是有矛盾的。这个形式和内容的不一致,大概是出自斯大林的《苏联社会主义经济问题》,其中提到"关于在扩大再生产下生产资料生产的增长占优先地位的原理"③。后来,苏联政治经济学教科书把它概括为"生产资料生产优先增长的规律"。洪远朋教授提出这个长期流行的提法理论上是没有根据的、实践上是有害的,要加以正名。

马克思和列宁的原意和提法都是生产资料生产增长较快,而不是优先增长。马克思在《资本论》中虽然没有明确提出生产资料生产增长较快的规律,但是已经有了这个思想。马克思曾经指出:"资本主义社会把它所支配的年劳动大部分用来生产生产资料。"④"为了从简单再生产过渡到扩大再生产,第Ⅰ部类的生产要能够少为第Ⅱ部类制造不变资本的要素,而相应地多为第Ⅰ部类制造不变资本的要

---

① 《马克思恩格斯全集》第34卷,人民出版社1974年版,第358页。
② 《马克思恩格斯全集》第13卷,人民出版社1962年版,第9页。
③ 《苏联社会主义经济问题》,人民出版社1952年版,第64页。
④ 《马克思恩格斯全集》第24卷,人民出版社1972年版,第489页。

素。"①"不变资本不断增加,从事不变资本再生产的总劳动的相对量也就不断增加。……必定表现为所使用的工人总数中相对地有更大的部分从事生产资料的再生产。"②列宁发展了马克思的再生产理论,明确提出了生产资料生产增长较快的规律。他说:"即使没有马克思在《资本论》第二卷中所做的研究,根据不变资本有比可变资本增长得更快的趋势的规律也能得出上面的结论,因为所谓生产资料增长最快,不过是把这个规律运用于社会总生产时的另一种说法而已。"③"因此,制造生产资料的社会生产部类应该比制造消费品的部类增长得快些。"④"增长最快的是制造生产资料的生产资料生产,其次是制造消费资料的生产资料生产,最慢的是消费资料生产。"⑤

可见,生产资料生产优先增长规律的提法,是不合马克思和列宁的再生产理论的。

③ 关于积累是否是扩大再生产唯一源泉的问题。积累不是扩大再生产的唯一源泉是马克思的再生产原理,而积累是扩大再生产的"唯一源泉"的提法,不是马克思的。

马克思在《资本论》中确有许多积累是扩大再生产的源泉的论述,但是马克思从来没有讲过,更没有论证过积累是扩大再生产的"唯一源泉"。恰恰相反,马克思却有许多关于不是扩大再生产的唯一源泉、没有积累仍然可以扩大再生产的论述,既有明确提法,又有具体论证。

众所周知,马克思关于没有积累仍然可以扩大再生产的论述,在《资本论》第一卷第二十四章第四节和第二卷第十八章第二节,有非常明确和详尽的论述,这本来是不成问题的。

但是,自从1952年斯大林在《苏联社会主义经济问题》中提出"积累是扩大再生产的唯一源泉的原理"后,在我国经济理论界引起混乱,对我国社会主义经济发展造成了很大危害。洪远朋教授1978年在《经济研究》上发表文章《关于社会主义积累的几个问题》,认为积累是扩大再生产的主要源泉,但并不是扩大再生产的唯一源泉。洪远朋教授的这一论点马上引发了理论界的激烈论战。后来,他又连续发表文章《积累不是扩大再生产的唯一源泉》《三论积累不是扩大再生产的唯一源泉》对此问题进行了理论说明的论证。其中,他于1980年发表在《学术月刊》的题为《积累不是扩大再生产的唯一源泉》的文章,被评为上海市经济学会1979—1983年经济科学优秀论文奖。

---

① 《马克思恩格斯全集》第24卷,人民出版社1972年版,第560页。
② 《马克思恩格斯全集》第26卷第1册,人民出版社1972年版,第219—220页。
③⑤ 《列宁全集》第1卷,人民出版社1955年版,第71页。
④ 同上书,第176页。

（3）对《资本论》的某些理论还要探索加以发展。《资本论》的某些理论为什么还要探索加以发展呢？洪远朋教授多次提出这是因为：

① 《资本论》的某些提法本来就有明显出入，如第一卷第三章关于货币流通规律的公式和第二卷某些数字的计算也有出入。恩格斯就说过："马克思虽然精通代数，但他对数字计算，特别是对商业数字的计算，还不太熟练……有一些未完成的计算外，最后还出现了一些不正确的和互相矛盾的地方。"[1]马克思的话也不是句句是真理，更不是一句顶一万句，要有科学的实事求是的态度。

② 《资本论》的某些观点与马克思早期或后期著作的观点不完全一致。例如在《雇佣劳动与资本》中，马克思还没有在概念上把劳动和劳动力区分开来，但在《资本论》中则作了严格的区分。又如，马克思在《资本论》中没有把共产主义分成两个阶段，但是到了《哥达纲领批判》中把共产主义分成两个阶段。这种情况，一般说来，应以晚期的提法为准。但有时也不一定。在这方面过去有过这样一种情况，有人用早期的提法否定晚期的提法，又有人用晚期的提法否定早期的提法。对待这类问题不能用打语录仗的办法来解决，而应该由实践去检验。

③ 马克思没有社会主义的实践，不能把《资本论》中对社会主义经济的一些不符合社会主义实际的预测死抱住不放。例如在《资本论》中，马克思认为社会主义社会不存在商品生产和商品交换。但是现实的情况是，在社会主义社会，还必须有商品生产和商品交换。如果不从社会主义的现实出发，认为马克思说过的，都应该绝对地遵守，那就会在实践中造成严重后果。

④ 马克思对某些问题本来就没有讲清楚，是需要进一步研究和探讨的。马克思在《资本论》第一卷第二十四章最后有句名言："从资本主义生产方式产生的资本主义占有方式，从而资本主义的私有制，是对个人的、以自己劳动为基础的私有制的第一个否定。但资本主义生产由于自然过程的必然性，造成了对自身的否定。这是否定的否定。这种否定不是重新建立私有制，而是在资本主义时代的成就的基础上，也就是说，在协作和对土地及靠劳动本身生产的生产资料的共同占有的基础上，重新建立个人所有制。"[2]

关于马克思在这里所说的"重新建立个人所有制"到底是什么所有制，可以说当时就没有说清楚。当时，就有恩格斯和杜林的不同解释；我国改革开放后，对"个人所有制"的争议，从没有停止过。现在更是各取所需。有的说："个人所有制"就是私有制，有的说是股份制，有的说是劳动者个人所有制，有的说是消费品个人所有制；有的说，是联合"起来的个人所有制"。谁是谁非恐怕很难说清楚，需要进一

---

[1] 《马克思恩格斯全集》第24卷，人民出版社1972年版，第315页。
[2] 《马克思恩格斯全集》第23卷，人民出版社1972年版，第832页。

步探索和探讨,加以发展。

尤其值得注意的是,洪远朋教授认为,马克思主义经济理论的发展要从三个方面进行。首要的是要把马克思主义经济理论与中国的社会主义实际相结合加以发展。马克思主义经典作家的许多理论结论要随着实践的发展加以更新。如社会主义单一的公有制理论、高度集中的计划经济理论、产品形式的按劳分配理论等等。其次,要借鉴和吸取西方经济理论的合理成分,他主张,对西方经济学一要了解、二要批判、三要吸取。最后还要继承和弘扬中国经济思想的宝贵遗产。对中国经济思想一要挖掘、二要继承、三要扬弃。在上述这些方面,洪远朋教授开展了大量研究,取得了不少成果,例如《经济理论的轨迹》和《经济理论比较研究》等书就是较为突出的成果。

（二）洪远朋教授在利益理论与实践研究上的贡献

洪远朋教授在利益理论和实践的研究上取得了丰硕成果,作出了重要贡献。

洪远朋教授系统地学习和研究利益理论,大概可以从1994年算起。那时,复旦大学经济学院的部分中青年学者(包括一些博士生和硕士生)在学习过程中思考着一个问题：经济学的核心是什么？通过阅读、讨论、写作,他们逐步取得了如下共识：① 一切经济学的核心是经济利益；② 一切经济活动的核心是经济利益；③ 一切经济关系的核心是经济利益。于是,他们开始系统研究经济利益。主要完成了由复旦大学出版社出版的一套"经济利益理论和实践丛书",包括《经济利益关系通论》《综合经济利益论》《开放利益论》《机会利益论》《风险利益论》《分享利益论》《创新利益论》《保险利益论》等,还有由中国金融出版社、中国经济出版社、上海人民出版社出版的《共享利益论》《未来利益论》《交易利益论》《保险利益论》等,另有论文几十篇。这些初步成果受到有关方面的关注、鼓励和评论,有的被转载,有的已获奖。这些研究成果基本上是讲经济利益的。

2005年国家社会科学基金重大项目首次公开招标,经过申报、初审、复审,最终拿到了"新时期我国社会利益关系的发展变化研究"（批准号：05&ZD028）这一重大课题。洪远朋教授是这个国家级重大课题的首席专家。这次重大课题招标,要求在理论和实践上都有所突破、创新,形成一批具有重大理论价值和实践意义的研究成果,并为党和国家的相关决策提供依据。经过邀请专家学者和课题组主要成员的探讨,本课题除了一份最终成果"关于新时期我国社会利益关系发展变化的总报告"外,还要有两个阶段性成果：一是一套新时期利益关系丛书,现在已有《社会利益关系演进论》《整体利益论》《地方利益论》《经济全球化与我国利益关系的变动》《利益理论比较研究》《劳资利益论》《市场经济义利观》等先后出版,还将陆续推出；二是一批理论性较强的学术论文,现在也有部分推出,如《社会科学研究》发表的《协调新时期我国社会利益关系的十大思路》、《社会科学》发表的《协调利益关系,构建利益共享的社会主义和谐社会》等二十多篇。

在这些论著中,洪远朋教授以及他所领导的团队在利益理论和实践上提出了许多富有创见、具有重要理论价值和实践价值的观点。

(一) 关于利益理论的十大见解

1. 利益是人们能满足自身需要的物质财富和精神财富之和。人们通常从两种思路出发定义利益:一是将利益界定为对人们带来的好处,这是从人们需要的角度出发,强调利益客体对利益主体的意义,因此强调了利益的"自然属性",把握了利益形成中"人"与"物"的关系;二是将利益界定为某些社会关系的展示,这是将人们需要的满足看成既定状态,着重说明不同主体在利益实现时的关系,因此强调了利益的"社会属性",突出了利益形成中"人"和"人"的关系。事实上,完整的利益概念应是上述两个层面的综合,需要满足是利益形成的存在前提和自然基础,社会关系是利益形成的展开方式和社会基础,它们分别揭示了利益的客体性质和主体性质。就前者而言,利益是人们能满足自身需要的物质财富和精神财富之和以及其他需要的满足;就后者而言,利益的创造、交换、分享和实现取决于人们之间的相互关系。

2. 利益是永恒的,利益关系是不断变化的。一方面,利益是永恒的,是不以人的意志为转移的客观存在。利益产生于人类的需求这一特征表明,在人类的全部历史上,利益会永远地存在并发挥作用,换言之,不论利益的社会历史内容如何变化,利益本身总是存在的。另一方面,利益的客体和主体具有鲜明的历史性,随着社会历史的发展和空间的变化,利益客体表现为一个在时间维度尽量延续、在空间维度尽量扩展的无限开放的系统,利益主体也会随着生产力的发展而不断分化组合,由此可见,利益关系的调整和动态演进也就是一个必然趋势。

3. 利益关系是一切社会关系的核心。利益问题往往会演化为社会利益问题,社会利益是从社会角度出发与人类活动有关的利益。利益关系是一切社会关系的核心,在人类经济社会发展过程中,社会利益及其实现始终具有基础性作用,这源于两个方面:一方面,人类的全部社会活动与利益和人对利益的追求紧密相关,人们之间的一切社会关系均是建立在利益关系基础之上。人们在追求利益时会不可避免地存在着冲突,而利益冲突的协调是推动经济社会发展的前置条件;另一方面,个人利益可能会与共同利益或公共利益不一致,而公共利益往往会在整体意义上影响经济社会的发展。一切社会活动的中心是利益,一切社会关系的核心是利益关系,据此,一切社会科学的核心归根到底是利益关系问题。因此,归根到底它涉及是为多数人还是少数人的利益服务的问题。

4. 社会利益是总体多方面的利益。社会利益是一个总体的概念,主要包括经济利益、政治利益和文化利益。社会利益不仅有物质生活得到满足的物质利益,还有参与国家决策、管理社会事务的政治利益,以及文化生活充实愉悦的文化利益。其中,经济利益是指人们的物质财富所得和物质生活质量的提高,是社会利益的基础。政治利益是指人们在社会政治生活中的地位及所获得的各项政治民主权利,是社会利益的核心。文化利益是指人们所能享受的科学文化发展成果和精神生活质量的提高,是最高形态的利益。根本利益的多重性源于人们需要的多样性,经济利益关乎人的物质需求,涉及的主要是人的生存问题,是人的最基本的权益要求。政治利益关乎人的社会需求,解决的是人对自身社会地位和权利的关切,是人的一种较高层次的利益要求。文化利益关乎人的精神需求,解决的是人的精神生活问题,是人的最高层面的利益要求。

5. "利值"是量化社会利益的测度。社会利益涉及人们的需要满足及其形成的社会关系,这自然会引申出利益的量化问题,也就是计算利益数值或测度"利值"的问题。利值是对利益及其社会关系的数量或形式化表达,是采用指标体系及其数学工具测度和分析利益及其社会关系的数量特征、逻辑关联及其内在趋势。理论上,测度和分析利值是有必要的,只有将定性分析和定量分析相结合才能揭示利益演变的基本规律,同时对利益的量化研究也有助于人们理解实践中的利益冲突和补偿机制。

利益实现具有系统化特征,利值测度也应是体系化的。指标的体系化必然要求:(1) 完备性,它们作为一个整体应能基本反映利益的主要方面或特征;(2) 有机性,指标体系通过"总体"效应来刻画总体利益实现状况,即是在理解不同因素相互关系的基础上经过加权或平均化处理的结果;(3) 可得性,即指标数据在现有统计资料或调研范围内是可以获取的;(4) 可比性,即测度指标、方法和数据在不同利益主体之间是可通用的,由此可以通过一致化计算比较在不同主体的利益实现状况。

"利值论"是一个在理论上和实践上难度很大的课题,他们正在对这一问题作进一步的深入探讨。

6. 社会利益关系演进是有规律的。出于利益主体和客体的变化,利益关系也将随之发生演进,而这种演进是有一定规律性的,因为利益关系是由社会生产力所决定的、是生产关系中最核心的内容。据此,生产力—生产关系的演变也就决定了利益关系的演变特征和方向。利益关系的演进有两种含义:一是既有利益关系中不同利益主体所获得的利益绝对量的变化,即由于利益规模的绝对变化而引致利益关系调整;二是不同利益主体之间利益相对量的变化,即不同利益主体之间相对利益关系的变化。

从利益关系演进基本规律出发,中国不同时期的社会利益关系演变大致如下:在计划经济时期,中国通过社会主义改造形成了利益主体单一并向国家利益倾斜的局面,总体上各主体之间的利益分配处于平均化状态,利益关系主要是以纵向的权威式利益关系为主;在转型时期,经济体制改革催生了多元化的利益主体,经济增长也提供了多样化的利益来源,不同主体之间的利益差距趋于扩大,城乡、工农之间的利益差距更为严重,这个时期是以纵向利益关系为主,但有纵横交错的利益关系,因此利益关系复杂化;在市场经济时期,诸多的利益主体逐渐独立化,多样化的利益来源也逐渐规范化,利益差距将逐步缩小。利益关系向协调和和谐的方向发展。

7. 人民的根本利益是一切工作的出发点和归宿。人民利益决定社会主义建设和改革的命运,所以进行社会主义现代化建设和改革人民利益是根本。人民的根本利益是党的一切工作的出发点和归宿。

人民群众的根本利益是一个相对的概念,从不同的角度理解就有相应的根本利益,经济利益作为根本利益是与政治利益、文化利益相比较而言的,国家利益作为根本利益是与集体利益、个人利益相对而言的,长远利益作为根本利益是与眼前利益、短期利益相对而言的。不存在超越对应物的绝对意义上的根本利益。

8. 社会利益关系是新时期我国人民内部矛盾的主要问题。在我国经济体制转轨时期,社会利益关系出现了利益主体多元化、利益来源多样化、利益差距扩大化和利益关系复杂化等新的特征,利益关系成为我国人民内部矛盾的主要问题。利益关系是人民内部矛盾的主要问题,其根本原因是在经济增长、产业结构调整和制度变迁的背景下,社会利益的冲突成为人民内部矛盾的主要表现形式。在传统体制下,强制性的利益整合使利益矛盾被迫隐性化,改革开放之后,人民内部不同个人、群体和阶层之间的利益关系分解和利益差别显性化,利益矛盾开始公开,并通过各种途径反映其矛盾的具体内容,这不仅使利益差别及其矛盾已公开化的形式表现出来,而且客观上强化了利益争夺和冲突。在利益冲突不断强化的情况下,不同主体之间的利益关系有时会趋于紧张,需要进行适当、有效地调整,以寻找新的利益均衡点。

9. 协调利益关系是构建社会主义和谐社会的关键。利益关系是人民内部矛盾的主要问题。据此,构建社会主义和谐社会的关键和基础是协调社会利益关系,制定有效的利益整合和协调对策,并在此基础上实现人与自然、人与人、人与社会的和谐发展。中央提出以科学发展观统领全局,全面建设小康社会和构建社会主义和谐社会,就是让全体人民共享经济增长和社会发展的成果,进而建设和构建一个利益共享的社会。从目标的角度看,我们所要构建的全面小康社会或和谐社会是一个惠及十几亿人口的、经济更加发展、民主更加健全、科教更加进步、文化更加繁荣、社会更加和谐、人民生活更加殷实的社会形态,这种社会形态必然是在不断增强人民利益、形成有效利益共享机制、充分协调社会利益关系的基础上才能实现。

10. 马克思主义者一贯重视利益关系。马克思主义历来重视利益及其关系。马克思主义创始人马克思,原来在大学读的是法律,对哲学也有浓厚的兴趣。走向社会后遇到了许多有关利益关系的难题无法解决,因而从主要研究法律和哲学转向研究经济学。因此,经济利益关系成了马克思主义经济学的出发点,而且经济利益及其关系成了马克思主义经济学的核心。马克思通过研究发现:人们奋斗所争取的一切都与利益有关,一切关系实质上都是利益关系。但是不同的制度就有不同的社会利益关系。马克思主义的主要著作《资本论》实际上就是研究资本主义经济利益关系的,它从生产、流通、分配等方面研究了经济利益关系的创造、交换和分配。马克思主义经济学公开声明是为工人阶级,也就是大多数人的利益服务的。

马克思主义的利益关系理论主要是马克思和恩格斯提出的。列宁和斯大林通过苏联社会主义建设的一段实践,也进一步丰富了马克思主义利益关系理论。例如,列宁指出了在社会主义社会仍然需要关心个人利益,斯大林提出了社会主义高级赢利的理论,也就是要关注社会主义整个国民经济的利益和长远利益的理论。马克思主义经典作家关于经济利益关系的理论,是我们研究社会主义市场经济下利益关系的理论基础。

中国共产党人的三代领导集体以马克思主义经济利益关系理论为指导,同时吸收西方经济学利益关系理论中某些有用的成分,结合中国实际,大大丰富和发展了利益理论。中国共产党第一代领导人的核心毛泽东,在《论十大关系》《关于正确处理人民内部矛盾问题》等著作中,对社会主义的利益关系提出了不少光辉的思想,特别是提出"统筹兼顾,适当安排"的思想,很有指导意义。中国共产党第二代领导集体的核心——邓小平更是处处为人民利益着想,提出了人民利益根本论、共同富裕论、对立统一论、平等互利论等等关于社会主义经济利益关系的重要理论。中国共产党第三代领导集体又提出了必须把实现和维护最广大人民群众的利益作为改革和建设的根本出发点;既要有体现全局利益的统一性,又要有统一指导下兼顾局部利益的灵活性;改革越深化,越要正确认识和处理各种利益关系等等。中国共产党三代领导人的这些光辉思想、理论和论述,是我们研究、认识和处理社会主义市场经济下社会利益关系的指导思想。

(二) 新时期我国社会十大利益关系

1. 中央与地方的利益关系。这是我国各种社会利益关系调整的轴心。从20世纪50年代到70年代末,我国社会利益关系的调整主要是在中央与地方利益的收和放上做文章,当时是以国家整体利益为主,适当兼顾地方利益。党的十一届三中全会以后,中央与地方社会利益关系的重心发生了转移。

2. 国家、企业、个人的利益关系。国家利益是以国家为主体的整体利益,以全国人民的共同利益为内容,代表国民经济的全局利益;企业作为独立的经济实体,是谋求利益的基本经济单位,有自身的利益;个人利益主要表现为个人占有和支配利益用于满足个人的需要。社会主义市场经济的实践表明:国家、企业和个人三者的利益关系有一致的方面,也有矛盾的方面,需要及时调整。

3. 地区与地区之间的利益关系。这主要表现为沿海与内地的关系,或者说是东、中、西部地区之间的关系。随着市场经济的发展,沿海与内地的差距越来越大,利益矛盾日益突出,并可能引发一些社会不安定因素,给整个经济改革和发展带来消极影响。

4. 工农之间的利益关系。主要包括工业与农业之间的利益关系、城市与农村的利益关系、工人与农民之间的利益关系。这不仅是个经济问题,而且是关系到巩固工农联盟的政治问题,尤其要正确处理。

5. 行业与行业之间的利益关系。主要包括垄断行业与竞争性行业、基础性行业与加工行业、新兴产业与夕阳产业等之间的利益关系。近年来,行业之间的利益矛盾呈扩大趋势,尤其表现在垄断行业与非垄断行业之间的利益关系失衡上,因此,应控制和限制垄断行业的利益。

6. 企业与企业之间的利益关系。主要是国有企业与非国有企业之间的利益关系、内资企业与外资企业之间的利益关系。国有企业承担改革发展的成本负担非常沉重,企业办社会的社会职能较浓。内资企业与外资企业也由于享受的待遇不同,而在竞争中处于不平等地位。这种由于政策性因素导致的国有企业与非国有企业、内资企业与外资企业在竞争上的不平等,引发了企业与企业之间的利益矛盾。因此,应该让不同的企业得到相对公平的待遇,以推动企业之间的合理竞争。

7. 个人与个人之间的利益关系。改革开放以来,个人与个人之间的收入差距拉大,有的还十分悬殊,导致了个人与个人之间的利益矛盾非常突出。个人之间的利益差距,主要表现在农民、一般工薪阶层与私有经济经营者、企业承包者、个体劳动者、资本所有者以及其他高收入阶层之间的收入差距悬殊。

8. 脑力劳动者与体力劳动者之间的利益关系。改革开放以前,脑力劳动者与体力劳动者的收入差距很小,乃至于"脑体倒挂",脑力劳动者与体力劳动者之间的利益矛盾突出。改革开放以来,随着市场经济体制改革的逐步推进,脑力劳动者的收入逐步提高,甚至普遍高于体力劳动者的收入。这种状况是合理的,但二者的收入差距不宜过大。

9. 要素所有者之间的利益关系。这是指劳动力所有者、资本所有者和土地所有者之间的利益关系。在现实经济活动中,各种生产要素所有者之间的利益矛盾比较突出,尤其是资本所有者与劳动力所有者的利益差距不断拉大,直接影响着各生产要素作用的发挥和社会生产力的发展。

10. 我国与其他国家之间的利益关系。改革开放以来,我国与其他国家之间的交往发展迅速。国家之间的关系最根本的就是利益关系。在与他国的交往中,要在维护我国国家利益和民族利益的基础上,兼顾他国的利益。

(三) 新时期我国社会利益关系的十大特点

1. 利益观深入人心。改革开放前,由于我国传统的"重义轻利"思想的影响,由于"左"的片面强调"政治挂帅",人们往往忌讳谈利益,回避利益关系的研究,似乎一提利益就是宣扬个人利益至上,似乎谈论利益是与"政治挂帅"或者社会主义精神文明建设相背道而驰的。改革开放30年来,随着计划经济体制向市场经济体制的转变,人们的利益观念发生了巨大变化,随着社会主义市场经济的建立和发展,马克思所说的"人们奋斗所争取的一切,都同他们的利益有关",已经深入人心。这是马克思主义基本原理在中国实践中的运用与创新。

2. 利益主体多元化。在我国经济体制改革过程中,随着中央与地方的分权、政府对国有企业的放权让利、发展多种经济成分以及国民收入分配向居民个人倾斜等,出现了一个与计划经济时期利益统合相反的变动趋势,即利益分解。这种利益分解不仅将原先强制统合到整体利益中去的特殊利益分解出来,而且还产生了不少新的利益主体,造成利益主体多元化。利益主体的多元化使利益关系成为一个多维的、有机的系统。

3. 利益来源多样化。在经济转型阶段,利益来源日益多样化,有包括工资、奖金、各种津贴等在内的劳动收入,有包括存款利息、股票红利、资本利润、不动产租金等在内的财产性收入,还有身份收入(指部分国家干部、知识分子等凭借其优势身份所获得的部分货币和实物收入)等。少数人利用手中掌握的权力而"设租"所获得的"寻租"收入,也构成了利益的来源之一。

4. 利益表达公开化。利益表达是利益主体为实现其特殊利益而进行的活动,它的实质是把利益主体的态度、意见等转变为向社会和国家提出要求的方式。利益表达渠道的公开化是社会进步的表现。目前,利益表达的渠道主要有利益组织表达、公共舆论表达及行动表达三种,决策者应对不同渠道的利益表达予以重视。

5. 利益差距扩大化。在经济体制改革的过程中,各利益主体的自我意识日益强化,都首先追求自身利益。但是,由于各利益主体的内在和外在条件不同,导致其利益的实现程度不同,形成不同利益主体的利益差别,并且利益差距有扩大的趋势。

6. 利益关系复杂化。随着经济体制改革的不断推进,利益主体增多,利益来源多样化,利益表达公开化以及利益差距的扩大化,我国转型时期的利益关系变得越来越复杂,呈现出纵向权威性利益关系与横向契约性利益关系相互交叉与渗透的趋势。利益关系复杂化以及由此导致的利益矛盾冲突的公开化等,使利益关系问题成为当前我国人民内部矛盾的主要问题。

7. 利益诉求全面化。利益是具体的、历史的,不同的主体有不同的利益诉求,不同时空同一主体所追求的利益也是不断变化的,主体所追求的利益也不是单一的,而是多种利益的综合,主要包括经济利益、政治利益和文化利益。经济利益是社会的基础利益,政治利益是社会的核心利益,文化利益则是社会最高形态的利益。人们追求的首要利益是物质利益,但随着社会的进步和人类文明的发展,在追求物质利益的基础上,人们对非物质利益的追求将会愈来愈迫切。利益诉求的全面化是必然。

8. 利益关系问题成了当前人民内部矛盾的主要问题。改革实质上是利益关系的调整。改革越深化,各种利益关系的矛盾就越突出,我国的利益关系变得越来越复杂,利益关系问题已经成为当前我国人民内部矛盾的主要问题,处理得好可以促进生产力的发展,处理不好可能造成严重的后果。

新时期我国社会利益关系的矛盾是人民内部矛盾,是发展和改革进程中的矛盾和问题,也要在进一步发展和改革进程中解决。

9. 协调利益关系成了构建社会主义和谐社会的关键。利益关系历来是社会和谐与否的晴雨表、风向标。历史经验证明,利益关系紧张之日,就是社会不和谐之时,而协调利益矛盾,实现利益共享,是构建和谐社会的关键。让人民共享社会发展的利益,这既是历史经验的总结,又是对马克思主义利益理论的新发展。当前,我国社会总体上是和谐的。但是,也存在一些影响社会和谐的矛盾和问题。这些矛盾和问题集中起来讲就是社会利益关系的失衡。解决问题的办法是通过深化社会主义市场经济体制改革为构建和谐的利益关系提供制度支持。

10. 利益理论和现实的研究方兴未艾。利益问题既是一个古老的问题,又是一个新颖的问题;既是一个重大的理论问题,又是一个重大的现实问题。它与各门社会科学相通,它与人民生活息息相关。对我国新时期利益理论和现实的研究方兴未艾。马克思主义经典作家关于利益的理论,是我们研究新时期我国社会利益变化发展的理论基础;西方学者关于利益的理论,也可供我们研究时借鉴。改革开放以来,我国社会科学工作者对利益概念的界定、社会利益及其内涵、社会利益的量化、对根本利益的认识、对新时期基本利益关系的理解、社会利益关系发展变化的基本规律、社会利益和构建社会主义和谐社会的关系、社会利益与社会科学的关系利益理论与实践方面作了许多有益的研究和探索,很有启示。但是,我国利益理论和实践的研究方兴未艾。

(四) 协调社会利益关系的十大思路

1. 促进利益增长的思路。在社会主义市场经济条件下利益矛盾产生的原因是多种多样的,而相对落后的社会生产力所导致的利益客体匮乏则是最主要、最根本的原因。这决定了现阶段利益关系的矛盾归根到底还是相对落后的生产力发展水平与人民群众不断增长的利益需要之间的矛盾。因此,协调和解决利益矛盾问题,其基础还在于发展生产力。只有全面贯彻落实科学发展观,提高社会生产力水平,做大"蛋糕",增加可供全社会不同利益主体分配的利益,才能从根本上使社会利益关系朝着健康有序的方向发展。

2. 保证根本利益的思路。人民群众的根本利益包含非常丰富的内容。始终代表人民群众的根本利益,首先就要认真解读人民群众的根本利益,准确了解和把握人民群众的根本利益之所在。人民群众的根本利益首先是由社会主要矛盾决定的。在不同的社会历史条件下,人民群众的根本利益是不同的。新中国成立60多年来的经验教训一再表明,只有准确认识社会的主要矛盾,才能真正把握其根本利益,充分调动其积极性,带领人民群众一道前进;抓不住社会的主要矛盾,或者对这个问题的认识产生偏差,人民群众的根本利益就得不到满足,社会主义建设事业就会受到挫折。目前,我国正处在并将长期处在社会主义初级阶段,面临的主要矛盾仍然是人民群众日益增长的物质文化需要同落后的社会生产力之间的矛盾。所以说,集中精力全面建设小康社会,一心一意谋发展,实现现代化,就是要保证全国各族人民的根本利益。

3. 统筹兼顾的思路。在建设社会主义市场经济的进程中,应兼顾不同利益主体的利益,并突出弱势关怀,以维护社会利益关系的均衡。要做到统筹兼顾城乡利益关系,统筹兼顾区域利益关系,统筹兼顾经济利益、政治利益、文化利益与社会利益,统筹兼顾眼前利益与长远利益,统筹兼顾本国利益与外国利益等。突出弱势关怀,在当前主要是关心尚未脱贫的农民、进城农民工、城市失业者、残疾人和生活困难的退休人员以及其他一些由于各种原因而陷入困境的群体。

4. 利益共享的思路。利益共享是广义的、全面的,包括中央与地方之间、不同地区之间、城乡之间、产业之间、不同群体之间都能够共享经济发展和社会进步带来的利益。利益共享问题中最关键的是劳资利益共享的问题,这要求我们在市场经济形势下寻找新的协调机制、规范机制、运行机制,按照"共同占有、权力共使、利益共享、风险共担"的基本原则建立利益共享制度。

5. 利益综合的思路。利益包括经济利益、政治利益、文化利益等,利益关系也包括经济利益关系、政治利益关系、文化利益关系等。因此,协调利益关系,还必须综合考虑以上各种利益和利益关系,坚持利益综合的原则。在这种利益关系体系中,首要的、核心的就是经济利益关系。经济利益是政治利益的基础,政治利益是经济利益的集中表现。文化利益关系与经济利益关系、政治利益关系一样,是社会利益关系不可或缺的组成部分,人类社会越进步,文化利益及文化利益关系的地位和作用就越重要。构建社会主义和谐社会,要遵循经济利益、政治利益、文化利益综合的原则。

6. 利益保障的思路。这是指打造由个人、企业、社会保障组成的"三驾马车",从多个角度和层次满足劳动者日益增长的保障利益需要。个人利益保障的实质是一种利益的积累,企业利益保障的实质是利益的分享,社会利益保障的实质是政府作为中介人发挥利益调节的作用。

7. 利益补偿的思路。在我国的改革进程中,部分利益主体由于利益受损而逐渐成为困难群体。困难群体的存在,使利益差距扩大,利益矛盾激化,从而危及社会稳定。因此,有必要对改革中形成的困难群体采取适当的利益补偿措施,缓和利益分化的加剧趋势。城市中的困难群体、农村居民及中西部地区是改革推进中的主要利益受损者,应该作为利益补偿的对象。建立和健全我国的利益补偿机制应依据适度原则、"造血"原则、公平与效率兼顾原则和循序渐进原则。

8. 利益关系制衡的思路。要通过建立社会主义市场经济下利益关系的制衡机制,以推动社会主义和谐社会的建设。利益关系制衡机制主要包括：个人利益服从集体利益、局部利益服从整体利益、短期利益服从长远利益、保障大多数人的利益与限制少数人的暴利、维护合法利益与打击非法利益等。

9. 社会公平正义的思路。社会主义社会,社会公平正义仍然是人们社会生活中一个普遍而基本的追求。全面落实科学发展观,必须注重社会公平正义,正确反映和兼顾不同方面群众的利益,正确处理人民内部矛盾和其他社会矛盾,妥善协调各方面的利益关系。市场机制对于实现社会公平公正的作用非常有限,政府这只"有形的手"要发挥积极作用。

10. 及时调整时思路。我国目前正处在社会转型的关键时期,社会利益关系的整合、新旧观念的冲突、社会结构的重组、改革和发展的不平衡引发的各种社会矛盾比较突出。能否妥善协调好各种利益关系、正确处理好各种利益矛盾,关系到我国构建社会主义和谐社会的目标能否顺利实现。及时调整利益关系,需要建立利益表达和利益均衡机制,以及建立常态和长效的矛盾处理机制。

洪远朋教授领衔的利益理论和实践的研究成果获得社会各界的好评和肯定。

其一,领导部门的反响。中共中央宣传部、国家社会科学规划办公室已将《社会利益关系演进论》作为《成果要报》上报中央领导参阅,据悉中央有关部门领导还作了批示。

其二,舆论媒体的反响。已经公开的论文中,有多篇文章被《新华文摘》《人大复印资料》《高校文科学报文摘》等先后转载,根据 CSSCI 统计多篇论文多次被引用。洪远朋教授在 2005 年上海经济学家创新论坛上作关于当前中国十大经济利益关系的演讲,香港《大公报》报道,上海东方电视台录制与转播,引起社会各界的关注。

其三,理论界的反响。许多论著获得省部级以上相关奖项,其中《经济利益关系通论》获第三届中国高校人文社会科学研究优秀成果著作类三等奖;《共享利益论》获得第四届中国高校人文社会科学研究成果著作类三等奖;《中国当前经济利益关系的特点及其成因》和《弱势群体的利益补偿问题》获得上海市第六届邓小平理论研究和宣传优秀成果论文类三等奖;《制度变迁与经济利益关系演变》获得上海市第八届哲学社会科学优秀成果论文类三等奖;《协调利益关系,构建利益共享的社会主义和谐社会》获上海市第七届邓小平理论和研究优秀成果奖论文类二等奖;《社会利益关系演进论》获上海市第九届哲学社会科学优秀成果奖著作类一等奖。

利益理念和实践的研究方兴未艾,洪远朋教授及其领导的团队,还在攻克难关。

三、学术思想

（一）关于生产力理论的探讨

1. 坚持生产力的三要素论。马克思在考察一般劳动过程时曾指出:"劳动过程的简单要素是:有目的的活动或劳动本身,劳动对象和劳动资料。"①由于有目的的活动或劳动本身的执行主体是劳动者,因此劳动过程的构成要素实际上就是劳动、劳动对象和劳动资料,劳动过程就是劳动者通过有目的的活动把劳动对象改造成所需要的产品。劳动过程的这三个要素实际上就是生产力构成的三要素。

劳动、劳动资料和劳动对象是生产力要素的统一体,尽管它们在生产力的实现过程中起着不同的作用,但如缺少统一体中的任何一个要素,就没有生产过程,也就无所谓现实的生产力了。正如马克思所说的:"不论生产社会形式如何,劳动者与生产资料始终是生产的因素。但是,二者在彼此分离的情况下生产只在可能性上是生产因素。凡要进行生产,就必须使它们结合起来。"②

后来,斯大林在《列宁主义问题》中说:"用来生产物质资料的生产工具,以及有一定的生产经验和劳动技能来使用生产工具、实现物质资料生产的人,所有这些因素共同构成社会的生产力。"③这就引起了长期以来关于生产力是三要素还是生产力二要素之争,这个争议到现在还没有结束。早在1981年洪远朋教授就在《群众论丛》(第2期)上撰文坚持生产力是三要素。他指出:主张生产力是三要素和主张生产力是二要素之间分歧的关键是劳动对象算不算生产力的要素。不同意劳

---

① 《马克思恩格斯全集》第23卷,人民出版社1972年版,第202页。
② 《马克思恩格斯全集》第24卷,人民出版社1972年版,第44页。
③ 斯大林:《列宁主义问题》,人民出版社1964年版,第645页。

动对象是生产力的一个要素,一个重要理由就是认为劳动对象中相当一部分是未经加工的自然本身,而自然本身是谈不上有什么"力"的。洪远朋教授详细论证了自然力的问题。

首先,自然界本身就存在一种力量。例如风力、水力、电力、原子力等等。马克思把自然界本身的力量,称为自然力。马克思说过:"各种不费分文的自然力,也可以作为要素,以或大或小的效能并入生产过程。"[1]这种自然力与其他一切生产力一样,是生产力的一个组成部分,它可以使劳动具有更高的生产能力。

其次,劳动生产力是以自然条件为基础的。生产力总是和自然结合在一起的。劳动和自然相结合而产生的生产力称为劳动的自然生产力。把自然力并入生产过程,必然大大提高劳动生产力。

第三,自然不仅给生产劳动提供对象,而且给生产劳动提供手段。自然富源的性质和质量,在很大的程度上决定劳动工具的性质和质量,从而大大影响劳动生产力。

第四,社会生产力的配置,必须考虑自然资源的分布状况。重视自然条件的作用,对生产力进行合理布局,可以大大促进生产力的发展。

2. 生产力内在源泉的探索。长期以来,在马克思主义政治经济学中,只讲生产力的现实要素,是不讲生产力内在源泉的。早在1978年洪远朋教授就在《思想战线》(第5期)撰文《试论生产力的内在源泉》,提出生产力不仅有三要素,而且还有三个内在源泉。生产力的内在源泉是劳动力、科学力和自然力。

(1) 劳动力是最强大的生产力,是首要的生产力。这是因为,作为劳动力存在主体的人是一个能动的因素;人能够运用自己的智力,认识自然和改造自然。所以,在人类社会发展的一切阶段上,劳动力始终是最基本的生产力。

(2) 科学力是一种潜在的或间接的生产力,是知识形态的生产力,但科学可以通过生产工具、劳动者、劳动对象等转化为直接生产力。马克思说过:"大工业则把科学作为一种独立的生产能力。"[2]

(3) 自然力。自然力包括:① 自然界本身就存在的一种力量(例如风力、水力、蒸汽、电力等等)。② 自然条件的生产率。自然力总是和劳动生产力相结合而并入生产过程。

劳动力、科学力和自然力是生产力的内在源泉,并不是说它们是生产力的现实要素。它们必须转化为现实的生产要素,并且结合起来,才能形成物质的生产力。劳动力转化为现实的生产要素就是劳动;科学力可以通过劳动者、劳动工具、劳动

---

[1] 《马克思恩格斯全集》第24卷,人民出版社1972年版,第394页。
[2] 《马克思恩格斯全集》第23卷,人民出版社1972年版,第400页。

对象等转化为现实的生产要素,但科学力的主要物质体现者是劳动工具;自然力转化为现实的生产要素主要是劳动对象。

劳动力、科学力和自然力是生产力的内在源泉。但是,劳动力、科学力和自然力,如果处于彼此分离的状态,它们只是一种潜在的力量,而不能形成现实的生产力。劳动力不与科学力、自然力相结合,便不能生产任何使用价值,不能创造任何物质财富,因而就不能形成现实的生产力。

同样,科学力和自然力如果不与劳动力相结合,也不能成为现实的生产力,它们必须以劳动力为主导并与劳动力结合起来才能成为生产力。所以,生产力必须是劳动力、科学力和自然力能动的统一。

在人类社会发展的一切阶段上,劳动力始终是能动的因素,是最基本的生产力。随着社会的发展,科学技术对生产力的发展越来越重要。马克思说:"随着大工业的继续发展,创造现实的财富已经不再依靠劳动时间和应用的劳动数量了,而是依靠在劳动时间以内所运用的动原(Agentien)的力量,而这种动原自身及其动力效果又跟它在自身的生产上所消耗的直接劳动时间根本不成比例,相反地却决定于一般的科学水平和技术进步程度或科学在生产上的应用。"①所以,科学技术越来越成为生产力发展的关键力量。自然力在人类社会发展的初期对生产力的发展显示了巨大的作用,随着科学技术的发展,它的作用相形失色,但是,自然力仍然是生产力发展中一个不可忽视的力量。要高速度发展社会生产力,就必须全面地、辩证地充分利用和发挥劳动力、科学力和自然力的作用。

3. 社会主义的根本任务是发展综合生产力。社会主义的根本任务是发展生产力。但是,是发展什么生产力?说法不一。有的说,是发展社会生产力;有的说,是发展劳动生产力;有的说,是发展科学生产力,等等。洪远朋教授在《生产力研究》1995年第1期撰文《试论发展综合生产力》中提出:综合古今中外的经济理论,综观古今中外经济发展的史实,得出一个结论:一个民族、一个国家的繁荣富强依靠的不是单一生产力,而是由许多力量形成的综合力量。他把它称为综合生产力。由此,社会主义的根本任务是发展生产力,是发展综合生产力,是发展一切生产力。

(1) 既要发展社会生产力,又要重视发展自然生产力。社会生产力是指人们通过一定的社会结合方式形成的创造物质财富的能力。自然生产力是指大自然给人类无偿提供的并入生产过程,用以生产物质财富的力量。自然不仅给生产劳动提供对象,而且给生产劳动提供手段。把巨大的自然力并入生产过程必然大大提高生产力。

(2) 不仅要重视微观生产力的发展,还要十分重视宏观生产力的发展。微观

---

① 《政治经济学批判大纲(草稿)》,第3分册,人民出版社1963年版,第356页。

生产力是指微观经济主体创造物质财富的能力,包括个人生产力和企业集体生产力。宏观生产力则是由国民经济总体产生的创造物质财富的能力。宏观生产力由微观生产力综合而成,不能简单地理解为微观生产力的算术和。由微观生产力综合而成的宏观生产力的大小取决于国民经济的协调状况,即在全社会范围内采用怎样的组织形式来实现经济资源的有效配置。

(3) 不仅要发展现实生产力,还要大力发展潜在生产力。现实生产力是实际投入生产过程,创造物质财富的能力,也可以叫直接生产力。如劳动者运用劳动资料作用于劳动对象而产生的生产力。潜在生产力则是要通过一个乃至一系列中介环节才能创造物质财富的能力,也可以叫间接生产力。科学力、自然力是潜在生产力或间接生产力。科学力和自然力如果不与劳动力相结合,便不能生产任何使用价值,不能创造任何物质财富,因而不能形成直接的或现实的生产力。

(4) 既要发展客体生产力,也要重视发展主体生产力。从人类社会生产力诞生之日起,就既有表现为个人特性的主观生产力,也有客观生产力。客体生产力是指包括劳动资料和劳动对象在内的物质要素的生产力。主体生产力则是指人的劳动生产能力,包括体力、脑力及劳动技能。客体生产力是现实生产力中物的部分;主体生产力则是现实生产力中人的部分。我们在此要着重说明的是如何在市场经济条件下发展主体生产力。

(5) 既要发展个人生产力,又要重视发展集体生产力。个人生产力是指个人所具备的一般劳动能力,包括智力和体力。集体生产力即总体生产力,是通过劳动组织管理而形成的集体力。马克思说:"通过协作提高了个人生产力,而且创造了一种生产力,这种生产力本身必然是集体力",又说,分工"造成了社会生产过程的质的划分和量的比例,从而创立了社会劳动的一定组织,这样就同时发展了新的社会的劳动生产力"①。可见,集体生产力是由分工协作所产生的,集体生产力的发展又是通过组织管理形式的一定的变迁而实现的。

(6) 不仅要发展物质生产力,还要大力发展精神生产力。物质生产力是人们创造物质财富的能力。这种我们通常意义上理解的生产力,在饱尝多年生产力停滞之苦果后,已经引起了人们的充分的重视。但是,精神生产力则尚未引起人们的足够注意。

所谓精神生产力,是劳动者支出脑力劳动而形成的生产力。或者说,精神生产力是人们在精神生产领域中运用符号系统从事信息生产的能力。精神生产以信息加工为本质内容,具体包括科学研究、教育、文学、艺术和管理等。人类社会正处于由工业社会向信息社会过渡,以加工信息为内容的精神生产力正在取代物质生产

---

① 《马克思恩格斯全集》第23卷,人民出版社1972年版,第362、403页。

力扮演财富生产的主角。

（二）关于价值与价格理论的研究

洪远朋教授在价值和价格理论的研究上颇有建树。

1. 马克思主义劳动价值论是科学完整的体系。多年来,某些人蓄意否定马克思主义的价值理论,认为马克思主义的价值理论很简单、很贫乏,就是劳动决定商品的价值,价值是价格的基础,价格是价值的货币表现。1985年洪远朋教授就在《马克思主义研究》丛刊第1期撰文《试析马克思劳动价值论》指出:并不是马克思主义价值理论的贫乏,而是责难者知识的贫乏。这些人没有很好地认真地去学习和研究马克思主义的价值理论,他们只有政治经济学教材中提到的一点马克思主义价值理论的知识,或者只有《资本论》第一卷第一篇的一些价值理论的知识。他们中好多人没有读过《资本论》第三卷和马克思主义有关价值理论的其他著作,就妄加评论。实际上,只要认真学习马克思主义有关价值理论的著作和阅读西方学者一些有关价值理论的著作,进行比较分析,就能看出马克思主义价值理论是系统完整、科学正确、非常丰富的。至少包括以下十点:

（1）价值实体。价值实体是人类抽象劳动。理解价值实体必须注意以下几点:

① 形成价值实体的抽象劳动不是个别的私人劳动,而是共同的社会劳动。形成价值实体的抽象劳动是看不见摸不着的,但是客观存在的东西。价值和价值实体是有区别的,价值实体就是抽象劳动,而价值是抽象劳动的凝结。

② 抽象劳动形成商品价值,具体劳动生产使用价值,是马克思对劳动价值论的重大贡献。

（2）价值本质。价值不是物,而是生产关系,它体现商品生产者之间的社会关系。理解价值本质要注意以下几点:

① 价值是社会属性,不是自然属性。因而是历史范畴,而不是永恒范畴。

② 商品价值关系实际上是人与人之间交换劳动的关系。

③ 价值体现的人与人之间的关系是被物的外壳所掩盖着的。

（3）个别价值。即个别劳动时间决定商品的个别价值,这是就价值的形成来说的。个别价值是社会价值的基础。可以这样说,没有个别价值就没有社会价值,也就无法说明超额剩余价值和地租的形成。

（4）社会价值。即社会必要劳动时间决定商品的社会价值,这是指现实的价值。社会必要劳动时间有两种含义:第一种含义的社会必要劳动时间是指在现有的社会正常的生产条件下,在社会平均的劳动熟练程度和劳动强度下制造某种使用价值所需要的劳动时间。第二种含义的社会必要劳动时间是指社会总劳动的分配上所必需的劳动时间。第一种含义的社会必要劳动时间决定商品的价值量,第二种含义的社会必要劳动时间实现商品的价值量。

（5）虚假的社会价值。马克思在《资本论》第三卷第三十九章分析级差地租时提出了一个"虚假的社会价值"的概念。虚假的社会价值是由于农产品的市场价值是由最劣等土地的个别价值决定的，因此，农产品市场价值的总和，总是大于农产品个别价值的总和。这个超过额，马克思称之为"虚假的社会价值"，也就是提供级差地租的那部分价值。虚假的社会价值，对社会来说，是对土地产品支付了过多的价值，所以是虚假的，是负数。但是，对土地所有者来说，它是获得级差地租的来源，所以是实在的，是正数。

（6）国际价值。这是世界范围内的社会必要劳动时间决定的价值。商品在世界市场上的价值量，由一切有关国家生产该商品所必需的劳动价值时间决定。一个国家的生产越发达，那里的劳动强度和生产率就越超过国际水平。因此，不同国家在同一劳动时间内会生产不同量的同种商品，有不同的国际价值，从而表现为不同的价格，即表现为按各自的不同的量的商品的国际价值而不同的货币额。

（7）价值构成的理论。马克思把商品价值分为三个组成部分：

① 代表生产上消费掉的，按其价值来说只是转移到产品中去的不变资本（c）的价值部分；

② 补偿可变资本（v）的部分；

③ 剩余价值（m）的部分。因此，每一部类的全部年产品的价值，和每个个别商品的价值一样也分成 c+v+m。

这些价值组成部分还有其转形和分割如图 9-1 所示。

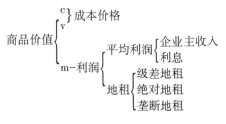

图 9-1

（8）价值形式。指商品价值的表现形式。有时是指货币，即价值形式的最终表现。有时是指价格，价格是价值的表现形式，或者说用货币表现商品的价值就是价格。分析价值形式是非常重要的。马克思通过价值形式的分析，揭示了货币的本质和起源，论证了商品和货币的内在联系，建立了科学的货币理论。

（9）价值规律。根据马克思在《资本论》中的有关论述，价值规律的表述，至少应该包括以下内容：第一，价值规律首先应该是价值决定的规律，即社会必要劳动时间决定商品价值量的规律。第二,价值规律还应包括价值交换的关系,即等价交换的原则,也就是商品的交换,要同生产这个商品时所花的社会必要劳动时间相适应。第三,价值规律还应包括价格围绕价值上下波动的关系。所以,不能以马克思的某一句话作为价值规律的全部表述,而应该全面地把马克思有关论述综合起来加以考察。综上所述,价值规律可以简单地概括为:价值生产、交换和实现的规律。价值生产——社会必要劳动时间决定价值量;价值交换——等价交换;价值实现——价格围绕价值上下波动。

（10）价格和价值的关系。马克思的劳动价值论还应该包括价格与价值的关系。总的说来,价值是价格的基础,价格是价值的货币表现。具体说来,价格与价值的关系,大致有三种情况:① 价值决定价格。价值规律要求商品的价格与商品内在的价值相一致。商品价格的变动是由商品价值和货币价值两者的变动的关系来决定。② 价格和价值量的背离。在实际上,每个个别场合价格和价值并不正好相符,而是经常背离的。这是因为价格作为商品价值量的指数,是商品同货币的交换比例的指数,但不能由此反过来说,商品同货币的交换比例的指数必然是商品价值量的指数。价格和价值量的偏离是存在于价格形式之中的。③ 价格和价值之间质的背离。价格形式不仅可以在量的方面与价值偏离,而且可以在质的方面完全背离。价格可以完全不是价值的表现。有的东西本身并不是商品,例如良心、名誉等等,但是也可以被它们的所有者出卖以换取金钱,并通过它们的价格,取得商品形式。因此,没有价值的东西在形式上可以具有价格。这种虚幻的价格表现又掩盖了实在的价值关系及其派生关系。

2. 关于深化劳动和劳动价值论的认识。关于深化劳动和劳动价值的认识,是一个有关政治经济学的重大问题,2001年左右全国上下进行了热烈讨论。洪远朋教授在《高校理论战线》《复旦学报》等报刊上撰文谈了自己的认识。

（1）深化对劳动和劳动价值理论的认识,首先要认真学习和研究马克思主义政治经济学,特别是马克思的《资本论》。有些人没有好好研究马克思政治经济学,《资本论》也没有好好看过,却到处写文章作报告,有的自称讲的是马克思的观点,实际上马克思并没有讲过;有的说是对马克思劳动价值论的发展,实际上马克思早就讲过。这种治学态度是不严肃的。

（2）深化对劳动和劳动价值理论的认识,也要好好学习和了解西方经济学。劳动价值论并不是马克思创立的,西方经济学中早就有了。从配第、斯密到李嘉图,都可以说是劳动价值论的创立者。除了劳动价值论外,还有许多价值理论,例如供求决定论、效用价值论、要素或生产费用价值论、边际效用价值论、资本创造价值论、科技价值论、均衡价值论、创新价值论、信息价值论、知识价值论等等,可以说是花样百出,有的有明显错误,有的有借鉴意义。但是,在有些报纸、杂志中,有的把马克思甚至资产阶级经济学家早有批判的供求价值论当作新发展大加宣扬;有的把知识价值论也当作自己的创造。这些所谓的"新发现""新创造",普通百姓可能不了解,但是在理论界、在国外要成为笑话,还可能造成知识产权的纠纷。

（3）关于创造价值的劳动。劳动价值论简单地说就是劳动创造价值的理论。这种通俗的说法可以作为宣传的话语,但绝不是严格的科学术语。① 马克思把劳动首先分为具体劳动和抽象劳动,抽象劳动创造价值,具体劳动不创造价值。② 马克思还把劳动区分为有用劳动和无用劳动,有用劳动创造价值,无用劳动不创造价值。③ 马克思还把劳动分为活劳动和物化劳动,活劳动创造价值,物化劳动不创造价值。④ 马克思还把劳动分为生产劳动和非生产劳动,生产劳动创造价值,非生产劳动不创造价值。⑤ 马克思还把劳动分为体力劳动和脑力劳动,体力劳动和脑力劳动都创造价值。⑥ 马克思还把劳动分为简单劳动和复杂劳动,简单劳动是计算价值的基础,复杂劳动是倍加的简单劳动,可以创造更多的价值,等等。

（4）关于劳动价值论和价值规律是一般规律还是特殊规律的问题。马克思和恩格斯都将劳动价值论和价值规律视为商品经济的一般规律,而不是人类社会的一般规律。现在有一种观点提出,要区分社会主义劳动价值论和资本主义劳动价值论。这种提法值得进一步推敲。洪远朋教授主张提出,在资本主义社会劳动价值论有什么特点,起什么作用;在社会主义社会劳动价值论有什么特点,起什么作用。

（5）关于资本家是否创造价值的问题。这个问题现在有两种完全相反的意见。一种意见认为,资本家和资本绝对不可能创造价值,而且把相反意见戴上非马克思主义的帽子;另一种意见认为资本家和资本能够创造价值,并声称这是对新情况的研究和发展。这两种观点都比较绝对化。马克思的意思很清楚,资本家的监督和指挥劳动具有两重性：作为对生产过程的指挥和监督是生产劳动,从而创造价值;作为无酬劳动的剥削的指挥和监督不是生产劳动,从而不创造价值。

（6）关于价值创造、价值形成、价值实现、价值分配的区分。

① 价值创造或者说价值决定、价值源泉。价值只能是由劳动创造的,劳动是价值的唯一源泉。

② 价值形成或者说价值转形。这是与价值创造不一样的,价值形成或价值转形是多要素的,最基本的有劳动、资本和土地,这三个要素在价值形成中都起作用。所以,马克思在《资本论》第三卷论述了价值的三个转形：价值由于等量资本要求取得等量利润转化为生产价格;价值由于商品纯粹流通费用的加入,形成名义价值;价值由土地所有权的参与形成虚假的社会价值。

③ 价值实现,实际上就是价格的问题。影响价格的因素就很多,有经济的、政

治的、还有心理的,但最重要的是供求关系。

④ 价值分配。价值分配是一个复杂的问题,参与价值创造、价值形成、价值实现的因素实际上都参加价值分配。现在所说的要素分配论,就带有这个意思。但是,这个提法似乎不精确,不是要素参加分配,而是要素所有者参加分配。劳动力所有者凭借劳动力所有权参与分配,获得工资;资本所有者凭借资本所有权参与分配,获得利润;土地所有者凭借土地所有权参与分配,获得地租等等。

(7) 承认劳动价值论必须承认剩余价值论。剩余价值是商品经济的概念,有商品和价值就会有剩余价值。资本主义是商品经济,有剩余价值;社会主义仍然存在剩余价值,商品的价值仍然由 c+v+m 三部分组成,这是客观事实。

(8) 关于剩余价值与剥削的关系问题。剥削就是凭借各种权力无偿占有别人劳动创造的剩余价值。但是,参加剩余价值分配的不都是剥削。在我国社会主义市场经济条件下,依然存在剥削。因为社会主义初级阶段需要发展私营经济。但是,对超经济剥削要限制,对残酷剥削要制裁。

(9) 不要轻易否定马克思劳动价值论。在深化对劳动和劳动认识的研讨中,有个别人认为,劳动价值论就是不能成立;还有个别人认为,马克思的劳动论当时是正确的,现在已经过时了。不能这样轻易地否定。马克思的劳动价值论本身不是尽善尽美的,还有许多问题值得我们探讨和完善,现在,又出现了许多新情况需要研究和发展。但是,总体上不能轻易否定劳动价值论。这是因为劳动价值论是马克思主义政治经济学的基础,如果我们真正要坚持马克思主义,就必须坚持马克思劳动价值论。

(10) 马克思的劳动价值论必须发展,也可以发展。

① 马克思当时认为只有生产劳动才能创造价值,非生产劳动不能创造价值。但是能不能说,一切劳动都创造价值?问题是如何给"劳动"下定义。

② 资本家的指挥和监督劳动有二重性:一方面是生产劳动,创造价值;另一方面又是剥削活动,不创造价值。马克思只是从质的方面来说,具体在量上,如果计算的问题没有解决,这又涉及阶层的划分问题,到底哪些人属劳动者,哪些人属小业主,哪些人算资本家?

③ 马克思说的劳动创造价值是以简单劳动为基数的,复杂劳动、熟练劳动、强度劳动、科技劳动、知识劳动,怎么折算为简单劳动的问题,理论上、实践上都没有解决。

④ 关于价值转形的问题,这是一个世界之谜,是经济学的哥德巴赫猜想,经济学的三大难题之一。

⑤ 马克思关于劳动生产力与价值量成反比的论断,与当代现实有很大差距,这个问题的关键在于价值量与使用价值量的关系。需要进一步研究来解决这个

问题。

洪远朋教授关于劳动和劳动价值的认识,是针对多年来关于劳动价值理论争论的一次全面总结,获得了诸多学者和有关决策部门的高度重视。2002年1月14日教育部作为社会科学情况反映上报中央。

3. 关于社会主义价格形成和价格改革的研究。对于价格理论,洪远朋教授素有研究。关于社会主义价格形成和价格改革,洪远朋教授认为应坚持以马克思主义价格理论为指导,同时,借鉴西方价格理论的合理成分,继承我国古代价格思想的优秀遗产,吸取社会主义各国价格形成的经验教训。关于这些问题,洪远朋教授发表了一系列论文,出版了《价格理论的发展与社会主义价格的形成》,提出一系列真知灼见,获得了七个奖项。1984年他在《中国社会科学》上发表的《工业品价格形成中的成本问题》提出:价格形成中的成本必须是正常成本,必须是社会成本,必须是计划成本。他还论证了价格形成中的成本与经济核算中的成本之间的关系。

关于价格形成中应该采用什么利润率的问题,国内外主要有三种看法:一是采用资金盈利率;二是采用工资盈利率;三是采用成本盈利率。洪远朋教授提出了第四种观点:工业品价格形成最好采用加工费用盈利率。加工费用盈利率,可以克服资金盈利率扩大过去劳动对价格形成影响的缺陷,可以克服用工资盈利率形成的价格不能反映劳动生产率变化对价格形成影响的缺陷,还可以克服成本盈利率形成的价格中盈利的重复计算的缺陷,从而使价格更接近于产品本身的价值。在多年的价格理论研究的基础上,洪远朋教授提出了其价格改革理论:第一,提出了社会主义价格形成的四序列理论。这四个序列分别为:基础价格即价值;理论价格即转形价值;目标价格即计划价格;市场价格即现实价格。第二,提出了社会主义价格改革的目标模式是市场价格。

在建设社会主义市场经济体制的过程中,对于市场经济的基本规律是什么,理论界有不同的观点,有的人认为是供求规律,又有人说是竞争规律。洪远朋坚定地指出,市场经济的基本规律应该是价值规律。在市场经济条件下,价值规律调节着社会经济的生产、流通、分配和消费的各个领域和各个方面。在生产领域,价值规律按照两种含义的社会必要劳动时间引导生产资料和劳动力在国民经济各部门之间的转移,调节企业的生产和社会资源的配置;在流通领域,价值规律按照等价交换的原则,要求各个生产者和经营者进行公平的交换;在分配领域,价值规律调节产品和剩余产品的分配;在消费领域,价值规律可以调节消费者的需求。洪远朋教授还指出,既然价值规律是社会主义市场经济的基本规律,那么实行社会主义市场经济,就必须尊重价值规律,按照价值规律办事,我们不仅要摸着石头过河,而且要掌握规律过河。

（三）对社会主义经济理论难题的探索

1. 社会主义社会中资本范畴的研究。在过去的政治经济学教科书及有关文件中,是不承认社会主义社会存在资本范畴的。党的十四届三中全会通过的《中共中央关于建立社会主义市场经济体制若干问题的决定》和党的十五大文件中,提出了"资本""资本市场""公有资本"等概念,这绝不是偶然的。关于社会主义社会中的资本范畴,在理论上和认识上还有一些不同看法。洪远朋教授在《思想理论教育导刊》2000年第3期发表了《对社会主义社会中资本范畴的理解》。

（1）资本的本质特征是增值价值。长期以来,不承认社会主义社会还存在资本范畴,是与对资本的概念及其本质特征的理解有关的。据我们所知,在迄今为止的所有政治经济学教科书中,几乎都是这样给资本下定义的:资本是能够带来剩余价值的价值。这样一个定义,在特定的意义上(如在"资本主义"的意义上)是正确的,但它是不是反映了资本的最一般的本质特征呢？这是一个值得深入思考的问题。现在,还有不少人不理解社会主义社会仍然存在资本范畴,其中的一个原因,就是认为既然"资本是能够带来剩余价值的价值",而现今在中央文件和报告中,我们还没有提出社会主义剩余价值的概念,那么,怎么会有"能够带来剩余价值的价值"的资本呢？

洪远朋教授根据学习和研究《资本论》的体会认为,资本最一般的本质特征是增殖价值,能够带来增殖的价值就是资本。研究社会主义社会是否还存在资本,就是看是否还存在带来增殖的价值,而不能按照资本主义社会主义的特定含义来判定。

（2）社会主义社会存在资本的客观性。社会主义社会是否还存在资本,就是要看社会主义社会是否还存在增殖的价值。社会主义社会是否还有、是否还需要增殖的价值呢？第一要看,社会主义社会是否还需要增加生产物的总量,是否还需要积累,是否还需要扩大再生产；第二要看,社会主义社会的产品及其增量是否还需要采取商品价值的形式。

第一个需要是肯定的。因为积累是一切社会发展的基础,当然,也是社会主义社会继续发展的基础。首先,社会主义积累是扩大再生产的主要源泉。其次,社会主义积累还是巩固和发展社会主义生产关系的重要条件。再次,社会主义积累是提高人民生活水平的一种手段。所以,社会主义社会需要生产的增量,需要积累,需要扩大再生产。

第二个需要也是肯定的。社会主义社会的产品及其增量仍然需要采取商品价值形式,这也是由客观经济条件决定的。在社会主义初级阶段,仍然存在商品、货币、价值以及增值的价值。社会主义社会的产品及其增量都必须用价值来表现。所以,仍然存在价值和增值的价值。当然,也就存在资本了。

（3）在社会主义社会中公有资本占主体。在社会主义初级阶段,资本仍然存在,大家基本上已达成共识。但是,仍有一些人一提起资本,就马上想到了"私",想到了资本主义。

其实,资本不等于"私",这要看资本归谁所有。资本不是物,而是一种社会生产关系。资本具体反映了什么样的社会生产关系,那是由同它联结的所有制性质决定的。在资本主义社会,资本是同占统治地位的资本家私人所有制联结的。因此,在资本主义社会,以私人资本为主体,并占统治地位。

在社会主义初级阶段,由于公有制经济占主体地位,决定了公有资本必然占主体。当然,在社会主义社会也可以存在私人资本,但只要私人资本不占统治地位,资本的存在就不会导致资本主义。所以,资本和资本主义不能画等号。

2. 关于社会主义社会的剩余价值问题。社会主义是否存在剩余价值的问题长期以来是个禁区,一直认为剩余价值是资本主义特有的。有些同志在进行很有意义的探讨。这个问题在我们国内是有不同看法的。洪远朋教授也是倾向于社会主义经济仍然可以有"剩余价值"范畴的。

（1）剩余价值是商品经济的概念,有商品、有价值,就会有剩余价值。资本主义是商品经济,有剩余价值,现阶段的社会主义仍然是商品经济,也应有剩余价值。商品价值仍然应当由 c+v+m 三个部分组成,这是客观事实,不承认是不行的。

（2）现在商品经济的范畴,如商品、货币、价值、剩余劳动、剩余产品、利润、生产价格等等范畴,在社会主义经济中都运用了,唯独剩余价值不用,是不合逻辑的,特别是作为剩余价值转化形式的利润都用了,而不用剩余价值是说不通的。试问利润是什么的转化形式呢？现在不敢用剩余价值而用剩余产品的价值实际上是一回事,剩余产品的价值不是剩余价值又是什么呢？

（3）社会主义不应有剩余价值的观点是因为受原苏联政治经济学教科书中关于剩余价值定义的束缚。通常政治经济学读物中说："剩余价值是由雇佣工人所创造而由资本家无偿占有的超过劳动力价值的价值。"[①]其实,这个定义并不是马克思的。这个定义是从原苏联政治经济学教科书中来的。

我们看看马克思是怎样给剩余价值下定义的。

定义之一："原预付货币额加上一个增值额。我把这个增值或超过原价值的余额叫做剩余价值。"[②]

定义之二："剩余价值就是商品价值超过消耗掉的产品形成要素及生产资料和劳动力的价值而形成的余额。"[③]

[①]《苏联政治经济学教科书》,人民出版社 1955 年版,第 115 页。
[②]《马克思恩格斯全集》第 23 卷,人民出版社 1972 年版,第 172 页。
[③] 同上书,第 235 页。

定义之三:"把剩余价值看作只是剩余劳动时间的凝结,只是物化的剩余劳动,这对于认识剩余价值也具有决定性的意义。"①

马克思说过,如果去掉剩余价值的独特的资本主义性质,它是一切社会生产方式所共有的基础。马克思说:"如果我们把工资和剩余价值,必要劳动和剩余劳动的独特的资本主义性质去掉,那么,剩下的就不再是这几种形式,而只是它们的为一切社会生产方式所共有的基础。"②

从以上马克思关于剩余价值的论述中,怎么也得不出剩余价值是资本主义独有的经济范畴,也得不出剩余价值一定是资本家无偿占有的。恰恰相反,它是一切社会生产方式所共有的基础。当然,也是社会主义生产方式的基础。

3. 关于社会主义社会的地租问题。关于社会主义社会是否还存在地租还有争议,也尚未出现在党的正式文件上。早在1983年洪远朋教授就在《社会科学研究》第5期上撰文《试论社会主义绝对地租》,同意和主张社会主义社会仍然存在地租。

通常有一种误解,似乎只要废除了土地私有权就不再存在地租,而马克思《资本论》中告诉我们的是,只有废除一切土地所有权,才能消灭地租。

土地所有权是地租形成的前提和基础。马克思说:"不论地租有什么独特的形式,它的一切类型有一个共同点:地租的占有是土地所有权借以实现的经济形式。"③有土地所有权就要支付地租。要取消地租,不仅要废除土地私有权,而且要废除一切土地所有权。马克思说过:"从一个较高级的社会经济形态的角度来看,个别人对土地的私有权,和一个人对另一个人的私有权一样,是十分荒谬的。甚至整个社会,一个民族,以至一切同时存在的社会加在一起,都不是土地的所有者。他们只是土地的占有者,土地的利用者,并且他们必须像好家长那样,把土地改良后传给后代。"④这就是说,只有到了共产主义社会,不仅取消了土地私有权,而且取消了一切土地所有权(包括土地国有权)的时候,才能废除地租。

在社会主义社会,建立了生产资料公有制,消灭了土地的私有权,但是并没有取消土地所有权。现在,我国的土地仍有两种所有制:土地国有制和土地集体所有制。由于土地所有权存在,所以,地租的经济基础仍然存在。

随着土地私有权的废除,当然任何组织或个人不得侵占、买卖或者以其他形式非法转让土地。但是,土地的征用和借用始终是存在的。恩格斯说过:"由劳动人民实际占有一切劳动工具,无论如何都不排除承租和出租的保存。"⑤由于土地所

---

① 《马克思恩格斯全集》第23卷,人民出版社1972年版,第244页。
② 《马克思恩格斯全集》第25卷,人民出版社1974年版,第990页。
③ 同上书,第714页。
④ 同上书,第875页。
⑤ 《马克思恩格斯选集》第2卷,人民出版社1972年版,第545页。

有权的存在,借用土地所支付的代价,实质上就是地租,征用土地所支付的代价也要考虑地租。恩格斯说过:"消灭土地私有制并不要求消灭地租,而且要求把地租——虽然是用改变过的形式——转交给社会。"①

社会主义社会不仅存在土地所有权,而且存在着土地所有权和土地使用权的分离,在农村,土地所有权是属于集体所有的,而土地使用权在实现联产计酬承包制的情况下,是属于承包户的;在城市,土地所有权是国有的,而土地使用权是属于相对独立进行经济核算的各种企业的。使用土地就得支付代价、付地租。马克思说过:真正的地租是为了使用土地本身而支付的。使用土地不支付地租就等于取消土地所有权。

所以,在社会主义社会还存在地租这是一个客观事实,无论从理论上和实践上都是不能否认的。但是,社会主义地租和资本主义地租是有本质区别的。第一,社会主义地租体现的是社会主义国家、集体和劳动者个人三者利益的关系,不是剥削关系;第二,社会主义地租是社会主义土地公有制实现的经济形式,它归国家和集体所有;第三,资本主义地租曾经造成了对土地破坏性的使用,阻碍了生产力的发展,而社会主义地租将能够更好地促进对土地的合理经营和使用,有利于社会主义经济建设的顺利进行。

(四) 洪远朋教授对经济学科建设的求索

洪远朋教授不仅是一位坚定地坚持马克思主义的经济学家,同时还是一位不断创新的马克思主义经济学家。在经济学科建设上有不少新思维、新探索甚至遐想。

1. 构建马克思主义政治经济学的新思维。在政治经济学的发展与创新方面,洪远朋教授认为,政治经济学是一门发展的学科,应根据时代特色和新的历史使命,进行理论创新,建立新的政治经济学体系。

(1) 给马克思主义政治经济学的定位。要建立马克思主义政治经济学的体系,首先必须弄清马克思主义政治经济学的地位。

① 从学科来说,马克思主义政治经济学是经济学的三级学科:一级是经济学;二级是理论经济学;政治经济学是理论经济学的分支,是三级经济学科。所以,政治经济学不等于理论经济学,更不等于经济学。因此,不能把理论经济学的任务,特别是整个经济学的任务,都压到政治经济学身上。

② 从阶级属性来说,政治经济学要涉及各个阶级的经济利益,所以,不同的阶级为了维护本阶级的利益,都有自己的经济学。当今世界主要有两大阶级,所以,从阶级属性来划分,主要有资产阶级政治经济学和无产阶级政治经济学。马克思

---

① 《马克思恩格斯选集》第2卷,人民出版社1972年版,第545页。

主义经济学就是无产阶级经济学,是为无产阶级利益服务,也就是为大多数人利益服务的经济理论。

③ 从马克思主义的组成来说,无产阶级政治经济学是马克思主义的三大组成部分之一,是马克思主义的主要内容,是无产阶级制定纲领、路线、方针和政策的理论基础,是引导工人阶级和劳动人民推翻资本主义,建设社会主义的强大思想武器,也是其他经济学科的理论基础。

(2) 以商品(形式)——劳动(实质)为出发点。马克思主义政治经济学体系的建立,也需要一个能反映社会主义生产关系本质和发展趋势的合乎逻辑的出发点。那么,这个出发点是什么呢?只要比较深入地思考一下,如果不是停留在现象或形式上,而是从本质和实际内容来考察,我们就会发现马克思说分析资本主义生产关系从商品开始,这是从现象或形式来说。商品的最大特点是有价值,而价值是由劳动创造的。所以,从商品开始,从实际内容或从实质来说,是从劳动开始的。

(3) 以广义生产关系为对象。马克思主义政治经济学的研究对象严格说来是生产关系,但是广义生产关系。从横的方向来说,生产关系应该包括四个方面:生产、交换、分配、消费,是研究直接生产过程中的关系,交换过程中的关系,分配过程中的关系,消费过程中的关系。从纵的方向来说,政治经济学不是研究一种生产关系,而是研究人类社会各种生产关系。马克思主义政治经济学是研究生产关系的科学,但是,它不是研究抽象的生产关系,而是研究历史发展一定阶段上的生产关系。而且,它不是只固定研究某一种生产关系,而是研究人类社会发展各个不同阶段上的生产关系。

(4) 以经济利益为中心。一切经济学的核心是经济利益。无论是马克思主义经济学(或无产阶级经济学)还是西方经济学(或资产阶级经济学),虽然各种说法不同,实质上都是以经济利益为核心的。马克思主义经济学公开声明是为无产阶级的利益服务的,是以谋求无产阶级(即大多数人)利益为目的的经济理论体系。毛泽东说过:"马克思主义的基本原则,就是要使群众认识自己的利益,并且团结起来,为自己的利益而奋斗。"① 西方经济学对经济学的核心虽有多种说法,但是,实质上是以谋求资产阶级(即少数人)利益为目的的经济理论体系。康芒斯说过:"自从经济学的研究开始和哲学、神学或者自然科学分开,研究者采取的观点决定于当时认为最为突出的冲突以及研究者对冲突的各种利益的表态。"②

(5) 以生产关系为框架的新结构。以生产关系为框架的政治经济学的新结构应由下面几部分组成。第一部分,经济制度的更迭和内部变革;第二部分,生产过

---

① 《毛泽东选集》第4卷,人民出版社1991年版,第1318页。
② 康芒斯:《制度经济学》上册,商务印书馆1962年版,第134页。

程,剖析直接过程中的经济利益关系;第三部分,交换过程,剖析交换过程中的经济利益关系;第四部分,分配过程,剖析分配过程中的经济利益关系;第五部分,消费过程,剖析消费过程中的经济利益关系;第六部分,政治经济学发展史。首先,介绍马克思以前的政治经济学的产生和演变过程;其次,描述马克思主义政治经济学的发展历程;再次,综述"边际革命"以来西方政治经济学的演变史;最后,叙述社会主义政治经济学的发展史。

(6) 以唯物辩证法为基本方法同时吸收新方法。建立政治经济学,有一个正确的方法是非常重要的。马克思主义的基本方法是唯物辩证法,政治经济学也应该遵循这一基本方法。随着社会生产的发展、现代科学技术的进步,经济科学与自然科学相互结合、相互渗透的趋势越来越明显。发展和完善政治经济学也必须吸取当代西方经济学和当代自然科学的新成果和新方法。

(7) 中国版的马克思主义政治经济学必须有中国特色。经济学作为一门研究社会经济活动的科学,必须结合本国的实际来展开,要有自己的特色。经济学是对经济现象和经济活动规律的揭示,总是与不同国家社会实践活动紧密联系在一起的,脱离现实背景的经济学不可能具有生命力。斯密的《国富论》是对英国资本主义上升时期社会经济实践活动的概括;萨缪尔森的《经济学》是对美国现代资本主义各种经济活动和经济现象的概括;相应地,中国特色马克思主义政治经济学必须植根于当代中国现实经济背景之中,对当代中国社会主义实践进行概括。

2. 建立经济学说史新体系的尝试。经济学说史是理论经济学的一个重要组成部分,就经济学说史的总体来说,现有的经济学说史著作和教材具有一个共同的特点,即都是按"人物"或按"学派"来介绍的,或者只涉及一个至多几个专题的理论发展史,都不能给我们提供主要经济理论发展的历史和现状的全貌,明显地存在一些不足之处:首先,主要经济范畴、规律和原理在相当大的程度上被孤立地阐述,不可能使人对这些经济范畴、规律和原理有比较连贯的系统的了解;其次,对经济学中的许多基本概念或范畴的分析大大不够,不少重要经济范畴和原理很少涉及,甚至无法被纳入"人物"体系加以剖析,比如生产力、流通、消费等等;更重要的是,这些类型的经济学说史与社会主义经济建设的现实联系都不很紧密。

洪远朋教授认为建立经济学说史的理论体系,除了按照历史上先后出现的各种经济学派及其代表人物以时期为序来组织理论体系以外,还可以经济学中的主要经济理论和范畴为主线来组织经济学说史的理论体系。因此,他吸取各类经济学说史的长处,克服不足之处,编了一本以专题形式阐述各种经济理论(包括古今中外)本身发展的历史和现状的经济学说史。书名为《经济理论的轨迹》(辽宁人民出版社1992年版)。这是一本经济学说史新体系的尝试。至少具有以下几个特色:

首先,在选题上具有全面性。按照各种经济理论本身的发展来编写的经济学说史新体系必须包括理论经济学中所有重要的经济原理和范畴,比如商品、价值(价格)、货币、资本、生产力、再生产、流通、市场、就业、人口、分配、剩余价值、工资、利润、利息、地租、消费、经济危机、垄断、帝国主义等,并且将这些范畴和原理按照从抽象到具体的逻辑方法和历史方法有机地组成一个体系。经济学中的各个范畴和原理在人类认识的长河中,不是静止的、孤立的,而是处于纵横联系之中的。从纵的方面说,它从古至今有着自身发生、发展和演变的历史;从横的方面说,它既有外国的,又有中国的。我们将从纵横两方面来概述经济学中主要原理和范畴在古今中外经济学说史上的发展源流及其现状。因此,这样一种经济学说史是全面的:第一,它包括一切主要经济理论;第二,它从古到今,包括历史上和当今有关的所有流派;第三,它中外结合,既有外国经济学说史,又有中国经济学说史。

其次,在观点上具有鲜明性。这种经济学说史所论述的各种经济理论发展历史与现状都是以马克思经济学说为中心建立起来的,其中每个专题都以马克思主义为指导去分析各派各家的观点。

再次,在阐述上具有系统性。经济学说史新体系在阐述某一经济范畴和原理的认识史时,一般要包含下列几部分内容:(1)马克思主义以前的经济学家关于这一问题的论述,其中应找出该理论的鼻祖;(2)马克思主义对这一范畴和理论的批判、继承及发展,其中包括马克思、恩格斯、列宁、斯大林、毛泽东的观点;(3)当代资产阶级学者对这一问题的新观点;(4)这一范畴和理论在社会主义条件下的变化、发展及其实践。

最后,在实践上具有指导性。这样一本以主要经济理论为主线的经济学说史,不仅是一本经济理论发展历史的论著,而且要阐明各种经济理论的现状,特别注重这些理论在社会主义社会的现实意义,遵循"古为今用""洋为中用"的原则,理论联系实际地创立适应社会主义经济发展要求的社会主义经济学说。新体系的经济学说史从中国到世界、从历史到现状,对经济范畴、原理和规律作全面系统的比较研究,并以一定的篇幅直接分析它们的现实作用,从而在实践上必然对中国特色社会主义现代化建设和经济体制的全面改革具有一定的指导意义。

3. 关于建立社会主义综合经济学的遐想。社会主义经济的发展和经济体制改革的深入,对社会主义经济科学提出了新的更高的要求,也为经济科学的繁荣和发展带来了新的活力。面对这一情况,近来有人说,传统的政治经济学面临着危机。还有人说,经济科学面临着一场革命。洪远朋教授认为适应经济生活的迫切要求,经济科学必须发展、提高和前进,经济理论发展的主旋律是综合创新。基于这一基本认识,他认为无论从经济建设的实践、经济理论的发展还是经济科学的普及来看,都需要创建一门社会主义综合经济学。

简单地说,社会主义综合经济学是研究社会主义经济运动规律的一门综合性的经济学。如何理解它是综合经济学,它综合的范围有多广,它与社会主义政治经济学到底有哪些区别呢?

第一,社会主义经济学作为一门综合性的经济学,它不仅研究生产关系,而且研究生产力和上层建筑。

第二,社会主义经济学作为一门综合性的经济学,是宏观经济、中观经济与微观经济的综合。

第三,社会主义经济学作为一门综合性的经济学,它要综合现有各国、各家、各派社会主义经济理论的合理成分。

第四,社会主义经济学作为一门综合性的经济学,是各门经济科学和相关学科的综合。

第五,社会主义经济学作为一门综合性的经济学,还是各种经济分析方法的综合。

洪远朋教授关于综合经济学体系框架的构想是:第一篇,导论;第二篇,综合生产力;第三篇,综合经济基础;第四篇,经济运行综合体系(上)——微观经济运行;第五篇,经济运行综合体系(中)——中观经济运行;第六篇,经济运行综合体系(下)——宏观经济运行;第七篇,综合经济学与上层建筑;第八篇,人口、环境与经济的综合发展;第九篇,综合经济系统中的核算工具;第十篇,经济学的分化、交叉和综合。

综合经济学创建已进行了大量基础性工作,并取得了大量成果。洪远朋教授创建综合经济学不仅在国内居领先地位,早在1985年起就在《复旦学报》《经济研究参考资料》等刊物撰文提出建立社会主义综合经济学,而且在国际经济理论界也是处于前沿的。据报道,德、美、澳等国的不少经济学家也正在努力创建所谓的mesoeconomics,有人译为综观经济学;与之相比,洪远朋教授的综合经济学综合层次更高,某种程度上包容了国外的mesoeconomics。

(摘自世界政治经济学学会编《世界马克思主义经济学家思想论集》〔第一辑〕,中国财政经济出版社2010年2月版)

洪远朋：政治经济学的批判与创新

一、洪远朋的批判

中国社会主义建设的过程中，理论上面临的首要任务就是正本清源，要将各种"左"的和右的非马克思主义的东西从理论中清理出去，要恢复和坚持马克思主义。洪远朋教授在这一方面作出了重大贡献。这主要体现在以下方面：

（一）对所谓创新"劳动价值论"观点的批判

洪远朋提出，深化对劳动和劳动价值论的认识也要好好学习和了解西方经济学。在西方经济学说史上有各种各样的价值理论，除劳动价值论外，还有供求决定论、效用价值论、要素或生产费用价值论、边际效用价值论、资本创造价值论、科技价值论、均衡价值论、创新价值论、信息价值论、知识价值论等等，花样百出。就劳动价值论而言，有一般意义上的劳动创造价值说，有活劳动创造价值说，有物化劳动创造价值说，还有积累劳动创造价值说等等，五花八门。这些价值理论有的有明显错误，有的有借鉴意义。但是，在有些报纸杂志中，有人把马克思甚至资产阶级经济学家早就批判过的供求价值论当作新发展大加宣扬，有的把国外早已提出过的知识价值论也当作自己的创造等等，这种现象值得反思。

他认为，深化对马克思劳动和劳动价值理论的认识，首先要把马克思主义经典作家的原意搞清楚。我们看到和听到深化对劳动价值认识的一些文章和讲演，自称讲的是马克思的观点，实际上马克思并没有讲过；有的说是对马克思劳动价值论的发展，实际上马克思早就讲过。所以，认真学习马克思主义经济学特别是《资本论》是很重要的。

（二）对否认剩余价值论的批判

洪远朋认为，承认劳动价值论必须承认剩余价值论。这个问题长期以来是个禁区，剩余价值一直被看成资本主义的特有概念。国内学术界对此是有不同看法的。洪远朋教授强调社会主义经济仍然可以有剩余价值范畴。因为剩余价值是商品经济的概念,有商品和价值就会有剩余价值。资本主义是商品经济,有剩余价值;社会主义仍然存在剩余价值,商品的价值仍然由 c+v+m 三部分组成,这是客观事实。马克思说过,如果去掉剩余价值的独特的资本主义性质,它是一切社会生产方式所共有的基础。

关于剩余价值与剥削的关系问题,剥削就是凭借各种权力无偿占有别人劳动创造的剩余价值。但是参加剩余价值分配的不都是剥削。例如,在我国社会主义市场经济条件下,老百姓参加储蓄获取利息,还有一些干部和群众参与股票、债券交易,从中获取的股息、红息,可以说仍然来源于剩余价值,但不能算是剥削。这是剩余价值的再分配。在我国社会主义市场经济条件下,依然存在剥削,因为社会主义初级阶段需要发展私营经济。但是对超经济剥削要限制,对残酷剥削要制裁。

(三)对蓄意否定马克思主义的价值理论的批判

多年来,某些人蓄意否定马克思主义的价值理论,认为马克思主义的价值理论很简单、很贫乏,就是劳动决定商品的价值,价值是价格的基础,价格是价值的货币表现。1985 年洪远朋就指出:并不是马克思主义价值理论的贫乏,而是责难者知识的贫乏。这些人没有很好地认真地去学习和研究马克思主义的价值理论,他们只有政治经济学教材中提到的一点马克思主义价值理论的知识,或者只有《资本论》第一卷第一篇的一些价值理论的知识。他们中好多人没有读过《资本论》第三卷和马克思主义有关价值理论的其他著作,就妄加评论。实际上,只要认真学习马克思主义有关价值理论的著作和阅读西方学者一些有关价值理论的著作,进行比较分析,就能看出马克思主义价值理论是系统完整、科学正确、非常丰富的。

(四)对不全面或不正确的理解马克思主义经济理论的批判

长期以来,在许多政治经济学的著作或教科书中,甚至在最近出版的一些政治经济学著作中,都有这样的论断:社会主义经济因素不可能在资本主义内部产生,只有无产阶级夺取政权以后,社会主义经济因素才能逐步成长起来。而且把这种论断当作天经地义的马克思主义的观点。洪远朋认为,这一论断并不是马克思主义的,也不符合当代资本主义的实际,必须正本清源,澄清许多对马克思主义经济理论不全面或不正确的理解,甚至误解或讹传的东西。

这一论断最早出自原苏联政治经济学教科书。1981 年,洪远朋教授在《资本主义社会内部不可能产生社会主义经济因素吗?》中提出在资本主义社会内部存在着社会主义经济因素。这一观点引起广泛争论,1997 年,洪远朋再度发表论文《再论资本主义社会中的社会主义经济因素》,指出:原苏联政治经济学教科书和斯大林的观点,并非是马克思主义的,马克思主义的创始人曾多次论述,在资本主义社会内部是有可能产生社会主义经济因素的。马克思说过:"庸俗经济学家不能设想各种在资本主义生产方式内部发展起来的形式,能够离开并且摆脱它们的对立的、资本主义的性质。"

对苏联政治经济学教科书把生产资料生产增长的速度要比消费资料生产的增长速度快一些概括为"生产资料生产优先增长的规律",洪远朋认为这个长期流行的提法,理论上是没有根据的,实践上是有害的,要加以正名。马克思在《资本论》中虽然没有明确提出生产资料生产增长较快的规律,但是已经有了这个思想。马克思曾经指出:"资本主义社会把它所支配的年劳动大部分用来生产生产资料。"①"为了从简单再生产过渡到扩大再生产,第Ⅰ部类的生产要能够少为第Ⅱ部类制造不变资本的要素,而相应地多为第Ⅰ部类制造不变资本的要素。"②"不变资本不断增加,从事不变资本再生产的总劳动的相对量也就不断增加。……必定表现为所使用的工人总数中相对地有更大的部分从事生产资料的再生产。"③列宁发展了马克思的再生产理论,明确提出了生产资料生产增长较快的规律。他说:"即使没有马克思在《资本论》第二卷中所做的研究,根据不变资本有比可变资本增长得更快的趋势的规律也能得出上面的结论,因为所谓生产资料增长最快,不过是把这个规律运用于社会总生产时的另一种说法而已。"④"因此,制造生产资料的社会生产部类应该比制造消费品的部类增长得快些。"⑤"增长最快的是制造生产资料的生产资料生产,其次是制造消费资料的生产资料生产,最慢的是消费资料生产。"⑥可见,生产资料生产优先增长规律的提法,是不合马克思和列宁的再生产理论的。

(五)对积累是扩大再生产唯一源泉问题的批判

积累不是扩大再生产的唯一源泉是马克思的再生产原理,而积累是扩大再生产的"唯一源泉"的提法,不是马克思的。马克思在《资本论》中确有许多积累是扩大再生产的源泉的论述,但是,马克思从来没有讲过,更没有论证过积累是扩大再生产的"唯一源泉"。恰恰相反,马克思却有许多关于不是扩大再生产的唯一源泉、没有积累仍然可以扩大再生产的论述,既有明确提法,又有具体论证。自从1952年斯大林在《苏联社会主义经济问题》中提出"积累是扩大再生产的唯一源泉的原理"后,在我国经济理论界引起混乱。洪远朋1978年在《关于社会主义积累的几个问题》中认为积累是扩大再生产的主要源泉,但唯一源泉。这一论点马上引发了理论界的激烈论战。后来,他又连续发表文章《积累不是扩大再生产的唯一源泉》《三论积累不是扩大再生产的唯一源泉》对此问题进行了理论说明的论证。

---

① 《马克思恩格斯全集》第24卷,人民出版社1972年版,第489页。
② 同上书,第560页。
③ 《马克思恩格斯全集》第26卷第1册,人民出版社1972年版,第219—220页。
④⑥ 《列宁全集》第1卷,人民出版社1960年版,第71页。
⑤ 同上书,第176页。

二、洪远朋的创新

洪远朋认为,马克思主义经济理论的发展要从三个方面进行。首要的是要把马克思主义经济理论与中国的社会主义实际相结合加以发展。马克思主义经典作家的许多理论结论要随着实践的发展加以更新。如社会主义单一的公有制理论、高度集中的计划经济理论、产品形式的按劳分配理论等等。其次,要借鉴和吸取西方经济理论的合理成分,他主张,对西方经济学一要了解、二要批判、三要吸取。最后还要继承和弘扬中国经济思想的宝贵遗产。对中国经济思想一要挖掘、二要继承、三要扬弃。在推动经济理论的创新和发展上,他的主要理论贡献突出体现在以下方面:

(一)最早建立社会利益理论体系

洪远朋认为,利益是人们能满足自身需要的物质财富和精神财富之和,以及其他需要的满足。经济利益是人们在生产、流通、分配、消费过程中的利益。生产过程创造利益,流通过程交换利益,分配过程分享利益,消费过程实现利益。对此,他提出了一个很重要的观点,即经济学的核心是经济利益,经济学是研究生产、交换、分配和消费过程中经济利益问题的科学。结合现实经济问题,围绕经济利益,展开研究,可以形成经济利益理论,主要涉及社会主义市场经济的利益关系、综合经济利益、分享利益、机会利益、风险利益、保险利益、开放利益和创业利益等。

洪远朋教授为首的学术团队认为,马克思主义历来重视经济利益及其关系。马克思通过研究发现,人们奋斗所争取的一切都与利益有关,一切经济关系实质上都是经济利益关系。但是不同的经济制度就有不同的经济利益关系。马克思的《资本论》就是研究资本主义经济利益的,它公开声明是为工人阶级,也就是大多数人的利益服务的。中国共产党人的三代领导集体以马克思主义经济利益关系理论为指导,同时吸收西方经济学经济利益关系理论中某些有用的成分,结合中国实际,丰富和发展了经济利益关系理论,这是他们研究、认识和处理社会主义市场经济下的各种利益关系的指导思想。洪远朋教授为首的学术团队提出,在社会主义市场经济条件下,经济利益主体多元化,各种经济利益关系错综复杂,必须以追求各经济利益主体本身利益为主的综合经济利益为出发点,建立社会主义市场经济下利益关系的制衡机制:个人利益服从集体利益;局部利益服从整体利益;暂时利益服从长远利益;维护大多数人的利益,限制少数人的暴利;保障合法利益,打击非法利益。同时,要遵循经济利益、政治利益、文化利益三结合的原则,以推动我国社会主义的物质文明、精神文明和政治文明建设与发展。

经济利益理论的提出,就是树起了一面旗帜,公开地为利益特别是为经济利益正名。经济利益理论来源于当今中国改革开放的实践,又反过来为当今中国改革开放的实践服务。洪远朋教授的研究成果对建设社会主义的市场经济是有重要的参考价值和重大的现实意义的。

（二）对《资本论》揭示的经济理论作出了新概括，提出了新见解

洪远朋认为，《资本论》揭示的经济理论至少包括以下四个主要方面：

（1）一般经济理论包括：关于政治经济学研究对象、体系、方法，关于生产力要素与源泉的理论，关于生产关系及其演变的理论，关于人类社会发展的普遍规律，关于经济利益及其关系的理论，关于所有权（制）的一般理论，关于分配的一般理论，关于消费的一般理论，关于农业是国民经济基础的理论，关于分工、协作和管理的理论。

（2）商品经济理论包括：商品因素论，商品条件论，商品内在矛盾论，商品历史命运论，市场理论，价值理论，货币理论，信用理论，竞争理论，开放理论。

（3）关于资本主义经济的理论包括：关于资本主义发展阶段能不能跳越的问题，资本原始积累与资本主义的产生，资本主义（或剩余价值）生产过程，资本主义（或剩余价值）流通过程，资本主义（或剩余价值）分配过程，资本主义积累的一般规律，资本主义社会无产阶级贫困问题，资本主义社会再生产，资本主义经济周期，资本主义必然灭亡的趋势。

（4）关于社会主义经济的理论包括：关于社会主义革命的道路问题，社会主义必须建立在生产力高度发展的物质基础之上，社会主义生产的目的是为了满足全体成员的需要，社会主义的所有制，社会主义有计划分配劳动和组织生产，社会主义的分配，社会主义更加需要经济核算，社会主义是以人的全面而自由的发展为基本原则的社会形式，社会主义是经常变化和改革的社会，社会主义社会是共产主义的初级阶段。

对《资本论》的这个准确概括，回答了两个重要问题：一是坚持马克思主义经济理论包括哪些主要内容的问题；二是《资本论》没有过时，《资本论》不仅是指示资本主义经济运动的规律，还包括：一般经济理论，这是任何社会都适用的，社会主义中国也适用；商品经济理论，这是任何还存在商品经济的国家都适用的，社会主义市场经济的中国也适用；社会主义经济理论，当然适用于社会主义中国。

（三）提出了构建马克思主义政治经济学的新思维

洪远朋认为，政治经济学是一门发展的学科，应根据时代特色和新的历史使命，进行理论创新，建立新的政治经济学体系。

（1）要建立马克思主义政治经济学的体系，首先必须弄清马克思主义政治经济学的地位。① 从学科来说，马克思主义政治经济学是经济学的三级学科；一级是经济学，一级是理论经济学，政治经济学是理论经济学的分支，是三级经济学科。所以，政治经济学不等于理论经济学，更不等于经济学，因此，不能把理论经济学的

任务,特别是整个经济学的任务,都压到政治经济学身上。② 从阶级属性来说,政治经济学要涉及各个阶级的经济利益,所以,不同的阶级为了维护本阶级的利益,都有自己的经济学。当今世界主要有两大阶级,所以,从阶级属性来划分,主要有资产阶级政治经济学和无产阶级政治经济学。马克思主义经济学就是无产阶级经济学,是为无产阶级利益服务,也就是为大多数人利益服务的经济理论。③ 从马克思主义的组成来说,无产阶级政治经济学是马克思主义的三大组成部分之一,是马克思主义的主要内容,是无产阶级制定纲领、路线、方针和政策的理论基础,是引导工人阶级和劳动人民推翻资本主义,建设社会主义的强大思想武器,也是其他经济学科的理论基础。

(2) 以商品(形式)——劳动(实质)为出发点。马克思主义政治经济学体系的建立,也需要一个能反映社会主义生产关系本质和发展趋势的合乎逻辑的出发点。那么,这个出发点是什么呢? 只要比较深入地思考一下,如果不是停留在现象或形式上,而是从本质和实际内容来考察,我们就会发现马克思说分析资本主义生产关系从商品开始,这是从现象或形式来说。商品的最大特点是有价值,而价值是由劳动创造的。所以,从商品开始,从实际内容或从实质来说,是从劳动开始的。

(3) 以广义生产关系为对象。马克思主义政治经济学的研究对象严格说来是生产关系,但是广义生产关系。从横的方向来说,生产关系应该包括四个方面:生产、交换、分配、消费,是研究直接生产过程中的关系,交换过程中的关系,分配过程中的关系,消费过程中的关系。从纵的方向来说,政治经济学不是研究一种生产关系,而是研究人类社会各种生产关系。马克思主义政治经济学是研究生产关系的科学,但是,它不是研究抽象的生产关系,而是研究历史发展一定阶段上的生产关系。而且,它不是只固定研究某一种生产关系,而是研究人类社会发展各个不同阶段上的生产关系。

(4) 以经济利益为中心。一切经济学的核心是经济利益。无论是马克思主义经济学(或无产阶级经济学)还是西方经济学(或资产阶级经济学),虽然各种说法不同,实质上都是以经济利益为核心的。马克思主义经济学公开声明是为无产阶级的利益服务的,是以谋求无产阶级(即大多数人)利益为目的的经济理论体系。毛泽东说过:"马克思主义的基本原则,就是要使群众认识自己的利益,并且团结起来,为自己的利益而奋斗。"① 西方经济学对经济学的核心虽有多种说法,但是,实质上是以谋求资产阶级(即少数人)利益为目的的经济理论体系。康芒斯说过:"自从经济学的研究开始和哲学、神学或者自然科学分开,研究者采取的观点决定

---

① 《毛泽东选集》第4卷,人民出版社1991年版,第1318页。

于当时认为最为突出的冲突以及研究者对冲突的各种利益的表态。"①

(5) 以生产关系为框架的新结构。以生产关系为框架的政治经济学的新结构应由下到几部分组成。第一部分,经济制度的更迭和内部变革;第二部分,生产过程,剖析直接过程中的经济利益关系;第三部分,交换过程,剖析交换过程中的经济利益关系;第四部分,分配过程,剖析分配过程中的经济利益关系;第五部分,消费过程,剖析消费过程中的经济利益关系。第六部分,政治经济学发展史。首先,介绍马克思以前的政治经济学的产生和演变过程;其次,描述马克思主义政治经济学的发展历程;再次,综述,"边际革命"以来西方政治经济学的演变史;最后,叙述社会主义政治经济学的发展史。

(6) 以唯物辩证法为基本同时吸收新方法。建立政治经济学,有一个正确的方法是非常重要的。马克思主义的基本方法是唯物辩证法,政治经济学也应该遵循这一基本方法。随着社会生产的发展、现代科学技术的进步,经济科学与自然科学相互结合、相互渗透的趋势越来越明显。发展和完善政治经济学也必须吸取当代西方经济学和当代自然科学的新成果和新方法。

(7) 中国版的马克思主义政治经济学必须有中国特色。经济学作为一门研究社会经济活动的科学,必须结合本国的实际来展开,要有自己的特色。经济学是对经济现象和经济活动规律的揭示,总是与不同国家社会实践活动紧密联系在一起的,脱离现实背景的经济学不可能具有生命力。斯密的《国富论》是对英国资本主义上升时期社会经济实践活动的概括;萨缪尔森的《经济学》是对美国现代资本主义各种经济活动和经济现象的概括;相应地,中国特色马克思主义政治经济学必须植根于当代中国现实经济背景之中,对当代中国社会主义实践进行概括。

(四) 最早提出建立经济学说史新体系

洪远朋认为建立经济学说史的理论体系,除了按照历史上先后出现的各种经济学派及其代表人物以时期为序来组织理论体系以外,还可以经济学中的主要经济理论和范畴为主线来组织经济学说史的理论体系。因此,他吸取各类经济学说史的长处,克服不足之处,编了以专题为形式《经济理论的轨迹》一书,阐述古今中外经济学说发展的历史和现状。这是一本经济学说史新体系的尝试。至少具有以下几个特色:

首先,在选题上具有全面性。按照各种经济理论本身的发展来编写的经济学说史新体系必须包括理论经济学中所有重要的经济原理和范畴,并且将这些范畴和原理按照从抽象到具体的逻辑方法和历史方法有机地组成一个体系。经济学中的各个范畴和原理在人类认识的长河中,不是静止的、孤立的,而是处于纵横联系

---

① 康芒斯:《制度经济学》上册,商务印书馆1962年,第134页。

之中的。

其次,在观点上具有鲜明性。这种经济学说史所论述的各种经济理论发展历史与现状都是以马克思经济学说为中心建立起来的,其中每个专题都以马克思主义为指导去分析各派各家的观点。

再次,在阐述上具有系统性。经济学说史新体系在阐述某一经济范畴和原理的认识史时,一般要包含下列几部分内容:(1)马克思主义以前的经济学家关于这一问题的论述,其中应找出该理论的鼻祖;(2)马克思主义对这一范畴和理论的批判、继承及发展,其中包括马克思、恩格斯、列宁、斯大林、毛泽东的观点;(3)当代资产阶级学者对这一问题的新观点;(4)这一范畴和理论在社会主义条件下的变化、发展及其实践。

最后,在实践上具有指导性。这样一本以主要经济理论为主线的经济学说史,不仅是一本经济理论发展历史的论著,而且要阐明各种经济理论的现状,特别注重这些理论在社会主义社会的现实意义,遵循"古为今用""洋为中用"的原则,理论联系实际地创立适应社会主义经济发展要求的社会主义经济学说。

(五)最早提出建立社会主义综合经济学的设想

社会主义经济的发展和经济体制改革的深入,对社会主义经济科学提出了新的更高的要求,也为经济科学的繁荣和发展带来了新的活力。面对这一情况,近来有人说,传统的政治经济学面临着危机。还有人说,经济科学面临着一场革命。洪远朋教授认为适应经济生活的迫切要求,经济科学必须发展、提高和前进,经济理论发展的主旋律是综合创新。基于这一基本认识,他认为无论从经济建设的实践,经济理论的发展以及经济科学的普及来看,都需要创建一门社会主义综合经济学。

简单地说,社会主义综合经济学是研究社会主义经济运动规律的一门综合性的经济学。洪远朋关于综合经济学体系框架的构想是:第一篇,导论;第二篇,综合生产力;第三篇,综合经济基础;第四篇,经济运行综合体系(上)——微观经济运行;第五篇,经济运行综合体系(中)——中观经济运行;第六篇,经济运行综合体系(下)——宏观经济运行;第七篇,综合经济学与上层建筑;第八篇,人口、环境与经济的综合发展;第九篇,综合经济系统中的核算工具;第十篇,经济学的分化、交叉和综合。

(六)最早提出社会主义的根本任务是发展综合生产力的观点

社会主义的根本任务是发展生产力,已有共识。发展什么生产力?说法不一。有的说是发展社会生产力;有的说是发展劳动生产力;有的说是发展科学生产力,等等。洪远朋在1995年《试论发展综合生产力》中提出:一个民族、一个国家的繁荣富强依靠的不是单一生产力,而是由许多力量形成的综合力量,即综合生产力。社会主义的根本任务是发展生产力,是发展综合生产力,是发展一切生产力。

（1）既要发展社会生产力，又要重视发展自然生产力。社会生产力是指人们通过一定的社会结合方式形成的创造物质财富的能力。自然生产力是指大自然给人类无偿提供的并入生产过程，用以生产物质财富的力量。自然不仅给生产劳动提供对象，而且给生产劳动提供手段。把巨大的自然力并入生产过程必然大大提高生产力。

（2）不仅要重视微观生产力的发展，还要十分重视宏观生产力的发展。微观生产力是指微观经济主体创造物质财富的能力，包括个人生产力和企业集体生产力。宏观生产力则是由国民经济总体产生的创造物质财富的能力。宏观生产力由微观生产力综合而成，不能简单地理解为微观生产力的算术和。由微观生产力综合而成的宏观生产力的大小取决于国民经济的协调状况，即在全社会范围内采用怎样的组织形式来实现经济资源的有效配置。

（3）不仅要发展现实生产力，还要大力发展潜在生产力。现实生产力是实际投入生产过程，创造物质财富的能力，也可以叫直接生产力。如劳动者运用劳动资料作用于劳动对象而产生的生产力。潜在生产力则是要通过一个乃至一系列中介环节才能创造物质财富的能力，也可以叫间接生产力。科学力、自然力是潜在生产力或间接生产力。科学力和自然力如果不与劳动力相结合，便不能生产任何使用价值，不能创造任何物质财富，因而不能形成直接的或现实的生产力。

（4）既要发展客体生产力，也要重视发展主体生产力。从人类社会生产力诞生之日起，就既有表现为个人特性的主观生产力，也有客观生产力。客体生产力是指包括劳动资料和劳动对象在内的物质要素的生产力。主体生产力则是指人的劳动生产能力，包括体力、脑力及劳动技能。客体生产力是现实生产力中物的部分；主体生产力则是现实生产力中人的部分。我们在此要着重说明的是如何在市场经济条件下发展主体生产力。

（5）既要发展个人生产力，又要重视发展集体生产力。个人生产力是指个人所具备的一般劳动能力，包括智力和体力。集体生产力即总体生产力，是通过劳动组织管理而形成的集体力。马克思说："通过协作提高了个人生产力，而且创造了一种生产力，这种生产力本身必然是集体力"，又说，分工"造成了社会生产过程的质的划分和量的比例，从而创立了社会劳动的一定组织，这样就同时发展了新的社会的劳动生产力"①。可见，集体生产力是由分工协作所产生的，集体生产力的发展又是通过组织管理形式的一定的变迁而实现的。

（6）不仅要发展物质生产力，还要大力发展精神生产力。物质生产力是人们创造物质财富的能力。这种我们通常意义上理解的生产力，在饱尝多年生产力停

---

① 《马克思恩格斯全集》第23卷，人民出版社1972年版，第362、403页。

滞之苦果后,已经引起了人们的充分的重视。但是,精神生产力则尚未引起人们的足够注意。

所谓精神生产力,是劳动者支出脑力劳动而形成的生产力。或者说,精神生产力是人们在精神生产领域中运用符号系统从事信息生产的能力。精神生产以信息加工为本质内容,具体包括科学研究、教育、文学、艺术和管理等。人类社会正处于由工业社会向信息社会过渡,以加工信息为内容的精神生产力正在取代物质生产力扮演财富生产的主角。

(摘自刘思华编著《当代中国马克思主义经济学家:批判与创新》,世界图书出版公司 2012 年 5 月版)

洪远朋：最早建立社会利益理论体系的政治经济学家

1935年10月，洪远朋生于江苏如皋一个小职员之家。16岁那年，正在上高二的他即离开家乡转入江苏省财经学校就读，后被分配至江苏省工业厅工作。1956年，洪远朋考入复旦大学经济系政治经济学专业，并于1961年毕业后考入蒋学模先生门下攻读研究生。1964年毕业后留校任教至今，并从此与马克思主义政治经济学结缘超过半个世纪。

跨半个世纪潜心《资本论》研究

半个多世纪以来，洪远朋教授从未中断过对《资本论》的研究。洪远朋教授说，从1956年进入复旦大学读书以来，历经岁月的跌宕起伏，"大跃进"、反右派、上山下乡、十年"文革"……"但在外界喧哗的斗争中，自己最大的收获就是安安静静地读完了《资本论》。"洪远朋教授关于《资本论》研究的专著、教材就有近二十本，其中《〈资本论〉难题探索》一书获得上海市（1979—1985）哲学社会科学优秀成果著作奖、北方十三省（市）哲学社会科学优秀图书一等奖。还有多部教材被国家或上海市评为优秀教材。MIF副总裁朱民先生回忆自己在复旦经济学院的岁月时表示，他一直记得洪远朋教授一个字一个字地为同学们讲解《资本论》。

《资本论》卷帙浩繁，主旨宏远，理论结构精巧复杂，是马克思最为完整浩大的"大部头"著作。要啃下这样的理论巨著并非易事，更不容易的是将抽象的理论通俗化，使其产生更广泛的社会影响。而这正是洪远朋教授的孜孜追求。他在撰写关于《资本论》的理论著作时，努力使之通俗化、社会化。2010年初，其所著的《通俗〈资本论〉》被中宣部、新闻出版总署评为10种优秀推荐图书之一，并获得上海市2010年邓小平理论研究与宣传一等奖。在金融海啸席卷全球的21世纪，全世界重新出现马克思热、《资本论》热，洪远朋教授的《通俗〈资本论〉》也被再版，在社会上引起广泛的关注。

凭借在《资本论》研究中作出的巨大贡献,洪远朋教授长期担任中国《资本论》研究会副会长、全国综合大学《资本论》研究会名誉会长,及上海市经济学会副会长等重要学术职务。

"80后"八论中国腾飞

作为一名理论经济学家,洪远朋教授从未将自己定义为象牙塔里皓首穷经的学究,而是始终密切关注中国的改革开放实践。80年代、90年代的改革开放实践,给学术界带来深刻的思考:计划体制下死气沉沉的人,为何到了市场经济中突然变得生机勃勃?从1994年开始,洪远朋就一直在思考一个问题,经济学的核心到底是什么?

洪远朋得出结论说,一切社会活动的核心都是利益问题。利益作为人们满足自身需要的物质财富和精神财富之和,是人类行为的根本驱动力。当前,社会利益关系是新时期我国人民内部矛盾的主要问题,因此,构建社会主义和谐社会的关键和基础是协调社会利益关系,制定有效的利益整合和协调对策,并在此基础上实现人与自然、人与人、人与社会的和谐发展。洪远朋教授关于利益论的首创性观点,让他的《新时期利益关系研究》一书获得了2012年上海市哲学社会科学优秀成果"学术贡献奖"。复旦大学经济学院严法善教授说,洪远朋教授的系统研究和正确处理新时期利益关系的成果对构建我国社会主义和谐社会,增强中国共产党的执政能力具有重要的现实意义。

洪远朋先生今年已经80周岁了,但他依然没有停下学习和思考的脚步。在他给记者的签名赠书上,落款位置赫然写着"'80后'于复旦"的字样。洪先生童心未泯,依然保持着对生活与学术的盎然兴致。或许,正是这样的好奇心和对生活的热爱,使洪先生80高龄依然写出《"中国腾飞"探源》这样既富于思想性,又通俗易懂的著作来。因为目睹中国经济经历的各种形态和发展阶段,而最近35年来世界经济学界都在关注"中国奇迹",洪远朋说,中国腾飞是客观事实,但中国腾飞的原因则众说纷纭,他希望能够从马克思主义政治经济学的角度,找出解释这个"奇迹"的密码。因此,他提出了解释中国腾飞的"八论","这八条并不是十全十美的理论,但或许可以给我们一个看待事物的方向"。

知识性、理论性、现实性三结合

洪远朋教授在对自己毕生从事马克思主义经济学研究的时候评价说,"贡献不大",这显然是自谦之词,"荣誉却不少",这确是实话实说。1984年,国家教委当时为解决教授青黄不接的问题,要在全国特批一百名50岁以下的教授,洪远朋教授以其大量有影响力的成果成为特批的四位经济学教授之一。1989年,洪远朋与蒋学模、伍柏麟教授合作的《政治经济学课程的教学改革》获得普通高等学校优秀教学成果国家级特等奖,1990年被授予国家级有突出贡献中青年专家的称号,1992年起享受国务院政府特殊津贴,同年被收入雷威英国剑桥国际传记中心编辑出版的《国际传记词典》。

2008年,其所著《社会利益关系演进论》获得上海市哲学社会科学优秀著作类一等奖。2014年5月,"增长、发展与社会公正——世界政治经济学学会第9届论坛"在越南社科院举行,来自22个国家的百余名学者出席。学会颁发了2014年度(第4届)"世界马克思经济学奖",学会副会长、美国麻省大学经济系教授大卫·科茨和洪远朋教授共同获此殊荣。中国社科院学部委员程恩富教授说:"在研究和探索中国特色社会主义经济理论真谛的学者行列中,洪远朋教授是作出重要贡献的杰出经济学家之一。"

透过洪远朋教授等身的著作,他从事学术研究一以贯之的东西或许是"知识性、理论性、现实性三结合"。无论是其《资本论》研究、利益论研究,还是中国腾飞探源,都是严肃的知识活动,包含丰富的理论性,但同时,他的目光却始终不曾离开中国的改革和建设实践。将这些知识性、理论性的成果加以社会化,他乐此不疲。

构建马克思主义政治经济学的新思维

程恩富(中国社会科学院学部委员、马克思主义研究学部主任)

坚持和发展马克思主义经济学,不断推动经济理论的创新,是中国特色社会主义经济理论与实践取得巨大成功的基础。在研究和探索中国特色社会主义经济理论真谛的学者行列中,洪远朋教授是作出重要贡献的经济学者之一。

洪远朋教授长期从事《资本论》、价格理论、社会主义经济理论、比较经济理论、经济利益理论与实践、合作经济理论与实践的研究工作。他在国内率先提出"经济利益理论",第一次对社会主义市场经济条件下的利益关系、综合经济利益、共享利益、机会利益、风险利益、保险利益、开放利益和创业利益等进行了系统而完整的论述,探讨了社会主义市场经济下各种利益关系相互间的制衡机制问题,在学术界产生了较大的影响。其中的标志性成果,如:《社会利益关系演进论——我国社会利益关系发展变化的轨迹》,入选国家社科基金《成果要报》报中央领导参阅,并获2008年上海市哲学社会科学优秀成果著作类一等奖。

洪远朋教授的学术贡献还体现在他对马克思主义的坚持和创新上。他对《资本论》中的一般经济理论、商品经济理论、关于资本主义发展阶段的理论等作出了新的有独到见解的概括。他澄清了关于生产力的相关理论概念，提出了"社会主义的根本任务是发展综合生产力"的观点。他倡导以广义生产关系为对象，从生产关系框架结构出发，构建马克思主义政治经济学新思维。

政治经济学的发展与创新必须以马克思主义为指导，综合古今中外一切经济理论的合理成分。洪远朋教授认为：正确对待马克思主义经济理论，一要坚持，二要澄清，三要发展。正确对待西方经济理论，一要了解，二要批判，三要吸取。对待中国古代经济思想，一要挖掘，二要继承，三要扬弃。

鉴于洪远朋教授在社会主义经济理论研究方面的杰出贡献，2014年他获得世界政治经济学学会马克思经济学奖。

《资本论》的学习者、研究者和传播者

严法善（复旦大学经济学院教授、上海市《资本论》研究专业委员会主任）

《资本论》尽管写于100多年前，尽管当代经济出现了很多新情况、新问题，但是《资本论》所揭示的立场、观点、方法仍然是我们剖析研究当代资本主义，指导社会主义革命和建设的理论基础。复旦大学经济学院前院长、博士生导师洪远朋教授自从1956年进入复旦大学经济系学习以来就非常认真地读了很多书，其中最为重要的就是《资本论》，从此他和《资本论》结下了不解之缘。

恢复高考后，洪远朋教授就为本科生讲授《资本论》。1982年1月，江苏省委党校专门出版了洪远朋教授的《〈资本论〉讲稿》（一、二、三卷本）。在几十年学习研究教学基础上，洪远朋教授作为主编，从1988年到1992年带领全国四十几所综合大学教授《资本论》的教师先后出版了《新编〈资本论〉教程》（1—4卷）。《新编〈资本论〉教程》内容非常丰富，可以说是学习《资本论》的百科全书。在上世纪八九十年代，全国学《资本论》的经济系学生几乎没有不知道洪远朋教授及这套教材的。后来全国各地先后出版了几十种有关《资本论》的教材，不少都受到《新编〈资本论〉教程》的影响。

自从1985年《通俗〈资本论〉》第一版面世以来，洪远朋教授在研究这本巨著的道路上越走越远，先后出版将近20部相关《资本论》的著作。在金融海啸席卷全球的21世纪，全世界重新出现了马克思热、《资本论》热，《通俗〈资本论〉》也被再版。《通俗〈资本论〉》以通俗易懂的语言，深入浅出且完整准确地反映了《资本论》的基本理论和核心思想，既保持了原著的体系和方法，又区别于原著及一般的政治经济学读物，同时更提炼出了原著的思想精华和理论精髓，堪称一部出色的《资本论》普及读物，对于广大青年和群众了解经济学基本知识有着重大意义。2010年

该书入选中宣部推荐的优秀通俗十大理论读物,在社会上引起了广泛的关注。他对《资本论》的研究从未停止。直到最近,八十高龄的洪远朋教授又出了一部《论〈资本论〉》专著。

"壮心不已"的领跑者
陶友之(上海社会科学院部门经济研究所研究员)

教育部哲学社会科学研究普及读物项目之一——《"中国腾飞"探源》,于 2014 年 12 月由江苏人民出版社出版了。这一课题是由复旦大学经济学院洪远朋教授领衔完成的。我是五位参与者之一。参与这课题收获颇大,感受甚深的就是洪远朋教授治学之严谨、壮心之烈炽,实在令人敬佩。

"'中国腾飞'探源"这一课题是教育部人文社会科学部门直接指名要洪教授承担的。这是积极推进马克思主义大众化、阐述宣传党的路线方针政策的重大任务。要不要接受这个任务,洪远朋教授经过反复思考和广泛听取意见,认为个人事小,国家事大,宣传马克思主义、宣传党的方针路线政策,是身为共产党员的义务,是理论工作者应尽的职责。洪教授毅然承担了这一课题。

壮心不已,不仅表现在他"老骥伏枥"的精神,而且还表现在他潜心研究、敢于创新的勇气。课题原题目为"'中国奇迹'探源"。他认为用"奇迹"这词缺乏新意,已多为人家使用,又不太确切,应该用一个更确切的词汇。为此,他召开座谈会、个别交谈,广泛听取各方面意见,最后认为用"腾飞"较为贴切。

全书怎样写?怎样达到教育部所要求的侧重对党的最新理论的宣传阐释,体现弘扬中国道路、改革开放成果、中国精神、中国力量的精品力作?洪教授确是煞费苦心,反复思考,多方讨论,最后才形成八论:初级阶段论,阐述所处社会的阶段和性质;生产力根本论,指出社会主义的根本任务;公有主体论,叙述社会主义的基本经济制度;市场经济论,分析社会主义市场经济的特点、关系和任务;统筹兼顾论,分析社会主义分配关系与特点;消费促进论,辩证地阐述马克思主义的消费观;城乡一体论,突出叙述了新型城镇化的特性、目标和举措;共享利益论。这所有的讨论最终可以归结为一句话:实现中华民族的伟大复兴,让全国人民利益共享,让"中国腾飞"得更高更远更快更稳。

社会经济利益理论的拓展者
陈波(上海财经大学经济学院副教授)

理论界公认,洪远朋老师和他所带领的团队是我国国内较早开始研究利益问题的。洪老师对利益理论的探索,发端于"经济学的核心是什么"这个问题。从1994年开始,洪老师在给经济学专业的研究生上课的过程中,提出了一个问题,即经济学的核心到底是什么。洪老师认为,经济学的核心是经济利益,经济学是研究生产、交换、分配、消费过程中的经济利益问题的科学。基于此,洪老师提出了三条著名的论断:"一切经济学的核心是经济利益""一切经济活动的核心是经济利益""一切经济关系的核心是经济利益"。在研究的过程中,由洪老师主编的"经济利益理论与实践丛书",包括《经济利益关系通论》《综合经济利益论》等陆续出版,关于经济利益问题的一系列文章也不断发表,并产生了重大的社会反响。

2005年,洪老师作为首席专家承担了首届国家社科基金重大招标课题"新时期我国社会利益关系的发展变化研究",以此为契机,洪老师带领着团队进一步拓宽和深化了对利益问题的研究。洪老师带领学术团队对新时期我国社会利益关系发展变化的新特征、新变化、新成因、新问题、新对策等进行了深入的剖析,连续推出了《社会利益关系演进论》《利益关系总论》等12本系列学术著作,并获得了高度评价,引起了各界高度关注。洪老师及其团队关于社会利益理论的研究成果丰硕,多次获得省部级奖励,并有部分成果报送中央领导参阅。正如颁给洪老师学术贡献奖的颁奖词中所说的:洪远朋教授"对社会主义市场经济条件下的利益问题做了系统完整的论述,提出了富有创建的观点,为推动社会主义经济理论研究作出了重要贡献。"

在师从洪老师学习政治经济学的时候,我就知道洪老师有一美誉——"洪十条",其实是学界同行对洪老师深厚的理论功底和游刃有余之理论抽象能力的高度评价。在对中国社会利益关系系统理论思考的基础上,洪老师也提出了富有见地的六个"洪十条",其视野之开阔、洞悉之入微、概括之全面、剖析之犀利、见解之独到无不令人折服。洪老师归纳的六个"洪十条"包括:利益关系是一切社会关系的核心等社会利益理论的十大见解,共享利益论等利益理论和实践的十大概念,国家、企业、个人之间的利益关系等新时期我国社会十大利益关系,利益主体多元化和利益来源多样化等新时期社会利益关系的十大特点,统筹兼顾等协调新时期社会利益关系的十大思路,还有怎样理解和认识新时期的基本利益关系等社会利益关系需探索的十大课题。"洪十条"是对利益问题的全面总结,是学术智慧的高度凝结,也是对中国经济发展的有益建议。

(原载《社会科学报》2015年5月21日,记者:汪仲启)

人才济济,共谋发展
——洪远朋教授院庆专访

人才济济:一个令人向往的人才高地

洪远朋教授1956年进入复旦,已经有60周年,对复旦有很深的感情,他认为复旦是培养人才、出人才的好地方,是令人向往的地方。

提及复旦的人才辈出,洪远朋教授举了两个例子。第一个例子是2009年庆祝中华人民共和国成立60周年之际,各界纷纷统计领域内对国家有突出贡献的杰出人才,比如说经济学界、理论界等不同领域,60年里出了哪些全国知名的经济学家。洪远朋教授注意到一份关于新中国成立以来128位著名经济学家的名单,其中复旦经济学院就有13位,占总人数的十分之一,占比非常高,说明复旦经济学院培养了很多对国家有所贡献的人才。

第二个例子是上海的学术贡献奖,这是上海最高级别的奖项,每两年评选一次,到目前为止大概只有20余人获此殊荣。但经济学院的政治经济学教研室就有5个专家获奖,这个比例也是相当之高。因此,洪远朋教授认为经济学院是人才辈出的地方。

复旦记忆:一个学生与老师共同发展的地方

一个人的成功,不仅靠天分、主观努力,还有要靠生活的机遇。这个机遇来自生活各个方的影响,而在学校里一个很重要的影响因素,就是老师和学生。

来复旦之前洪远朋教授是机关干部,1956年响应国家号召考进复旦后,他逐渐发现自己的志向不在从政,而在对学术的钻研。同时因为复旦经济学院有很好的老师,很好的环境,所以洪远朋教授最终选择了留校。

在复旦的60年,洪远朋教授对工作也有自己的总结和体验,他认为年轻时的进步离不开老师的谆谆教导。研究生时期他的专业是社会主义经济学,导师对他们要求很严格,认为要成为一位社会主义经济学家首先要研读马克思基本著作,要学《资本论》,所以他们三年里一年半的时间都在学习《资本论》,从而打下了很好的学术基础。他们读,导师也读,然后再讨论。考试也是很严格的,要求背诵《资本论》的每一章。这种基本功的训练对洪远朋教授来说有深远的意义和影响,洪远朋教授关于《资本论》的著作共二十余本,包括教材、专著、通俗读本等等。困难时期那一年半看书的积累,尤其研读《资本论》的经历给洪远朋教授后来的学术研究打下了非常好的基础。后来系主任张薰华老师看中他对《资本论》研读的深刻,就让他专注研究《资本论》。在两位老师的影响下,洪远朋教授最终成为《资本论》研究方面的专家。

除了本专业的老师,其他老师对洪远朋教授也有过很大帮助。洪远朋教授当时的专业方向是社会主义经济,而研究西方经济学说史的宋承先老师教他们《资本论》第四卷。当时宋老师独自带学生上了一年的课,非常辛苦。所以,洪远朋教授认为自己对《资本论》的积累要感谢老师们的辛勤付出。

打下基础靠老师,而有所成就则离不开学生。洪远朋教授认为他在经济利益理论的研究方面,可以说做出了一点成绩。2005年洪远朋教授拿到了这个国家重大课题而且是第一届第一次,正好2005年又是复旦大学建校100周年,学校也很高兴拿到这个项目。当时拿这个项目很有难度,而洪远朋教授那时候实际上已经退休,所以他说这个项目能做出成果,离不开学生们的帮助。洪远朋教授的学生现在有知识渊博的学者,有政界人士,还有叱咤商界的人物。他主张这三种人才都应培养,培养出来的博士生不应只是学者。所以洪远朋教授做这个课题的时候,这些人才从各个方面给他提供思想、提供素材,甚至是直接参与。后来这个课题共出版14本书,70余篇文章,而且有一些得到了中央领导的批示。洪远朋教授认为得到认可并不单是他一个人努力的结果,而是这个70余人的团队共同的成果。这些学生不仅提供了他们的才能、知识,也无偿提供了经济上的助。

中国模式:如何应对经济大环境改变

自新中国成立以后,根据社会主义原则,社会主义经济制度就在中国开始运行了。因此洪远朋教授认为,我们的经济学,也是应该以社会主义经济学为总方向。他说,我国政治经济学最早使用的是苏联的教科书,这本书曾经起过作用,但由于斯大林完全以计划经济为主导,对社会主义来说过于僵化。虽然当时理论上讲的是马克思主义,实际却是斯大林理解的马克思主义。因此,"文革"之前中国的经济学就是受斯大林为主导的社会主义政治学的统治,这是一个阶段。

而文革前后苏联模式受到了冲击,毛主席提出,中国人要搞自己的政治经济学,当然当时实际上还没有完全摆脱苏联的影响。真正摆脱苏联的影响是在邓小平同志主持工作之后,是在改革开放以后,那才是真正地摆脱了苏联的经济理论和经济政策,开始探索自己的路子。这个路子现在如果概括来说就是中国特色社会主义理论,也就是中国模式。中国多年来经济飞速发展,与我们自己寻找的道路是很有关系的。所以,回顾新中国成立60多年来的经济发展,经济理论也在随之发展和变化。

人才战略:夯实基础,追求理论上的大发展

经济学分两大类,一个是理论经济学,一个是应用经济学。按照严格的定义,复旦大学经济学院偏向于理论经济学,而复旦大学管理学院更偏向于应用经济学。因此经济学院应该在理论上坚持发展自身特色,同时兼顾应用经济学。

经济学院基本以理论研究为主,有段时间在马克思主义理论方面的研究是全国首屈一指的。洪远朋教授曾有两本著作流传较广,稍早的那本《政治经济学入门》,1983年获得了全国通俗政治理论读物一等奖。25年前,洪远朋教授还写过一本书——《通俗〈资本论〉》,2010年中宣部将其推荐为全国十大通俗理论读本。洪教授认为现在复旦马克思主义经济学理论方面还有待进一步提高。现在理论方面发展的瓶颈是人才不足,马克思经济学理论的队伍应该加强。

鉴于现在西方经济学在世界范围内更加主流,洪远朋教授有三句话想送给研究理论经济学的学者们。第一是要坚持马克思主义对经济学、经济理论、经济思想的指导;第二要对马克思主义加以澄清;第三是要把马克思主义跟社会主义经济相结合,有所发展,不能把马克思主义作为教条。

对于西方经济学洪远朋教授也有三句话。第一句话首先要虚心学习西方经济学,做到对其了解;第二要批判,之所以要批判,是因为马克思主义经济学和西方经济学有根本差别,马克思主义经济学是为最广大人民的利益服务的,我们要为广大人民服务,共产党的基本理念是代表最广大人民群众的根本利益,我们经济学也应当如此。而西方经济学是为少数人利益服务的,所以要批判。第三个是吸取西方经济学的精华,西方经济运转上有很多值得学习的东西。因此,一要学习,二要批判,三要吸取。

同时,洪远朋教授还强调,要重视中国古代经济学。中国古代经济思想对人类经济发展也有很强的借鉴意义。中国古代经济思想有很多值得弘扬的东西,比如以农业为基础;管理方面也有很多思想值得弘扬。不仅要弘扬,更要挖掘,但与此同时,中国古代经济思想也有一些不符合现实,需要扬弃。

院庆祝福:为理论和经济建设做出更大贡献

洪远朋教授说,复旦大学经济学院有很好的基础,对国家经济理论和经济建设都做出了重要的贡献,他希望经济学院在未来能够做出更大更多的贡献。最后,洪远朋教授也希望,大家可以爱上这个人才辈出的地方。

(摘自"复旦大学经济学院"微信公众号,2015年9月30日发布)

洪远朋：学术卓越爱心育人，不畏劳苦勇攀高峰

2014年，世界政治经济学学会第9届论坛上，洪远朋教授被授予"世界马克思主义经济学奖"（Marxian Economics Award），以奖励其为经济学发展和人类进步做出的卓越贡献。

几十年磨一剑与《资本论》的终生缘分

《资本论》是全世界无产阶级的伟大导师马克思用毕生精力写成的科学巨著，被誉为"工人阶级的圣经"。从19世纪60年代国际工人运动史上的转折，到21世纪的今天，虽然它写于100多年前，尽管当代经济出现了很多新情况、新问题，但是《资本论》仍然是剖析当代资本主义和社会主义的理论基础。

从1956年20岁的洪远朋教授进入复旦读书以来，岁月的跌宕起伏始终影响着个体人的生活。不像现在一样平静的大学生活，"大跃进"、反右派、上山下乡，包括十年"文革"，这些词活生生地存在于老师的生命历程中，安静读书的日子何尝不宝贵？年轻的他在和时间稀缺与外界喧哗的斗争中，却认真地读了很多书，最为重要的就是《资本论》，从此和《资本论》结下了终生缘分。

自从1985年《通俗〈资本论〉》第一版面世以来，洪远朋教授在研究这本巨著的道路上越走越远，先后出版将近20本相关著作。洪教授说："作为一个马克思主义的小学生，我写过《〈资本论〉讲稿》（三卷本），主编过《新编〈资本论〉教程》（四卷本）、《〈资本论〉简明教程》，撰写过《资本论》学术专著：《〈资本论〉难题探索》，还有就是《通俗〈资本论〉》。"而在金融海啸席卷全球的21世纪，全世界重新出现了马克思热、《资本论》热，《通俗〈资本论〉》也被再版，并入选中宣部推荐的优秀通俗理论读物，在社会上引起了广泛的关注。

《资本论》是一部马克思主义的理论著作，并且卷帙庞大，非专业人员很难读

懂、读完。而洪远朋教授正是在自我融会贯通的前提下,然后结合中国的实际,以通俗易懂的语言,深入浅出而完整准确地反映了《资本论》的基本理论和核心思想,既保持了原著的体系和方法,又区别于原著及一般的政治经济学读物,同时更提炼出了原著的思想精华和理论精髓,堪称一部出色的《资本论》普及读物,这对于广大青年和群众了解经济基本知识有着重大意义。

关注中国当下要理论与现实的紧密结合

作为一名经济理论学家,洪远朋教授并未把自己禁锢于小小书屋,而是密切关注着风云变幻的中国改革,尤其是与世界越来越接轨的中国。从1994年思考"经济学的核心是什么"这个问题开始,洪远朋教授就带领他的团队向研究利益和利益关系的新目标进发。

2005年"新时期我国社会利益关系的发展变化研究"成为国家社会科学基金重大项目,利益问题的研究进一步拓宽。本课题认为不仅经济学的核心是经济利益,一切社会活动的核心都是利益问题,研究对象是新时期我国社会利益关系。利益作为人们满足自身需要的物质财富和精神财富之和,当前,社会利益关系是新时期我国人民内部矛盾的主要问题,因此,构建社会主义和谐社会的关键和基础是协调社会利益关系,制定有效的利益整合和协调对策,并在此基础上实现人与自然、人与人、人与社会的和谐发展。中央提出,我们要构建的全面小康社会或和谐社会是一个惠及十几亿人口的、经济更加发展、民主更加健全、科教更加进步、文化更加繁荣、社会更加和谐、人民生活更加殷实的社会形态,这种社会形态必然是在不断增强人民利益、形成有效利益共享机制、充分协调社会利益关系的基础上才能实现。

洪远朋教授及其团队是我国国内较早开始研究利益关系问题的,最早建立社会利益理论体系,提出了社会利益理论的十点见解,利益理论和实践的十大概念,新时期我国社会利益关系的十大特点,新时期我国社会的十大利益关系,新时期协调我国社会利益关系的十大思路以及社会利益关系理论与实践需进一步探索的十个议题等众多创新观点。

在中国即将进入新时期之际,坚持利益共享,利益统筹兼顾和促进利益增长,加强利益综合,建立利益关系制衡机制,保证根本利益,确保社会公平公正,迎接更多挑战和机遇。

岁月峥嵘要爱心育人

洪远朋教授不仅在中国经济和马克思主义研究上苦心孤诣,而且在教书育人上也呕心沥血,培养了一大批经济界叱咤风云的人物。洪远朋教授自1964年学成后留校任教,便与复旦经济系紧密地联系在了一起。四十多年来,从助教到博士生导师,从经济系系主任到经济学院院长,给本科生、硕士生、博士生共开设十多门课程。

IMF副总裁、复旦大学杰出校友朱民先生在世界经济系成立三十年回校之时深情回忆了自己在复旦的岁月,他还一直记着当时洪远朋老师一个字一个字地教他们《资本论》,到现在都还能把资本论背两段,为后来取得的辉煌成就奠定了坚实的基础。

不仅在教学上不断输出自己的能量,他也很关心年轻一代的成长。在将近两个小时的采访中,他反复强调,年轻的时候一定要多读书,尤其是大学这几年宝贵的时光。在"学术贡献奖"的颁奖典礼上,洪老提到:"机遇是留给那些有准备的人的。怎样做好准备呢?我有三句话:一是学习学习再学习,学习才能提高基础;二是创新创新再创新,创新才有出路;三是努力努力再努力,努力才有希望。"

在最后,在谈及经济类招生都是现在热门时,洪远朋教授谈到:"经济固然是重要的,但只讲经济是不行的,政治是灵魂,经济是基础,文化才是最高形态!"作为大学生,涉猎更多的书籍,掌握更多的知识,在交叉学科流行的今日,才能拥有更广阔的视野,肩负更重的责任!

洪远朋教授在一次研讨中说过:"马克思曾经说,在科学上没有平坦的大道,只有不畏劳苦沿着陡峭山路攀登的人,才有希望达到光辉的顶点。"

(摘自"复旦大学经济学院金融硕士"微信公众号,2015年1月14日发布)

我的综合经济观

我的基本经济观属马克思主义经济观。我的具体经济观是综合经济观。

在社会主义经济建设上,我主张在马克思主义经济理论为指导的前提下,综合古今中外一切经济理论的合理成分。对于马克思主义经济理论,一要坚持,二要澄清,三要发展;对于中国古代经济理论,一要挖掘,二要继承,三要扬弃;对于西方经济理论,一要了解,二要批判,三要吸取。

在社会主义经济改革上,我主张在以企业改革和价格改革为中心的前提下,综合配套进行。增强企业活力,特别是增强国营大中型企业的活力,要全方位、多层次、分阶段综合治理。价格改革要在社会主义价格形成四序列的基础上,建立具有中国特色的社会主义市场价格模式,理顺社会主义有计划的市场价格体系,稳妥地推行价格改革,健全社会主义价格体制。在进行企业改革和价格改革的同时,需要计划、财政、金融、流通、外贸、工资、住房、社会保障等各方面改革的综合配套进行。

在社会主义经济学科上,我主张在经济科学内部深化、边缘交叉、多层次综合的基础上,建立社会主义综合经济学。随着社会经济和社会分工的发展,经济科学内部将不断深化,经济学科将越分越细。经济科学与其他科学的相互渗透和吸收,交叉性的边缘经济学科将越来越多。经济科学在分化、交叉的基础上,存在着要求多层次综合的趋势,社会主义需要建立综合经济学。

社会主义经济建设必须以马克思主义经济理论为指导, 综合古今中外一切经济理论的合理成分

在人类全部思想史上,没有哪一种学说像马克思主义这样具有巨大的生命力。社会主义运动的历史也证明,马克思主义不仅是指导社会主义革命的锐利武器,而且也是进行社会主义建设的指路明灯。共产党领导的社会主义革命和社会主义建

设都必须以马克思主义为指导,必须坚持和发展马克思主义。这本来是不成问题的。但是,在资产阶级自由化泛滥时期,在社会主义中国的大地上,竟有人说,马克思主义只能破坏旧世界,不能建设新世界,言下之意,马克思主义不能指导社会主义建设,马克思主义已经过时了。

国际和国内社会主义建设的实践证明:坚持和发展马克思主义基本理论,社会主义事业就发展和前进;背离和抛弃马克思主义基本理论,社会主义事业就会遭受挫折甚至失败。

一、马克思主义经济理论是社会主义经济建设的指针。对待马克思主义经济理论一要坚持,二要澄清,三要发展

有人说,马克思主义经济理论只能揭示资本主义经济运动规律,对社会主义经济建设没有什么作用,果真如此吗?

(一)马克思主义经济理论揭示了社会主义经济运动的一系列主要经济规律,必须坚持

1. 马克思主义的主要著作——《资本论》主要是揭示资本主义经济运动规律的。但是,马克思在揭示资本主义经济运动规律的同时,常常运用对比的方式,还科学地揭示了社会主义经济运动的一系列客观规律。

社会主义的根本任务是发展生产力。马克思在《资本论》中一再强调社会主义必须建立在生产力高度发展的物质基础之上。马克思说:"去发展社会生产力,去创造生产的物质条件,而只有这样的条件,才能为一个更高级的、以每个人的全面而自由的发展为基本原则的社会形式创造现实基础。"① 马克思不仅指出社会主义社会必须建立在社会生产力比资本主义更高的物质基础上,而且指出社会主义也可能使生产力得到更快的发展。我们必须充分发挥社会主义制度的优越性,迅速发展生产力,使社会主义获得日益增强的物质基础。

生产资料所有制是生产关系的基础。社会主义生产关系必须建立在社会主义公有制的基础上。马克思在《资本论》中指出:社会主义必须建立在"协作和对土地及靠劳动本身生产的生产资料的共同占有的基础上"②,社会主义的劳动者必须用"公共的生产资料进行劳动,并且自觉地把他们许多个人劳动力当作一个社会劳动力来作用"③。这就是说社会主义社会必须实行生产资料的公有制。根据马克思的教导,我国建立了生产资料的社会主义公有制,包括全民所有制和劳动群众集

---

① 《马克思恩格斯全集》第23卷,人民出版社1972年版,第649页。
② 同上书,第832页。
③ 同上书,第95页。

体所有制两种形式。生产资料公有制是我国经济的基本制度,决不允许否定和破坏。

社会主义必须要有计划按比例地发展国民经济。马克思在《资本论》中指出:如果我们设想一个社会不是资本主义社会,而是共产主义社会,……问题就简单地归结为:社会必须预先计算好,能把多少劳动、生产资料和生活资料用在这样一些产业部门而不致受任何损害,"劳动时间的社会的有计划的分配,调节着各种劳动职能同各种需要的适当的比例"①。马克思不仅指出了社会主义社会有计划的必要性和可能性,而且指出社会主义的计划必须正确处理生产与需要、生产资料生产与消费资料生产、生产周期长的产品与生产周期短的产品之间的比例关系。

马克思在《资本论》中一再指出社会主义不仅需要经济核算,而且比以往任何社会更加必要。生产越是按社会的规模进行,越是失去纯粹个人的性质,作为对过程的控制和观念总结的簿记就越是必要;因此,簿记对资本主义生产,比对手工业和农民的分散生产更为必要,对公有生产,比对资本主义生产更为必要。"在资本主义生产方式消灭以后,但社会生产依然存在的情况下……簿记,将比以前任何时候都更重要。"②我们必须遵循马克思的教导,认真搞好经济核算,不断改善企业经营管理,提高经济效益,以促进社会主义经济的发展。

社会主义社会,必须有剩余劳动,必须有积累。马克思说:保险基金,"这也是在剩余价值、剩余产品、从而剩余劳动中,除了用来积累,即用来扩大再生产过程的部分以外,甚至在资本主义生产方式消灭之后,也必须继续存在的唯一部分。当然,这要有一个前提,就是通常由直接生产者消费的部分,不再限于它目前的最低水平,除了为那些出于年龄关系还不能参加生产或者已不能参加生产的人而从事的剩余劳动以外,一切为养活不劳动的人而从事的劳动都会消失。"③尽可能多地增加社会的积累,并且正确地加以运用,是发展社会主义经济的一个重要因素。

社会主义社会必须实行按劳分配的原则。早在《哥达纲领批判》之前,马克思在《资本论》中就指出:"劳动时间又是计量生产者个人在共同劳动中所占份额的尺度,因而也是计量生产者个人在共同产品的个人消费部分中所占份额的尺度。"④在第二卷第十八章又指出:生产者从社会的消费品储备中,取走一个与他们的劳动时间相当的量。在社会主义社会坚持各尽所能按劳分配的原则,有利于巩固社会主义公有制,有利于促进生产力的发展。

正确地掌握和运用马克思揭示的社会主义经济的这些客观规律,对发展社会

---

① 《马克思恩格斯全集》第23卷,人民出版社1972年版,第96页。
② 《马克思恩格斯全集》第25卷,人民出版社1974年版,第963页。
③ 同上书,第958页。
④ 《马克思恩格斯全集》第23卷,人民出版社1972年版,第96页。

主义经济有直接的指导意义。

2. 马克思在《资本论》中,在揭示资本主义经济运动规律的同时,不仅直接揭示了社会主义经济运动的一系列规律,而且揭示了一些人类社会普遍适用的经济规律。

劳动生产率增长是社会发展的一般经济规律。恩格斯指出:"劳动生产率的提高正是在于:活劳动的份额减少,过去劳动的份额增加,但结果是商品中包含的劳动总量减少;……因此,加入商品的劳动总量的这种减少,好像是劳动生产力提高的主要标志,无论在什么社会条件下进行生产都一样。在生产者按照预定计划调节生产的社会中,甚至在简单的商品生产中,劳动生产率也无条件地要按照这个标准来衡量。"①劳动生产率的提高,在人类社会发展的历史中起着极其重要的作用,在社会主义社会具有更加重要的意义。怎样才能提高劳动生产率呢?马克思说:"劳动生产力是随着科学和技术的不断进步而不断发展的。"②这就是说要提高劳动生产率,必须大力发展科学技术。现代科学技术的发展,使科学与生产的关系越来越密切,科学技术作为生产力,越来越显示出巨大的作用。为了要造成比资本主义更高的劳动生产率,发展社会主义经济,科学技术的现代化是个关键问题。

农业是国民经济的基础,这也是人类社会一切历史时期都发生作用的经济规律。马克思指出:"超过劳动者个人需要的农业劳动生产率,是一切社会的基础"③,农业是国民经济的基础,因为农业提供人们衣食的主要来源,是人类生存和一切生产的先决条件,农业劳动生产率的提高,是国民经济其他各部门得以存在和发展的基础。马克思指出的农业是基础这一人类普遍适用的经济规律,在社会主义社会更加明显。农业也是我国国民经济发展的基础,只要农业上去了,其他事情就比较好办了。

人类的任何生产活动都需要协作。马克思指出:"许多人在同一生产过程中,或在不同的但互相联系的生产过程中,有计划地一起协同劳动,这种劳动形式叫做协作。"④任何社会都有协作,在社会主义社会,生产社会化的程度愈来愈高,社会分工愈来愈细,更需要协作。

企业管理是大规模共同劳动的客观要求。马克思指出:"一切规模较大的直接社会劳动或共同劳动,都或多或少地需要指挥,以协调个人的活动,并执行生产总体的运动——不同于这一总体的独立器官的运动——所产生的各种一般职能。一

---

① 《马克思恩格斯全集》第25卷,人民出版社1974年版,第290—291页。
② 《马克思恩格斯全集》第23卷,人民出版社1972年版,第661页。
③ 《马克思恩格斯全集》第25卷,人民出版社1974年版,第885页。
④ 《马克思恩格斯全集》第23卷,人民出版社1972年版,第362页。

个单独的提琴手是自己指挥自己,一个乐队就需要一个乐队指挥。"①资本主义生产是社会化的大生产,要管理。社会主义生产也是大规模的社会化生产,而且由于生产资料公有制的建立,生产规模更大,分工更细,协作范围更广,更加需要管理。

任何社会为了保证社会再生产的顺利进行,都必须有一定的物质储备。马克思指出:"产品储备是一切社会所共有的,即使它不具有商品储备形式这种属于流通过程的产品储备形式,情况也是如此。"②在社会主义社会,为了保证社会再生产的顺利进行,就必须有物质储备,包括生产资料的储备和消费品的储备。

在社会主义社会,正确掌握和运用《资本论》中揭示的人类社会普遍适用的经济运动规律,对于发展社会主义经济也有重大的指导意义。

3. 马克思主义的主要著作——《资本论》中揭示了资本主义经济运动的许多规律,资本主义社会的这些特有的经济规律,是不能机械地搬运到社会主义中来的。但是,资本主义某些特有的经济规律,如果抛弃它的资本主义性质和目的,就它的方法来说,对于发展社会主义经济还有一定的借鉴作用。

《资本论》第一卷研究资本的生产过程。第三篇关于资本主义生产过程二重性的分析,对于社会主义生产过程的分析,对于社会主义基本经济规律的揭示有重要的启发;第四篇关于通过提高劳动生产率来生产相对剩余价值的问题,如果抛去资本主义的性质,就马克思揭示的如何提高劳动生产率的方法来说,对发展社会主义经济也是有用的。第五篇关于生产劳动与非生产劳动的分析,对于社会主义制度下,如何区分生产劳动与非生产劳动,也有重要的意义。第七篇关于资本积累与扩大再生产关系的论述,如果抛弃积累的资本性质,对于社会主义社会正确处理积累与扩大再生产的关系具有重要意义。

资本论第二卷研究资本的流通过程。第一篇资本循环的论述,我们可以得到有关加强和改进社会主义的经济管理和企业管理的很多有益的启示。第二篇关于资本周转的理论,关于缩短周转时间,加快周转速度,从中求得最大经济效益的途径和方法,对社会主义经济活动仍然有重大现实意义。第三篇关于社会再生产的一系列原理,如关于社会生产分为生产资料生产和消费资料生产的原理;关于第一部类和第二部类相互关系的原理;关于简单再生产和扩大再生产关系的原理;关于物质补偿和价值补偿的原理;关于积累是扩大再生产的主要源泉,但不是唯一源泉的原理,等等,对于社会主义经济也都是适用的。从我国经济建设的实际需要出发,认真学习《资本论》第二卷,全面理解马克思关于再生产的理论,对于我们总结经验,认识规律,从而更好地进行社会主义经济建设,具有很重要的意义。

---

① 《马克思恩格斯全集》第 23 卷,人民出版社 1972 年版,第 367 页。
② 《马克思恩格斯全集》第 24 卷,人民出版社 1972 年版,第 163 页。

《资本论》第三卷是分析资本主义生产总过程。第一至第三篇关于成本、利润、生产价格的理论,对于研究社会主义的成本、利润和社会主义的价格形成理论有重要指导意义;第三篇关于商业资本和商业利润的论述,对于社会主义社会如何搞好商业、组织商品流通和正确对待商业劳动,也是有启发的;第五篇生息资本和利息的理论,对于社会主义社会如何重视银行的作用,学会运用利息等经济杠杆也是有益的;第六篇关于地租的理论,对于社会主义农业集体经济的方针政策的制定,对于农产品价格的制订都有重要意义。

由上可见,马克思主义经济理论在社会主义社会并没有过时,马克思主义经济理论的基本原理对社会主义经济建设仍然有用。所以,对待马克思主义经济理论,首先必须坚持。

(二) 对马克思主义经济理论的某些误解和讹传,必须加以澄清

我们应该完整地准确地学习和掌握马克思主义的经济理论,并且正确地加以运用,来指导社会主义建设。如果对马克思主义经济理论理解得不全面不准确,甚至把误解加以讹传,用来指导社会主义经济,就会使社会主义建设造成损失。

1. 资本主义社会内部有可能产生社会主义经济因素。

在许多政治经济学的著作中,几乎都有这样的论断:以生产资料公有制为基础的社会主义生产关系,不可能在资本主义内部产生。只有在无产阶级夺取政权,建立无产阶级专政后,社会主义生产关系才可能逐步建立起来。但是,这个论断并不是马克思主义的,也不完全符合实际。

马克思曾经指出:"工人自己的合作工厂,是在旧形式内对旧形式打开的第一个缺口,虽然它在自己的实际组织中,当然到处都再生产出并且必然会再生产出现存制度的一切缺点。但是,资本和劳动之间的对立在这种工厂内已经被扬弃,虽然起初只是在下述形式上被扬弃,即工人作为联合体是他们自己的资本家,也就是说,他们利用生产资料来使他们自己的劳动增殖。这种工厂表明,在物质生产力和与之相适应的社会生产形式的一定的发展阶段上,一种新的生产方式怎样会自然而然地从一种生产方式中发展并形成起来。"① 马克思这段论述,说明合作工厂是在资本主义社会内对资本主义生产关系打开的第一个缺口,它表明社会主义经济因素有可能在资本主义内部产生。

我们知道,马克思主义有一条重要原理,就是生产力决定生产关系,生产关系一定要适应生产力的发展,经济基础决定上层建筑,有什么样的经济基础,就要求有什么样的上层建筑。而社会主义生产关系不可能在资本主义社会内部产生,只有实行了无产阶级专政才能建立社会主义生产关系的论断,实际上是认为社会主

---

① 《马克思恩格斯全集》第25卷,人民出版社1974年版,第497—498页。

义生产关系的产生不是生产力发展的要求,而是上层建筑的变革引起的,这岂不是上层建筑决定论?如果不是由于社会生产力的发展,在资本主义社会内部产生了社会主义经济因素,怎么可能有冲破束缚和阻碍社会主义经济因素成长的资本主义上层建筑的要求?怎么可能有社会主义革命?当然,只有进行社会主义革命,建立无产阶级专政以后,社会主义生产关系才能确立、巩固和进一步发展。但是,不能由此而否认资本主义社会内部可能产生社会主义经济因素。

2. 积累不是扩大再生产的唯一源泉。有一种观点,认为积累是扩大再生产的唯一源泉,而且说这种观点是马克思在《资本论》中论证的。实际上,这个观点并不是马克思的。马克思在《资本论》中讲得很清楚,积累是扩大再生产的源泉,但不是唯一源泉。马克思非常明确地讲过:"没有积累,还是能够在一定界限之内扩大它的生产规模。"[①] 全面地、正确地理解积累与扩大再生产的关系对发展社会主义经济具有重大意义。一方面,充分认识到积累是扩大再生产的主要源泉,这样就可以尽可能多地增加社会主义积累,通过增加基本建设来扩大再生产规模;另一方面,看到积累不是扩大再生产的唯一源泉,这样就可以充分利用现有的人力、物力和财力,充分发掘企业内部的潜力来增加生产。如果片面地认为积累是扩大再生产的唯一源泉,一谈到扩大再生产,就伸手向国家要钱、要人、要物,这对社会主义经济的发展是不利的。

在我国现有社会生产力水平还比较低,物质基础还不够雄厚,积累还有限的情况下,通过挖掘现有生产潜力从内含上扩大再生产更为重要。下面着重从我国当前社会主义建设实践的角度分析一下不增加新的积累仍然可以在一定限度内扩大再生产的一些因素。

(1) 从调整国民经济中扩大再生产。国民经济的比例失调,会严重地阻碍着生产规模的扩大。在这种情况下,如果下决心调整燃料、动力、原材料等基础工业与加工工业的比例关系,先把燃料、动力工业搞上去,或者择优供应,让那些耗油、耗煤、耗料的企业暂时停产整顿,我国的再生产规模就能显著扩大。

(2) 从经济体制改革中扩大再生产。我们现在经济管理体制的种种弊病集中表现为企业缺乏应有的活力,通过经济体制改革增强企业的活力,扩大企业自主权,使企业真正成为相对独立的经济实体就可以产生一个自觉发展生产的内部经济动力,从而增加生产。

(3) 从加强企业管理中扩大再生产。加强企业管理,把劳动者、劳动资料、劳动对象三者科学地组织起来,使它们充分发挥作用,提高效率,也可以增加生产。我国现有企业的大部分是新中国成立后新建的,有相当多的企业设备水平与国外

---

① 《马克思恩格斯全集》第24卷,人民出版社1972年版,第565页。

一些先进企业的水平相比并不低,只要改善经营管理,不增加劳动力,不增添设备,产量就可以大幅度甚至成倍增加。

(4) 从提高现有设备的效率中扩大再生产。新中国成立以来,经过几十年的建设,我国工业的固定资产增加了很多。但是,现有企业的许多设备能力没有充分发挥。用挖潜、革新、改造老企业,充分发挥现有设备的能力,是一条花钱少、见效快的扩大再生产规模的途径。

(5) 从提高产品质量中扩大再生产。产品质量的提高,一方面表现为生产过程中废品的减少,花费同样多的人力、物力,可以生产出较多的合格产品。另一方面,产品性能好,效率高,经久耐用,实际上等于生产了更多的产品。如果把我国相当数量的工业企业的产品质量恢复到历史最好水平,就是一个很大的增产。

(6) 从节约中扩大再生产。节约并不是消极的措施,节约可以用同样多的人力、物力生产更多的产品。如果努力降低现有的燃料、动力和原材料的消耗,就能创造出更多的物质财富,这本身就是一个很大的增产。

(7) 从加速资金周转中扩大再生产。资金是物资的货币表现。在正常的情况下,有一部分物资不直接参加生产过程是不可避免的。如果在保证生产需要的同时,最大限度地压缩储备,使较多的资金投入实际的生产过程,加速资金的周转,使同样的资金发挥更大的作用,就会扩大生产规模。

(8) 从综合利用中扩大再生产。综合利用,可以发挥物资本身的效能,变无用为有用,变小用为大用,变一用为多用,变有害为有利,既可以物尽其用,避免浪费,又可以为社会创造更多的产品。

(9) 合理运用折旧基金扩大再生产。折旧基金本身属于简单再生产。但是,合理使用折旧基金可以起到扩大再生产的效果。为了发挥折旧基金在扩大再生产中的作用,根据我国当前情况,一要适当提高折旧基金率;二要增加企业自留折旧基金的比率。

上面我们从九个方面分析了当前我国社会主义建设中,不追加新的投资或者不按比例追加投资,可以增加生产提高产量的因素,也就是没有积累仍然可以扩大再生产的现实因素。这几个方面尽管是不完全的,但是,从这里我们可以看出,在社会主义社会,积累也不是扩大再生产的唯一源泉。我们既应通过增加投资从外延方面来扩大再生产,更应该充分运用非积累的因素从内含方面扩大再生产。

3. 扩大再生产有两大基本规律。长期以来,人们认为马克思主义经济理论中扩大再生产只有一个规律,即生产资料优先增长规律。这个观点是既不全面又不准确的。根据马克思主义的再生产理论,扩大再生产有两大基本规律。

(1) 生产资料生产较快增长规律,这里所说的生产资料生产较快增长规律,就是过去人们通常所说的生产资料生产优先增长的规律。

关于"生产资料生产优先增长规律"的内容,就是指生产资料生产的增长速度快一些,这一点长期以来理论界的争议不大。但是,这个规律的名称"优先增长"和实际内容"增长较快"是有矛盾的。我们认为这个长期流行的提法,理论上是没有根据的,实践上是有害的,要加以正名。

第一,马克思和列宁的原意和提法都是生产资料生产增长较快,而不是优先增长。

马克思在《资本论》中虽然没有明确提出生产资料生产增长较快的规律,但是已经有了这个思想。马克思曾经指出:"为了从简单再生产过渡到扩大再生产,第Ⅰ部类的生产要能够少为第Ⅱ部类制造不变资本的要素,而相应地多为第Ⅰ部类制造不变资本的要素。"[1]列宁发展了马克思的再生产理论,明确提出了生产资料生产增长较快的规律。他说:"即使没有马克思在《资本论》第2卷中所作的研究,根据不变资本有比可变资本增长得更快的趋势的规律也能得出上面的结论,因为生产资料增长最快这个论点,不过是把这个规律运用于社会总生产时的另一种说法而已。"[2]因此,制造生产资料的社会生产部类应该比制造消费品的部类增长得快些。"增长最快的是制造生产资料的生产资料生产,其次是制造消费资料的生产资料生产,最慢的是消费资料生产。"[3]

可见,生产资料生产优先增长规律的提法是不合马克思和列宁的再生产理论的。

第二,生产资料生产优先增长的提法不符合客观事物的本来面目,容易产生误解,对实践不利。

经济规律应该是经济现象内在的、必然的趋势。人们对经济规律揭示和认识,并加以表述应力求符合客观事物的本来面目。从这个角度看,也是用"生产资料生产增长较快规律"为好。这是因为:

① "优先增长"带有人为作用的意思,是主观上的优先安排,而不是客观的趋势。而"增长较快"意味着是客观规律发展的趋势。

② "优先增长"体现不出社会生产两大部类之间相互制约、相互促进的辩证关系,似乎生产资料生产越快越好。而"增长较快"表明生产资料生产比消费资料生产发展要快些,但绝不是越快越好,而只是"较快",这比较符合客观实际。

③ "优先增长"容易使人们理解为生产资料生产的发展好像可以脱离消费资料生产而孤立地发展。过去我们和其他一些国家两大部类比例失调,与"优先增

---

[1] 《马克思恩格斯全集》第24卷,人民出版社1972年版,第560页。
[2] 《列宁全集》第1卷,人民出版社1955年版,第67页。
[3] 同上书,第66页。

长"这种片面的提法和认识不是没有关系的。

所以,我们认为首先要对这个规律加以正名,把"生产资料生产优先增长的规律"改为"生产资料生产增长较快的规律"。

(2) 生产资料生产的增长最终必须依赖于消费资料生产增长的规律。长期以来,人们认为扩大再生产只有一个规律,即生产资料较快增长的规律。实际上扩大再生产还有第二个规律,即生产资料生产的增长最终必须依赖于消费资料生产的增长。马克思在《资本论》第二卷第二十一章指出:"就像第Ⅰ部类必须用它的剩余产品为第Ⅱ部类提供追加的不变资本一样,第Ⅱ部类也要在这个意义上为第Ⅰ部类提供追加的可变资本。就可变资本来说,当第Ⅱ部类以必要消费资料的形式再生产它的总产品的大部分,特别是它的剩余产品的大部分时,它就既为第Ⅰ部类又为它自己进行积累了。"① 马克思在《资本论》第三卷第十八章更明确讲过:"不变资本和不变资本之间会发生不断的流通(甚至把加速的积累撇开不说也是这样)。这种流通就它从来不会加入个人的消费来说,首先不以个人消费为转移,但是它最终要受个人消费的限制,因为不变资本的生产,从来不是为了不变资本本身而进行的,而只是因为那些生产个人消费品的生产部门需要更多的不变资本。"② 列宁在《市场理论问题述评》一文中也指出:"社会产品的第Ⅰ部类(生产资料的生产)能够而且应当比第Ⅱ部类(消费品的生产)发展得快。但是决不能由此得出结论说,生产资料的生产可以完全不依赖消费品的生产而发展,也不能说二者毫无联系。"③

生产资料生产的增长最终要依赖消费品生产的增长,这就是说,生产资料生产的较快增长不能离开消费品生产的增长而孤立地进行。生产资料生产的增长必须受消费品生产增长的制约;同时,消费品生产不只是消极地被动地适应生产资料生产的增长而增长,而且消费品生产的增长又能够积极地主动地促进和推动生产资料生产的增长。这是马克思分析了资本主义再生产过程而得出的关于社会再生产的科学结论。在各个不同的社会形态中,尽管社会生产有着不同的目的,例如资本主义的生产的目的是追逐剩余价值,社会主义的生产是为了不断满足人们日益增长的物质文化生活上的需要,但是,任何社会生产归根结底都是同消费联系着的。人们进行生产资料的生产,是为了适合于消费品生产的需要。

4. 社会主义社会仍然存在地租。通常有一种误解,似乎只要废除了土地私有权就不再存在地租。而马克思在《资本论》中告诉我们的是,只有废除一切土地所有权,才能消灭地租。

---

① 《马克思恩格斯全集》第 24 卷,人民出版社 1972 年版,第 584 页。
② 《马克思恩格斯全集》第 25 卷,人民出版社 1974 年版,第 341 页。
③ 《列宁全集》第 4 卷,人民出版社 1958 年版,第 44 页。

土地所有权是地租形成的前提和基础。马克思说:"不论地租有什么独特的形式,它的一切类型有一个共同点:地租的占有是土地所有权借以实现的经济形式。"①有土地所有权就要支付地租。要取消地租,不仅要废除土地私有权,而且要废除一切土地所有权。马克思说过:"从一个较高级的社会经济形态的角度来看,个别人对土地的私有权,和一个人对另一个人的私有权一样,是十分荒谬的。甚至整个社会,一个民族,以至一切同时存在的社会加在一起,都不是土地的所有者。他们只是土地的占有者,土地的利用者,并且他们必须像好家长那样,把土地改良后传给后代。"②这就是说,只有到了共产主义社会,不仅取消了土地私有权,而且取消了一切土地所有权(包括土地国有权)的时候,才能废除地租。

在社会主义社会,建立了生产资料公有制,消灭了土地的私有权,但是并没有取消土地所有权。拿我国来说,土改以后,我国农村没有实行土地国有化,而是把封建土地所有制改为小农所有制,后来经过农业合作化,土地成为集体所有制。在城市,按照宪法规定,城市土地属于国家所有,是土地国有制。我国社会主义制度建立以后,取消土地私有权,只是改变土地所有权,并没有取消土地所有权。现在,我国的土地仍有两种所有制:土地国有制和土地集体所有制。由于土地所有权存在,所以,地租的经济基础仍然存在。恩格斯说过:"消灭土地私有制并不要求消灭地租,而是要求把地租——虽然是用改变过的形式—转交给社会。"③

社会主义社会不仅存在土地所有权,而且存在着土地所有权和土地使用权的分离。在农村,土地所有权是属于集体所有的,而土地使用权在实现联产计酬承包制的情况下,是属于承包户的;在城市,土地所有权是国有的,而土地使用权是属于相对独立进行经济核算的各种企业的。使用土地就得支付代价,付地租。马克思说过:"真正的地租是为了使用土地本身而支付的。"④使用土地不支付地租就等于取消土地所有权。

所以,在社会主义社会还存在地租这是一个客观事实,无论从理论上和实践上都是不能否认的。

由上可见,马克思主义经济理论,有一些曾经被曲解和误传,给社会主义建设造成了损失,现在必须正本清源,加以澄清。

(三)马克思主义经济理论必须与社会主义实际相结合,加以发展

毛泽东在《论十大关系》中指出:"社会科学,马克思列宁主义,斯大林讲得对的那些方面,我们一定要继续努力学习。我们要学的是属于普遍真理的东西,并且

---

① 《马克思恩格斯全集》第25卷,人民出版社1974年版,第714页。
② 同上书,第875页。
③ 《马克思恩格斯选集》第2卷,人民出版社1972年版,第545页。
④ 《马克思恩格斯全集》第25卷,人民出版社1974年版,第698页。

学习一定要与中国实际相结合。如果每句话,包括马克思的话,都要照搬,那就不得了。"①

马克思主义经济理论的主要著作——《资本论》的发表距今已有100多年,马克思不是算命先生,他没有社会主义建设的实践,因而当然不可能解答社会主义经济建设中的所有问题。而且,马克思当时对社会主义的预见与现在的情况也不尽一致。例如,马克思原来想的社会主义是单一的社会所有制,不存在商品经济。但是,现在的社会主义国家,不管属于什么类型,事实上都有不同的所有制,都存在商品生产和商品交换。此外,这100多年科学技术的突飞猛进,使经济生活出现了马克思年代不可思议的巨变,大量新的经济现象出现了。这些问题,要想从《资本论》中找到现成的答案,当然也是不可能的。因此,建立社会主义经济理论,还必须从社会主义经济建设的现实出发,运用马克思主义原理,发现新问题,研究新情况,总结新经验,来丰富和发展马克思主义经济理论。

社会主义经济理论,应该从社会主义实践出发,它不能仅以一个企业或一个地方作为研究对象,以个别代替一般,也不能仅以一个社会主义国家为对象。社会主义经济理论不仅应该反映本国社会主义经济发展的经验,而且应该反映社会主义各国经济发展的经验,应该从分析比较中揭示社会主义经济运行的一般规律。当然,每一个国家研究社会主义经济理论又不能不以本国情况为主,带有本国经济的特色。我们现在建立的社会主义经济理论也不能不是具有中国特色的社会主义经济理论。

社会主义经济理论应该从社会主义实际出发,它不能仅仅根据几天、几月,也不能以一年或某几年发生的实际情况就概括出社会主义经济运行的一般规律,而应该根据相当长时间的经常反复出现的实际情况概括社会主义经济运行的规律。由于社会主义建设的时间总的来说还不长,根据一段时间概括出来的社会主义经济运行的规律还要继续经受实践的检验。

1. 马克思在写《资本论》的时候,他设想在资本主义制度消灭之后,是实行生产资料单一的社会所有制,不存在商品和货币的社会主义社会。他的这个设想是以资本主义高度发达的国家无产阶级取得政权为前提的。而我们是在资本主义有一定发展,但经济还相当落后,商品生产并没有充分发展的半封建半殖民地的国家取得社会主义革命胜利的,因此,我们要发展社会主义经济不能照搬马克思在《资本论》中的所有论述。我们现在还不能实行单一的社会主义公有制,我们还必须在坚持社会主义全民所有制经济的主导地位,在巩固和发展全民所有制经济的前提下,允许多种经济形式的同时并存。这是由于我国生产力发展水平总的说来还比

---

① 《毛泽东文集》第7卷,人民出版社1999年版,第42页。

较低，又很不平衡，存在多层次的生产力，因此，在很长时期内，需要与生产力层次相适应的多种经济形式的同时并存。我们既要不断总结实践经验，探讨如何搞活国营大中型企业，发挥它们的骨干作用，以更好发挥社会主义公有制的优势和主导作用，又要探讨如何正确对待个体经济、私营、三资企业，怎样做到既发挥它的积极作用，又限制其不利于社会主义经济发展的消极作用。

2. 与此相适应，我们也不能实行高度集中的计划经济，我们的社会主义经济是在社会主义公有制基础上的有计划的商品经济，必须大力发展商品生产和商品交换，必须自觉依据和运用价值规律，实行计划经济和市场调节相结合的运行机制。在这种情况下，如何创造一种适合中国情况的、把计划经济和市场调节有机结合起来的社会主义商品经济运行机制，怎样把握计划经济和市场调节相结合的程度、方式、范围等等，也需要不断总结经验，进一步研究和解决。

3. 我们必须坚持社会主义按劳分配的原则，但是，我们现在实行的按劳分配不能是产品经济条件下的按劳分配，而应该是商品经济条件下的按劳分配。还只能在坚持按劳分配的前提下，实行以按劳分配为主体的多种分配形式，除了按劳分配这种主要方式以外，还允许凭债权取得利息，凭股票取得红利，以及其他部分非劳动收入。

在这种情况下，如何防止和纠正社会分配不公的问题，对不合理的高收入如何调节的问题，对非法收入如何取缔的问题，怎样解决脑体收入倒挂的问题，怎样解决在企事业单位和党政机关中职工之间工资收入实际存在的平均主义问题，也都要进一步总结经验，研究和解决。

4. 马克思在当时设想，社会主义革命是在所有资本主义国家，至少是在几个主要资本主义国家里同时进行才能取得胜利，资本主义制度的废除，也意味着全世界社会主义革命的胜利。因此，他没有也不可能设想到，工人阶级进行社会主义革命，建立社会主义制度以后，还有一个与资本主义国家进行经济往来的问题。我们党提出的进行社会主义现代化建设必须坚持独立自主、自力更生，同时实行对外开放，按照平等互利的原则，积极发展对外经济合作和技术交流的方针，这是对马克思主义的新发展。

所以，我们在运用马克思主义经济理论指导社会主义经济建设中，还要面对现实，发现新情况，研究新问题，作出新的理论概括，进一步丰富和发展马克思主义。

总之，我们既要正确运用马克思主义经济理论指导社会主义经济的发展。同时，又要在马克思主义的立场、观点和方法的指导下，总结社会主义经济建设的实践经验，来丰富和发展马克思主义。不运用马克思主义经济理论来指导社会主义经济建设，认为马克思主义过时的"过时论"是错误的。把马克思主义经济理论当作僵死的教条，"凡是论"也是不对的。

二、借鉴和吸取西方经济理论的合理成分。正确对待西方经济理论,一要了解,二要批判,三要吸取

在社会主义经济建设中,怎样对待西方经济理论有各种的态度,有经验,也有教训。

在一段时期内,对西方经济理论采取完全否定的态度,不学习,不研究,冠以"资产阶级的""庸俗的"甚至"反动的"帽子,一概加以拒绝。这当然不是正确的态度。

在另一段时期内,有一部分人又把西方经济理论捧上了天,采取"全盘西化"的态度,没有认真学习和研究,一知半解,食洋不化,不作具体分析,一概加以接受,这更是错误的。

近来,有人提出在社会主义经济建设中,应该把马克思主义经济理论和西方经济理论结合起来。这种说法,比上述两种绝对化的态度当然有所进步。但是,仍然含糊不清。二者"结合"又可能有三种情况:

一是二者平分秋色,没有主次之分。马克思主义经济理论和西方经济理论"和平共处"。这也不是正确的态度。

二是在二者中以西方经济理论为主,或者说为指导,辅之以马克思主义经济理论。这是一种本末倒置的态度,更是不对的。

三是在二者中以马克思主义经济理论为主,或者为指导,同时借鉴和吸收西方经济理论中的合理成分,为社会主义经济建设和经济改革服务。我认为,这才是应该采取的正确态度。

1. 在社会主义经济建设中要借鉴和吸取西方经济理论,首先要学习和了解,"知己知彼"才能"百战百胜"。但是,在学习和了解西方经济理论的时候,要把原意、来龙去脉搞清楚,不能一知半解。例如,前几年,有人搬用凯恩斯的"通货膨胀有益论""财政赤字无害论"。殊不知凯恩斯在提出这些观点时,是以总供给大于总需求为前提的。搬用者没有好好学习,只知结论,不知前提,给我国社会主义经济建设曾带来不小危害。这说明要借鉴和吸取需要学习和了解。同时,要批判西方经济理论也要学习和了解,只有把人家的真意搞清楚了,害处抓住了,批判才有说服力。

2. 西方经济理论从总体来说不是科学的经济理论,还要批判,这是因为:

第一,西方经济理论总的说来是为资产阶级利益服务的,为维护资本主义剥削制度,为资本家获取最大限度的利润服务的,具有很大的阶级局限性。

第二,西方经济理论往往只在经济现象上兜圈子,不敢深入到经济的基础和实质,具有很大的表面性。

第三,西方经济理论常常把经济发展的某一种因素,扩大为整个经济发展的唯

一因素,具有很大的片面性。

第四,西方经济理论比较重视经济发展的主观因素、心理因素,回避或不重视经济发展的客观因素,具有很大的主观性。

所以,西方经济理论不能成为社会主义经济建设的指导思想。

3. 西方经济理论对社会主义经济发展和经济改革仍有一些借鉴作用。我们应该吸取其中某些合理成分,为社会主义经济建设服务。所以还要吸取。

由于社会主义经济是作为资本主义经济的对立物而出现的,而西方经济学是为资本主义制度辩护和出谋划策的,因此,西方经济学的整个理论体系,不能机械地搬到社会主义经济学中来。但是,资本主义商品经济和社会主义商品经济都是社会化大生产,都必须遵循商品经济的一般规律。因此,我们必须承认当代西方经济学中有不少内容可供我们参考和借鉴。例如:

(1) 西方经济学提出的宏观经济和微观经济这两个经济范畴在社会主义经济中也是可以运用的。这是因为社会主义经济学不仅要研究个别企业的经济活动,而且也要研究整个国民经济的活动。

(2) 凯恩斯的"乘数原理",如果把它从凯恩斯主观主义体系中剥离出来,它所反映的再生产过程的连锁反应,对于我们研究社会主义再生产问题,也有参考价值。

(3) 西方经济学运用的"边际分析",只要扬弃掉它包含的主观唯心主义因素,作为分析工具,对于我们分析各经济变量及其增量之间的相互依存关系,也是很有用的。

(4) 西方的投入产出理论也可以借鉴一些东西,西方经济理论中的发展经济学、国际金融、国际贸易等方面的理论可以借鉴的东西也不少。

(5) 西方经济学家根据各国经济发展的史实,总结出许多经验教训,对社会主义经济建设也有值得借鉴之处。

但是,在社会主义经济建设中,借鉴和吸取西方经济理论的合理成分,必须与我国国情相结合,洋为中用。西方经济学不能照搬,具体的经济政策也不能照搬。我国社会主义建设的实践证明:搞马克思主义的教条主义不行,搞凯恩斯主义的教条主义更不行。照搬西方经济理论没有一个成功的,而且危害不浅。

三、继承和弘扬中国古代经济思想的宝贵遗产。对待中国古代经济思想,一要挖掘,二要继承,三要扬弃

我们搞社会主义经济建设,现在不少人对洋为中用很重视,这当然也是必要的。但是,谈经济思想,不是斯密的"国富论",就是凯恩斯的"通论",或者是萨缪尔逊的"经济学",就不妥当了。不重视古为今用,对我国古代经济思想采取民族虚无主义的态度是不可取的。中国有五千多年的历史,中国古代众多政治思想家的知识和理论博大精深,在传统文化诸领域中都留下了宝贵论著,可供我们借鉴。在经济理论方面也有不少遗产值得我们继承和弘扬。

1. 继承和弘扬中国古代经济思想首先要挖掘。中国古代的许多著作,如:《左传》《国语》《礼记》《考工记》《逸周书》《墨子》《管子》《尚书》《大学》《山海经》《吕氏春秋》《水部式》《春秋公羊传》《食货志》《盐铁论》《沈氏农书》等等,都有丰富的经济思想有待挖掘。还有许多思想家有丰富的经济思想也有待挖掘。现在,不少西方发达国家的有识之士对中国古代的经济思想却是相当重视的。有的从《孙子兵法》中研究我国古代管理思想,有的从《三国演义》中研究我国古代的经营策略。相比之下,我们对我国古代经济思想的学习和研究还是很不够的:许多有经济学科的大学竟然不开设"中国经济思想史"课,有些研究中国经济学说史的学者竟然在转行。发掘我国古代经济思想是一项伟大而艰巨的工程,现在刚刚起步,还只是浅层开发,还有待深入挖掘。深入挖掘我国古代经济思想,并加以继承弘扬,对于建立具有中国特色的社会主义具有重要意义。

2. 中国古代确实有许多宝贵的经济思想值得在我国社会主义经济建设中继承和弘扬。例如:

(1) 农业是国民经济的基础。中国古代许多思想家早就论述过农业生产的重要性,论证人类的生存首先要保证衣食的需要。墨子说:"农夫怠乎耕稼树艺(种植),妇人怠乎纺织绩纴,则我以为天下衣食之财将必不足矣。"①《吕氏春秋·爱类》中说:"神农之教曰:'士有当年而不耕者,则天下或受其饥矣;女有当年而不织者,则天下或受其寒矣'。"②还有许多思想家论述了粮食生产、粮食储备、多种经营、农业生产管理等问题。所有这些,对我国经济的发展都是值得高度重视的问题。

(2) 人类最早又丰富的价格思想。长期以来,人们认为最早的价格思想来自古希腊的色诺芬(约公元前430年—前355年)和亚里士多德(公元前385年—前322年)。其实,古希腊的价格思想远不及古国古代价格思想形成得那么早,那么丰富。早在西周(公元前11世纪—前771年)就有"若其凶土陋民,贱食贵货,是不知政"③的记载。《管子》就有价格应该变动的思想。据载:"桓公问于管子曰:衡有数乎?管子对曰:……物之轻重相什而相伯,故物不得有常固。故曰衡无数。"④范蠡就提出过实行浮动价格的思想。"夫粜,二十病农,九十病末。末病则财不出,

---

① 《墨子·非命下》。
② 《汉书》卷二四上《食货志上》。
③ 《逸周书·大匡》。
④ 《管子·轻重乙》。

农病则草不辟矣。上不过八十,下不减三十,则农末俱利。平粜齐物,关市不乏,治国之道也。"①孟子早就提出过按质论价的思想。"夫物之不齐,物之情也;或相倍蓰,或相什百,或相千万。子比而同之,是乱天下也。巨履小履同贾,人岂为之哉?"②在中国古代还有关于价格与民风的关系,价格管理的记载等等。所有这些,对于我国社会主义价格形成和价格改革仍然有现实意义。

(3) 货币管理要有利于商品流通。公元前524年单旗提出的子母相权论认为:"民患轻,则为作重币以行之,于是乎有母权子而行,民皆得焉。若不堪重,则多作轻而行之,亦不废重,于是乎有子权母而行,小大利之。"③这就是说,铸币的重量要根据商品流通的实际需要而定。如果铸币轻重和实际需要不适应,就要重新铸造;如果有两种不同重量的铸币,就要按一定比价流通。这里所提到的货币作为价格的标准要与现实的价格水平相适应,保持比价关系的思想,至今仍然具有现实意义。

(4) 富国富民的思想。中国古代许多思想家主张既要富民又要富国。如墨子的"民富国治"④认为:"今者王公大人为政于国家者,皆欲国家之富,人民之众,刑政之治。然而不得富而得贫,不得众而得寡,不得治而得乱。"⑤这里所说富国是奴隶制和封建制的国家,这里的富民也首先是奴隶主和封建主如何生财致富的问题。社会主义经济理论也要研究富国富民的问题,这里的富国,是使社会主义国家富强昌盛起来;这里的富民,是使广大劳动人民共同富裕起来。

(5) 生财节用说。中国古代思想家有的主张生财,发展农业生产。如西周末年,卿士虢文公批评周宣王废籍礼,指出"民之大事在农",春耕时节"王事唯农是务"⑥,强调国家管理农业生产的重要性;有的主张节用反对奢侈,如公元前599年卿士刘康公指出:"以俭足用则远于忧","侈则不恤匮,匮而不恤,忧必及之"⑦;有的主张既要生财又要节用,如墨子说明禹七年水,汤五年旱,而老百姓不挨冻不受饿,是因为"其生财密,其用之节也"⑧。既要发展生产生财,又要反对奢侈节用,这是中国古代传统的经济思想。在当今社会主义的中国应该继承和弘扬这种经济思想。

中国古代经济思想是非常丰富的,这里只略举数例说明继承和弘扬中国古代

---

① 《史记·货殖列传》。
② 《孟子·滕文公上》。
③ 《国语·周语下》。
④ 《墨子·辞过》。
⑤ 《墨子·尚贤上》。
⑥ 《国语·周语上》。
⑦ 同上。
⑧ 《墨子·七患》。

经济思想对我国社会主义经济建设仍然是很有意义的。我们不仅要洋为中用,而且要古为今用。

3. 继承和弘扬中国古代经济思想,还要扬弃,吸其精华,舍弃糟粕。中国古代经济思想有其精华部分应该继承,也有糟粕部分应该舍弃。例如,中国古代的重本抑末思想,重本,即重视农业是应该继承的;但是,抑末,即抑止工商业的发展是不对的。既要懂得无农不稳,又要懂得无商不活,无工不富。又如,中国古代的重义轻利思想,重义,即讲究道德,反对见利忘义是对的;但是,轻利,即不重视物质利益,不关心群众疾苦也是不对的。看来,社会主义经济建设中还是要贯彻政治思想工作和物质鼓励相结合的原则。在研究中国古代经济思想中还值得注意的是,中国有两千多年的封建统治,不能把那些封建性的糟粕当作精华来继承。在社会主义经济建设中肃清封建残余的影响是一个重要任务;中国有几千年的自然经济,自给自足、墨守成规的小农思想也不能当作精华来继承。社会主义有计划商品经济的发展,必须破除自然经济观,也是一个很重要的任务。

经济改革要以企业改革和价格改革为中心,综合配套地进行

早在社会主义制度建立以前,恩格斯就明确指出:"我认为,所谓'社会主义社会'不是一种一成不变的东西,而应当和任何其他社会制度一样,把它看成是经常变化和改革的社会。"[①]社会主义必须在改革中前进。但是,改革必须坚持社会主义方向,必须从我国的国情出发。通过经济改革,建立具有中国特色的社会主义经济体制和运行机制。

怎么进行经济改革,国内有两种对立的见解。

一种见解认为,企业改革是整个经济改革的中心,企业改革应该先行。

另一种见解认为,价格改革是整个经济改革的中心,价格改革应该先行。

我认为经济改革是个系统工程,既不能过分突出某种改革,孤军作战,也不能眉毛胡子一把抓,没有重点。我主张我国的经济改革在以企业改革和价格改革为中心的前提下,计划、财政、金融、流通、工资、住房、社会保障等其他各项经济改革协调动作,综合配套进行。

一、推行企业改革,增强企业活力,综合治理国营大中型企业

增强企业特别是国营大中型企业的活力是经济体制改革的中心环节。但是,

---

① 《马克思恩格斯全集》第37卷,人民出版社1971年版,第443页。

如何才能搞好搞活国营大中型企业,充分发挥它的骨干作用,人们的看法很不统一。现在主要有三种基本思路:

第一种思路认为,要明确产权关系,改革传统的国家所有制形式,实行股份制、企业所有制,甚至有人主张实行私有化。

第二种思路认为,只有建立新的运行机制,改变原来高度集中计划机制,实行计划和市场相结合的运行机制,甚至有人主张由市场机制来决定企业的经营活动,才能搞活大中型企业。

第三种思路认为,在社会主义条件下,对劳动者来说,利益占有往往比财产占有更为重要,因此,完善分配关系定能搞好全民企业。

我认为以上几种思路都有可取之处,但是,片面强调某种思路便具有片面性。我们的基本思路是:全方位、多层次、分阶段地进行综合治理。所谓"全方位",是指要从产权关系、经济运行机制、分配关系等多方面进行改革和调整。所谓"多层次",是指不要搞"一刀切",而是要分别各种不同类型的企业,在产权关系上,经济运行机制上和分配关系上,分别采取不同的对策措施。所谓"分阶段",是指在改革搞活大中型企业的过程中,要分阶段地逐步推进。

(一)在产权关系上,必须在坚持社会主义公有制的前提下,明确所有权和经营管理权关系

但是,明确产权关系,不能改变国营大中型企业的全民所有制性质,这是因为:第一,国营大中型企业的全民所有制性质是社会主义经济的基本特征之一,也是社会主义制度优越性的表现。全民所有制是适合社会化大生产要求和我国劳动人民的根本利益的,能促进生产力的发展。发展国营大中型企业,是壮大社会主义经济力量,巩固发展社会主义制度的重要环节。第二,目前,我国国有大中型企业面临的困难并不是社会主义公有制本身的弊病,而是其他各种内外部条件造成的。第三,历史经验证明,频繁变动所有制不仅不能促进生产力的发展,而且会破坏生产力。第四,在治理整顿中变动所有制不利于经济的稳定,从而也不利于政治的稳定。所以,我们认为国有大中型企业的社会主义公有制性质不能改变,私有化是不符合社会主义经济本质要求的,就是股份制等的试点也要极其慎重。

但是,不同类型的大中型企业,应分类明确不同的产权和经营权关系。第一类,电力、煤气、自来水、邮电等公用事业企业,一般应该国有国营,不仅所有权属于国家,而且经营条件由国家保证,产品由国家分配。

第二类,原材料工业可在两权分离的基础上,实行承包经营责任制,企业不仅有管理决策权,而且有经营决策权。

第三类,一般加工工业,可以实行承包经营责任制,可以在部分企业中试行股份制,但一般不宜实行租赁制。国营大中型企业如果脱离国家宏观决策而进行自

主决策,必将产生很大的盲目性。

为了保证国营大中型企业的经营管理权,建议在国营大中型企业中建立企业管理委员会,由国家、企业、职工代表参加。第一,它可以从企业内部保持有效的产权控制,在企业内部形成自我约束机制;第二,它可以真正解决目前继续存在着的"政企不分"和国营企业成为行政机构附属物的问题;第三,它有助于明确国营大中型企业的财务责任,实现财务自主;第四,它有助于国家实施有效的产业结构政策、产业组织政策和宏观调控政策。

(二)在经济运行机制上,必须坚持计划经济和市场调节相结合的原则

改善企业的外部条件简单靠不断缩小指令性计划的范围和不断扩大市场调节的范围是不可取的。要使计划经济与市场实行有机的结合,必须确定计划经济和市场调节的各自领域。可根据不同行业、不同企业和不同产品,采取分层、分类搞活的形式。

第一类,电力、煤气、自来水、邮电等公用事业企业应加强指令性计划控制和引导,生产经营条件由计划保证,价格由国家统一制定,产品由国家分配。但这种带有强制性的指令性计划,其制定和实施也必须自觉运用价值规律。

第二类,原材料工业及关系国计民生的重要加工工业企业,指令性计划程度较高,国家对产品价格控制较严,由国家定价或实行一定幅度的浮动价格。但在直接的计划调节中,也必须认真考虑和运用价值规律和市场机制的作用,在计划执行过程中应根据市场供求的变化加以调整和修正。企业除完成计划任务外,可以根据市场的需要和原材料供应情况,具体安排品种、花色、规格。

第三类,一般加工企业,特别是那些生产规格复杂、供求变化较快、品种多的企业,国家很难进行计划安排的,可基本上实行指导性计划。在国家计划导向和控制下,通过各种经济手段,引导企业进行生产和经营,并赋予企业较大的经营自主权,让企业在市场竞争中获得自身发展所必需的应变能力、竞争能力和创新开拓能力。

(三)在分配关系上,必须坚持和完善按劳分配,有条件的实行工资总额同经济效益挂钩浮动的办法

实践证明,凡是分配关系搞得好的企业,职工的劳动积极性都比较高,企业的活力也比较足。实践也证明,"工效挂钩"应根据不同条件分层次区别对待,并加以完善。

第一类,电力、煤气、自来水、邮电等公用企业,企业工资基金可不同利税挂钩,积累基金也不从承包利润中获得。国家可采取充分反映产品质量、计划履约、社会效益、环保效益和企业增长需要的综合效益指标对企业进行考核,据以提取工资基金和积累基金。

第二类,原材料工业以及关系国计民生的重要加工工业,一般可实行税利分流、税后承包。但在税后承包合同中要把计划履约率作为首要指标。由于原材料价格偏低而暂时不能调整的企业,可以采取定额补贴的办法,以保证企业能够正常提取工资基金和积累基金;但由于原材料涨价而增加的收入不得用于提高效益工资。

第三类,一般加工工业,一般可以实行税利分流的办法,按销售额交流转税,按利润交纳所得税,国家、企业共同承担风险,分享盈利,工效挂钩。但因原材料涨价难以完全消化而影响利润,进而影响效益工资的,应适当调整其挂钩浮动比例。部分试点股份制企业,一般可以采取税利分流,税后分红的办法。

搞好国营大中型企业,充分发挥其骨干作用是一个长期的过程,要分阶段逐步推进。在近期要克服国营大中企业面临的困难,应该进行多方面综合治理。

1. 改善大中型企业的外部条件,加强宏观控制和管理。要解决国营大中型企业当前面临的困难,首先要在宏观管理上为大中型企业提供必要的外部条件。

第一,要对大中型企业实行倾斜政策。国家需要在经济政策和产业政策上,对大中型企业择优扶植,在资金、信贷、能源、原材料供应、交通运输和外汇等方面支持大中型企业的发展,并采取适度倾斜的经济政策和产业政策。同时,在宏观管理上,也必须为大中型企业创造平等竞争的环境。企业活力来自宏观指导下的有序竞争,而当前我国全民所有制骨干企业却明显地处于非公平竞争地位,因此必须通过统一税制,公平税负,完善承包责任制,改革地方财政与大中型企业的财政财务关系等途径,为其创造公平竞争的环境,从而使其经营水平和平等竞争能力得以真正地体现。

第二,要大力调整产业结构、产品结构、组织结构,改造、重组企业集团。要抓好产业结构的调整,对现有企业进行分类排队,区别不同情况,采取不同对策,该撤的撤,该并的并。要下决心淘汰一批耗能高、污染大、销路差的产品。关、停、并、转一批成本高、效益差、产品不适销对路的企业。同时,发展一批低耗高值产业,并力争建立几个高技术产业。

产业结构的调整,可先从产品结构调整开始,主要应当解决产品老化,竞争能力衰退问题。为此应采取措施提高新产品的开发能力,在政策上给予企业开发新产品的优惠(可包括承包基数的调整,资金低息供给,税收减免,以及价格适当浮动,等等)。

组织和发展企业集团是发挥规模效益,增强大中型企业活力的有效途径。企业集团的市场竞争能力,抗御风险的能力,远比单个企业强,因此,我们要抓好企业组织结构的调整。通过重组企业集团,使企业内部分工按照专业化和规范化的要求进一步趋向合理,使有限的资源得到有效的配置。

第二,大力开拓国际市场,发展外向型经济。对重要的沿海大工业城市来说,发展外向型经济,提高产品的国际竞争能力,努力把产品打进国际市场,是搞好搞活大中型企业的一个重要战略措施。要逐步调整出口商品结构,扩大轻纺产品、机电产品等工业制成品以及深度加工和高技术产品出口。坚持和改进鼓励出口的政策措施,在资金、贷款、能源、原材料、运力和配额等方面,对重点企业给予积极支持。生产出口产品的大中型企业必须适应国际市场的变化,更新花色品种,提高产品质量,改进产品包装,搞好推销服务。

2. 大力加强企业内部的基础工作,努力提高经营管理水平。要搞好大中型企业,关键在于提高企业自身的经营管理水平,充分发挥内部的潜力。

第一,要稳定和完善企业领导体制。全民所有制企业要在加强企业党组织政治核心作用的同时,坚持和完善厂长负责制。加强党委对思想政治工作的领导绝不等于党委包办一切,厂长对生产的指挥权和经营管理权必须得到保证。现代化大生产,工厂内部没有权威是不行的,而权威的建立则有赖于企业领导素质的提高,厂长不能只懂技术,而且要懂得经营和管理。因此,企业领导人要学习经济学和管理学。

第二,要强化企业管理,向经营管理要效益。从国营大中型企业的实际状况来看,其经济效益不高,虽与体制等外部条件有关,但也与企业内部管理不善,现有资产存量使用不当,未能充分发挥最佳效能有关。事实上,企业效益归根结底还是取决于职工有没有积极性,产品有没有质量,企业有没有竞争力,而所有这些主要取决于企业内部的管理。我国古代有许多宝贵的管理经验,特别是新中国成立40年来,我国的大中型企业积累了不少经营管理的经验,如"两参一改三结合",大庆自力更生艰苦创业的精神,首钢全面推行承包制的经验,鞍钢依靠科技进步兴厂的道路,等等,都应当继承和弘扬。

第三,积极开展技术革新,向技术进步要效益。这几年大中型企业从国外引进了不少技术,很多没有推广,许多技术成果没有用到生产上去,许多有实用价值的专用的专利没有开发。这里大有潜力可挖,要花一些钱,更新技术设备,开发新产品,向技术进步要效益。

第四,要进一步坚持完善和发展企业承包经营责任制。实践证明,承包经营责任制是搞活企业特别是大中型企业的重要途径。因此,必须继续坚持、稳定、完善和发展。当然承包制也存在一些问题,如部分企业存在短期行为,少数企业滥发奖金和实物,有的经营者收入过高等,完全可以通过进一步完善承包制加以解决。我们应通过总结经验,兴利除弊,使承包制在继续发挥鼓励机制的同时,加强约束机制,正确处理国家、企业、个人三者的利益关系,以及长远和当前关系,克服短期行为。同时应该区别不同地区、不同行业、不同企业,合理确定承包期限和基数,完善承包考核内容和内部分配办法。

3. 依靠工人阶级,充分调动职工群众的社会主义积极性。这是搞好大中型企业的可靠保证。

第一,要加强思想政治教育,艰苦奋斗、奋发图强和遵守劳动纪律的教育,弘扬企业精神,培养主人翁意识,以激发职工的荣誉感、责任感和奉献精神。

第二,要开展岗位练兵活动和职工培训,增强职工专业技术素质。

第三,要全面开展劳动竞赛和合理化建议活动。这既是发动工人参加企业民主管理,发扬工人阶级主动创造精神的重要措施,也是提高劳动生产率的重要手段。

第四,要加强治理社会分配不公和平均主义,切实解决职工群众的切身利益。职工劳动积极性不仅受其自身的绝对收入水平的影响,而且受到相对收入的影响。在收入分配机制扭曲,收入机会不均等而造成相对收入水平明显下降的情况下,即使绝对收入在稳定上升,职工的劳动积极性也可能下降。除了外部的社会分配不公外,每个企业内部分配不公也是影响职工积极性的基本因素。实际上,同企业之间的情况相比,各企业内部收入上的平均主义更为严重,因此,必须花大力量,切实解决这个问题。

二、通过价格改革建立具有中国特色的社会主义价格形成、价格模式、价格体制和价格体系

价格改革是关系到整个经济改革成败的大事,我国社会主义价格形成和价格改革应坚持以马克思主义价格理论为指导,同时借鉴西方价格理论的合理成分,继承我国古代价格思想的优秀遗产,吸取社会主义各国价格形成的经验教训。

1. 社会主义价格形成的序列。社会主义价格形成的第一序列是基础价格,也就是价值是社会主义价格的基础。价值是价格的基础,价格是价值的货币表现,这是马克思主义劳动价值论关于价格与价值关系的基本原理。在任何社会形态下,一切商品的价格最终都以其价值为基础,社会主义社会也不例外。直接计算价值还是尚未解决的问题,现在只能借助于成本(c+v)和利润(m)来间接求得价值的近似值。为了使基础价格更接近于价值,价格形成中的成本应该是社会的正常的计划成本,利润最好按照加工费用利润率来计算。

社会主义价格形成的第二序列是理论价格,也就是转形价值。价值的源泉只能是劳动。但是,各种生产要素可以参加价值的分配,产生转形价值。在社会主义条件下,资金、流通、土地也都参加价值的分配,使价值转形为成本+平均利润+纯粹流通费用+地租。价值转形后,商品价格的形成就不再直接以价值为基础,而是以转形价值为基础。

社会主义价格形成的第三序列是目标价格,也就是计划价格。它是在一、二序列基础上考虑其他经济和政治因素,如商品的使用价值、长期的供求平衡、各种比价关系以及经济政策等因素而预测的价格。社会主义目标价格是促进生产和流

通、合理利用各种资源、调整生产结构、调节利益分配,指导消费,使国民经济取得更大效益的价格。

社会主义价格形成的第四序列是市场价格,即现实价格。在社会主义市场上各种商品实际成交的价格,就是市场价格。前三种价格都是计算价格,这些价格是否准确,最终都要拿到市场上去检验。只有市场价格才是实际价格,它是价格形成的最终形式。把市场价格与基础价格比较,可以看出市场价格与价值背离的程度,把市场价格与理论价格比较,可以看出市场价格与转形价值偏离的程度;把市场价格与目标价格相比较,可以看出计划价格的准确程度。

2. 建立具有中国特色的市场价格模式。社会主义的现实价格既不是计划价格,也不是自由价格。根据我国国情建立具有中国特色的社会主义价格模式,应该是社会主义有计划的市场价格。它大致有如下特点:

第一,社会主义有计划的市场价格是有控制的市场价格。它是建立在社会主义公有制基础上,按照社会主义原则形成的,体现计划和市场有机结合的价格模式。它既不同于以私有制为基础的资本主义市场价格,也不同于某些社会主义国家实行的高度集中的计划价格。社会主义国家可以通过宏观计划管理控制市场价格总水平,可以通过经济手段控制价格的运动、结构和趋势。

第二,社会主义有计划的市场价格是垄断竞争型的市场价格。我国现在的商品生产和经营存在着国家、地方和行业的垄断,但它又不是独立经营的,相互之间存在着竞争。这种垄断竞争型的商品生产和经营,需要垄断竞争型的市场。与此相适应,我国社会主义有计划的市场价格只能是垄断竞争型的市场价格。这不仅有利于国家的宏观控制,而且有利于产业的政策导向。

第三,社会主义有计划的市场价格是有弹性的市场价格。社会主义市场价格不管是国家定价、地方定价或企业定价,都是可以随短期供求上下浮动的价格。我们知道,供求关系可以分为长期供求和短期供求,在制定目标价格时,应该考虑长期供求,但是短期供求是难以预测的。社会主义有计划的市场价格必须充分反映短期供求变化对价格的影响。从某种意义上说,社会主义有计划的市场价格就是受短期供求影响围绕计划价格上下波动的价格。

第四,社会主义有计划的市场价格是覆盖全社会的市场价格体系。社会主义经济是有计划的商品经济,计划是覆盖全社会的,商品也是覆盖全社会的。不仅各种劳动产品是商品,而且各种生产要素也应商品化经营。因此,完整的社会主义有计划的市场价格体系应包括消费品的市场价格、生产资料的市场价格、房地产的市场价格、技术商品的市场价格,资金商品的市场价格,等等。

3. 理顺社会主义有计划的市场价格体系。没有合理的社会主义有计划的市场价格体系,就不会有社会主义有计划的商品经济。理顺社会主义价格体系是一个复杂的系统工程,主要是建立各种合理的比价和差价关系。例如:工农业产品的比价关系,工业品内部的比价关系,农产品内部的比价关系,商品价格和生产要素价格之间的关系,国内价格和国际价格的关系,商品价格和运输价格之间的关系,商品价格和劳务收费之间的关系,出厂价格和批零价格之间的关系,地区和地区之间的价格关系,以及同一产品的质量差价和季节差价等等,应该从宏观、中观、微观多层次地进行综合治理。从目前情况来看,我国农产品价格、能源原材料价格、交通运输价格偏低的问题特别突出,亟待解决。

4. 健全社会主义价格体制。长期以来,我国社会主义价格体制处于僵化、半僵化状态,统得太多,管得太死。怎样改变这种价格体制呢?有人强调"放",主张把所有商品的价格完全放开,让市场的供求关系来决定商品的价格;有人强调"调",主张有计划有步骤地由国家来调整各种不合理的比价关系,以达到理顺各种商品的比价和差价;有人强调"管",主张运用行政力量加强管理控制价格。我们认为,改革我国原来僵化的价格体制关键在于"活",要把我国社会主义价格体制搞活。要搞活就不能"一刀切"。单靠一个"放"字,或者一个"调"字,或者一个"管"字,都是不能搞活的。而应该在搞活的前提下,该放的就大胆放,该调的就坚决调,该管的就严格地管。

5. 稳妥地推行价格改革。由于社会的和历史的原因,我国也面临着价格改革的重大任务。价格改革首先必须有正确的价格理论指导,必须坚持以马克思主义价格理论为指导,坚持社会主义方向。在价格改革上搞教条主义不行。价格改革是一项复杂的系统工程,涉及的范围很广,碰到的问题很多,要有计划有组织地逐步推行。价格改革是整个经济改革的有机组成部分,必须与其他各项经济改革协调动作配套进行。价格改革是一个利益重新分配的过程,它涉及国家、地方、企业和个人利益的调整,要慎重处理。

三、有领导、有步骤综合配套地推进经济体制改革

经济体制改革是一个系统工程,除了要抓住企业改革和价格改革这两个中心环节以外,还必须综合配套地搞好计划、财政、金融、流通、工资、住房、社会保障等各方面的体制改革。

在计划体制方面,主要是怎样按照社会主义有计划商品经济的要求,探索计划经济与市场调节相结合的具体途径和形式。正确处理计划和市场的关系,根据不同层次和实际情况的变化确定和调整指令性计划、指导性计划和市场调节的范围。我们认为,应更多地扩大指导性计划的范围,计划管理要逐步由直接的行政管理转向间接的经济管理。发挥计划部门进行综合平衡,执行国家产业政策和综合协调价格、税率、利率、汇率等经济杠杆的作用。

在财政体制方面，主要是怎样正确处理好国家、地方和企业之间收入分配的关系。既要适当提高国家财政收入占国民收入的比重和中央财政占整个财政收入的比重，又要根据不同地区的情况合理分摊财政负担，上交国家财政偏多的地区不能竭泽而渔，靠国家财政补贴的地区应尽量减少补贴。有条件的地区可以进行分税制的改革试点。国家预算要分开经常性预算和建设性预算，实行复式预算制。税收是财政最基本的经济杠杆。税收不仅是国家取得财政收入的主要来源，而且是连接国家与企业之间分配关系的主要纽带，要通过税种的设置和税率的调整来实现对宏观经济的调节和指导企业的经营活动。

在金融体制方面，主要是怎样运用信贷手段调节国民经济的总量平衡和结构平衡，中央银行要运用货币政策进行间接宏观控制，其核心是控制货币总供应量。一要控制货币发行量，二要控制贷款总额，并且要注意掌握贷款的投向，要优先投向国民经济最急需和经济效益高的单位，以调节国民经济各部门之间的比例关系，优化产业结构，推动企业改善经营管理，提高经济效益。也要运用利率调节资金的供给和需求。在资金紧缺时，国家可以通过提高利率压抑需求，在资金充裕时，国家可以通过降低利率刺激需求。随着社会主义商品经济的发展，利率以及存款准备金、再贴现率等的调节作用将愈来愈重要。专业银行要实行企业化经营，实行自担风险、自负盈亏。要拓宽融资渠道，稳步发展金融市场，扩大债券和股票发行，健全证券流通市场，试办证券交易所。

在流通体制方面，主要是如何建立和完善社会主义市场体系，搞活流通。不仅要进一步完善消费品市场，扩大生产资料市场，大力发展资金市场、技术市场，还要开拓信息市场、房地产市场、劳动力市场，在有条件的地方还可以试办期货市场，从而健全社会主义全国统一的市场体系。现在，我国的市场不是活过头了，而是发育不足，活得不充分。特别是要打破诸侯经济，改变地区封锁、条块分割的局面，建立全国统一的社会主义市场。还要继续实行对外开放政策，打破国内市场和国际市场分割的局面。扩大对外贸易，开拓世界市场。

在工资制度方面，主要是如何认真贯彻商品经济条件下的按劳分配原则，克服平均主义和社会分配不公的现象。工资都应该货币化，要把一切非货币工资，如实物分配、福利补贴、奖金津贴等等都逐步转化为货币工资。在价格体系不合理的情况下，某些企业经济效益的好坏，不取决于经营好坏，而取决于价格高低，需要进一步改善工资总额与经济效益挂钩的办法。在企事业内部，工资收入差距越来越小的平均主义倾向，需要采取切实可行的办法加以解决。对社会上分配不公，特别是体脑倒挂的现象，要下决心逐步缓解。

在住房制度改革方面，主要是如何促进住房商品化。现在我国的房租，不仅不包括利润、地租和保险费，而且不包括利息和房产税，甚至连折旧、维修和管理费都远远不能补偿。逐步提高房租,按照住房商品化的原则,逐步改变低租金、无偿分配住房的办法,势在必行。但是,住房商品化和提高房租要按照国家、集体和个人三者共同负担的原则妥善加以解决。住房商品化,就要加快住房建设,建立住房基金,发展房地产市场,把部分住房福利补贴转化为职工货币工资。

在社会保障制度方面,主要是如何把隐形社会保障改为显形社会保障,把社会福利变为社会保险。按照国家、集体和个人共同合理负担的原则,例如把离退休制逐步改为社会养老保险制度,把隐性失业改为待业保险,把公费医疗和劳保医疗改为医疗保险。搞好社会保障制度的改革,是深化经济改革、合理引导消费、保障人民生活、维护社会安定的重大措施,要因地而宜,量力而行。

总之,我国的社会主义经济改革只有在以企业改革和价格改革为中心的同时,综合配套地进行计划、财政、金融、工资、住房和社会保障等各方面的改革,才能建立具有中国特色的社会主义有计划商品经济的新体制与计划经济和市场调节相结合的运行机制。

经济学科在内部深化边缘交叉的基础上需要建立社会主义综合经济学

人类经济生活的历程已经几千年或上万年了,经济理论的形成迄今也已有两千多年的历史。现在,由经济理论演成的经济学科,已发展成一个庞大的经济科学体系。经济理论繁荣昌盛,经济学科方兴未艾。我们的经济科学正处于大发展的黄金时代,经济理论的繁荣必将大大推进经济学科的建设。我们不但要认识经济科学发展的过去,立足于现在,而且要预测它的未来。

一、经济理论的发展形成了一个庞大的经济科学体系

随着社会主义经济的发展,经济理论日益深化,经济学科越来越多。纵观当今经济学科领域,各类分支学科林立,边缘经济学科崛起,经济科学的大家庭呈现一派兴旺繁盛的景象。据我们大体概括:

在基础经济理论方面,有政治经济学、宏观经济、微观经济学、生产力经济学、比较经济学、发展经济学等等。

在应用经济理论方面,按部门分的有:工业经济学、农业经济学、商业经济学、运输经济学、建筑经济学等等;按职能和要素分的有:财政学、货币银行学、劳动经济学、投资学、土地经济学等等;按区域分的有:地区经济学、空间经济学、流域经济学、城市经济学、山区经济学、乡镇经济学等等。

在经济理论工具方面,有国民经济计划学、经济统计学、会计学、审计学、计量

经济学等等。

在经济理论边缘学科方面,有生态经济学、经济控制论、人口经济学、环境经济学、经济法学、卫生经济学、教育经济学、科学经济学等等。

在经济史学方面,研究经济本身发展历史的有:如中国经济史、美国经济史、苏联经济史等等的国别经济史;如工业经济史、农业经济史、商业经济史等等的专业经济史。研究经济理论发展历史的,有资产阶级经济学说史、马克思主义经济学说史、中国经济学说史、美国经济学说史、剩余价值理论史、价值理论史等等。

新的经济学科还在不断涌现。现在,经济科学已经成为门类最多、范围最广、影响最大、问题最多的一门社会科学。经济学作为各种经济学科的总称,它和政治经济学这一名词的含义已经大不相同了。所以,政治经济学只是经济科学体系中的一个组成部分,而不是全部,政治经济学不能代替整个经济学。

有一段时期,人们把经济科学主要局限于政治经济学,忽视了全面开展经济理论的研究。后来,打破了这种局限性,应用经济学引起了广泛的重视,这是值得欢迎的新现象。但是,现在有人又只注重与具体经济业务有关的应用经济学,而忽视作为理论基础的政治经济学,这也是不对的。政治经济学是各门经济学科的理论基础,它在整个经济科学中占有特别重要的地位。一方面,各种应用经济学只有在政治经济学基本理论的指导下,研究一个部门或一个领域的经济运动,才能提高它们的理论性和实践性;另一方面,应用经济学的发展还会提出许多基本理论问题需要政治经济学从整体上加以解决,从而进一步丰富政治经济学。

二、经济科学的内部深化

随着社会分工的发展,经济工作越做越细,专业越来越多,经济科学内部将不断深化,使经济学科越分越细。

首先,随着科学技术的进步和生产的发展,还会不断涌现出新的经济学科。例如,经济科学从考察对象和分析着重点的不同,可以分为微观经济学和宏观经济学。但是,微观经济学是个量分析,主要是研究企业和个人的经济行为,宏观经济学是总量分析,主要是研究国民经济总体的运行,而介于企业经济个体与国民经济总体之间,还有部门、地区以及集团的经济活动,有人把它称为中观经济。在经济研究领域比较明确提出"中观领域"的是德国埃登堡大学的汉斯-鲁道夫·彼得斯教授。他认为中观经济领域中经济部门、地区经济和集团经济,按其规模是介于个体经济和总体经济之间的中间聚合体。中观经济在国民经济中占有重要的地位,而以往的经济学只注意研究宏观经济领域和微观经济领域的问题,中观经济领域被忽视了。近年来,我国有些学者也提出要研究中观经济问题,并对中观经济学的建立作了尝试。但是,中观经济学还没有建立起独立的理论基础,更未形成自己完整的理论体系。随着部门、地区和集团经济的发展,中观经济学将会在经济科学体系中占一席之地。

其次,随着科学在工艺上的应用,劳动过程更加专业化,社会上将出现各种新部门,一个部门内行业将越来越多,与此相适应经济科学将不断纵向深化。例如,人类初期物质生产部门主要是农业和工业,因此,长期以来就物质生产部门的经济学来说,大体可分为工业经济学和农业经济学。但随着工业生产部门的专业化,出现了机械工业、纺织工业、食品工业,工业经济学又深化分为机械工业经济学、纺织工业经济学、食品工业经济学;随着科学技术的发展,在机械工业中又分化出航空工业、造船工业、仪表工业等等,机械工业经济学还将会进一步深化分为航空工业经济学、造船工业经济学、仪表工业经济学,等等。随着农业生产的专业化,出现了种植业、林业、畜牧业、水产业等等,农业经济学又深化分为种植业经济学、林业经济学、畜牧业经济学、水产业经济学,等等。随着种植业内部分工的发展,又出现了种植粮食和种植糖料的分工,将会出现粮食经济学和糖料经济学。

再次,随着劳动社会化,劳动分工将进一步发展,各部门内部职能的分工也会越来越细,与此相适应经济科学将会按职能横向发展。例如,在工业内部由于职能分工的发展,工业经济学中横向扩展出工业生产经济学、工业组织管理学、工业经营管理学、工业规模经济学、工业计划学,等等。在商业内部由于职能分工的发展,从商业经济学中游离出广告学、商标学、包装学,等等;地区经济学演化出山区经济学、边疆经济学、特区经济学,等等。

当然,经济科学毕竟是一定程度的理论概括,不能无限地细分下去,不能无边际地扩展出去。但是,经济科学不是一个封闭系统,而是一个开放系统,经济科学必将进一步深化和发展是确定无疑的。

三、经济科学的边缘交叉

各种科学相互交叉是科学发展的规律。经济科学与其他科学的相互渗透和吸收,交叉性的经济学科将越来越多。

经济科学与其他科学的交叉,是随着社会经济发展和科学技术的发展而不断发展的。社会经济的发展对科学技术不断提出新的要求,越来越多的社会经济问题要求提供多学科、多种技术交叉的综合手段,这就为经济科学与其他科学的交叉打下了基础。

经济科学与其他科学的交叉主要是通过渗透和吸取等方式产生和发展的。渗透是指经济科学与其他科学相互渗透有机地结合而产生的。例如,经济学与哲学相互渗透形成经济哲学。吸取,包括"引进来",即经济科学吸取其他科学的方法来解决经济学中的某些问题,如用数学方法研究经济学中的数量问题,便产生经计量学;用控制论的方法来研究经济控制问题,形成经济控制论;用系统论研究经济体系,形成经济系统学。吸取,也包括"走出去",即用经济理论研究和解决其他学科的问题。例如,用经济理论研究教育方面的问题,形成教育经济学;用经济理论研究海洋方面的问题,形成海洋经济学。

经济科学在社会科学中具有联系最广、门类最多的特点,因而它在与其他科学互相渗透和吸取过程中不断产生出来的边缘交叉学科特别多。

一是经济科学内部的边缘交叉产生新的经济学科。例如,经济管理学这门研究社会经济活动的合理组织及其规律性的科学,就是经济科学内部生产力经济学、政治经济学、经济政策学与管理学交叉而产生的新学科。经济管理是指对包括生产、交换、分配和消费在内的社会生产总过程的经济活动进行组织、指挥、监督和调节,这里涉及人对物的管理,这是生产力经济学所要解决的问题;也涉及人对人的管理,这是研究生产关系的政治经济学所要解决的问题;还涉及管理的规章制度,这是经济决策学和经济法学所要解决的问题。所以,经济管理学是经济科学内部多学科边缘交叉而产生的新学科。随着经济科学的发展这种内部交叉的新学科还会继续出现。

二是经济科学与其他社会科学边缘交叉产生新的经济学科。例如,经济社会学作为一门以社会活动中的经济活动为研究对象,揭示经济活动与社会活动的关系及其发展变化规律的学科,是综合应用社会学和经济学而独立发展起来的一门新学科,它既不同于以经济活动为研究对象的经济学,又不同于以社会生活为研究对象的社会学,而是经济学和社会学之间交叉的边缘经济学科。在我国,经济社会学还是一门尚待建立的学科。又如,经济学与历史学交叉形成经济史学,等等。

三是经济科学与自然科学边缘交叉产生新的经济学科。例如,生态学与经济学互相渗透、互相结合,产生两门边缘新学科:一是经济生态学。它从经济学的角度研究生态经济系统,侧重点在生态方面,是生态学的分支学科。二是生态经济学。它从生态学的角度研究经济生态系统,侧重点在经济方面,是经济学的新分支学科。又如,能源经济学,研究能源生产、流通、分配、消费过程中出现的经济关系、经济现象及其运动规律,是能源科学与经济科学相互渗透而产生的一门边缘经济学科。经济动力学、运用动力学的原理和方法研究经济运动,是经济学与动力学相结合而产生的交叉新经济学科。随着自然科学技术的不断发展,还会出现更多经济学与自然科学相交叉而形成的新经济学科。

四是经济科学与其他社会科学、自然科学、数学等多科交叉产生新的经济学科。例如,研究经济发展同环境的相互关系和变化规律的环境经济学,就是经济学与生态学、化学、物理学、地理学、人口学等多种学科交叉而形成的新经济学科。研究人口运动和经济运动内在联系的人口经济学,也是由经济学、人口学、统计学、医疗保健学等多学科交叉而形成的新经济学科。

四、经济学科的多层次综合

合久必分,分久必合,合了再分,分了再合,经济科学在不断分化、交叉的基础上,存在着要求多层次综合的趋势。我们把经济学科的分类情况大致勾画如下:

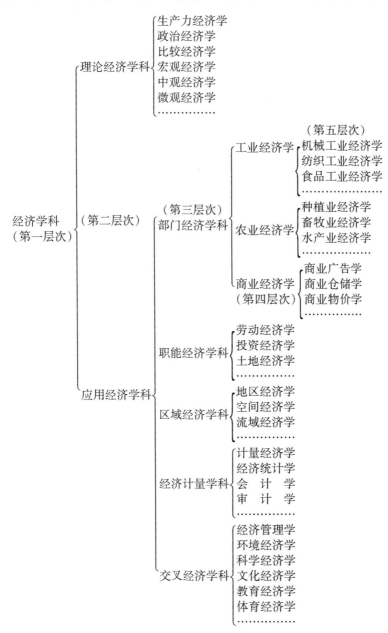

从上可以看出，由于经济科学的不断深化，存在着不同层次的经济学科，经济科学需要多层次的综合。

首先，第四层次的经济学科要对第五层次的经济学科进行理论和方法的综合。把机械工业经济学、纺织工业经济学、食品工业经济学等等加以综合形成工业经济学，它应该是概括所有工业部门中的经济关系和经济活动共同规律的科学。把种植业经济学、畜牧业经济学、水产业经济学等等加以综合形成农业经济学，它应该是概括所有农业部门中的经济关系和经济活动共同规律的科学。商业经济学也应如此。

其次，第三层次的经济学科要对第四层次的经济学科进行理论和方法的综合。例如，把工业经济学、农业经济学、商业经济学等等部门经济学科进行综合形成部门经济学。部门经济学还有待建立。也有必要把各种边缘交叉学科的共同问题和方法进行综合形成边缘经济学。在第三层次的综合上，还可以进行交叉综合，把所有第四层次的经济学科按照是否是生产领域综合成生产领域经济学和非生产领域经济学。例如，把科学经济学、教育经济学、文化经济学等非生产领域的经济学科综合成非生产领域经济学，它应研究国民经济非生产领域经济规律的特征及其各部门发展的共同规律性。

再次，第二层次的经济学科要对第三层次的经济学科进行理论和方法的综合形成理论经济学和应用经济学。长期以来，人们把理论经济学和政治经济学混为一谈。实际上，理论经济学与政治经济学是不能画等号的。政治经济学只是从生产关系角度研究一般经济理论的，除此而外，还有从生产力角度研究一般经济理论的生产力经济学，从宏观角度研究一般经济理论的宏观经济学，从微观角度研究一般经济理论的微观经济学，等等。因此，有必要把所有从各种不同角度研究一般经济理论的经济学科综合起来形成一门新的理论经济学。同样，有必要把所有应用经济学科的共同问题和方法综合起来形成应用经济学。

最后，是最高层次的综合，也就是把所有经济学科的共同问题和方法进行综合。从理论内容的综合来说，应该有一门综合经济学（简称经济学）。从体系和方法的综合来说，可以建立一门经济科学学。

经济科学的多层次综合，有些层次已经完成，当然还要充实和完善，有些还未建立。我们相信，经过广大经济理论工作者的共同努力，将来定会逐步建立。

五、社会主义需要建立综合经济学

社会主义经济的发展和经济体制改革的深入，对社会主义经济科学提出了新的更高的要求，也为经济科学的繁荣和发展带来了新的活力。面对这一情况，近来有人说，传统的政治经济学面临着危机。这种说法，似乎有点危言耸听，我们不大赞成。还有人说,经济科学面临着一场革命。能不能这样说,我们觉得也没有把握。但是,我们认为,适应经济生活的迫切要求,经济科学必须发展、提高和前进,这是毫无疑义的。基于这一基本认识,我认为有必要建立社会主义综合经济学。

(一) 建立社会主义综合经济学的必要性

无论从经济建设的实践、经济理论的发展以及经济科学的普及来看,都需要创建一门社会主义综合经济学。

社会主义建设的中心是经济建设。要进行社会主义经济建设就要着重解决社会主义经济如何运行的问题。社会主义经济的运行,既要协调国家经济职能、企业经济行为和个人偏好选择之间的纵向父系,又要平衡国民经济各个部门、社会生活各个领域、各个分支之间的横向联系;我们的经济建设不仅应该吸取和借鉴历史上的经验教训,而且应该参考和借鉴当代世界各国经济建设的成败得失,还应该做好对未来的经济发展战略的规划和预测。我们的经济科学不仅应该对经济生活的基本特征和属性给出质的规定性,而且应该对经济现象尽可能正确地给出量的规定性;它不仅应该对经济行为按照社会主义的道德标准进行规范分析,而且应该对经济运行的机制本身作出客观的实证分析。

社会主义经济建设提出的这些要求,现有的各门经济学科尽管都从某个角度、某个方面作出了一定的解答,但是要对它们的总体面貌给出一个清晰、明了的描述,却是现有任何一门经济学科的对象都不能包容的。最近,面对经济体制改革和经济振兴的新局面,许多同志看到了现有经济学科,尤其是社会主义政治经济学在这方面的局限性,纷纷提出了许多改革政治经济学的设想。有同志提议改变社会主义政治经济学的研究对象,即从研究社会主义生产关系变为研究社会主义财富的生产。还有的同志提议扩大社会主义政治经济学的研究范围,从研究所有制、经济规律变为研究社会主义经济运行机制和一切经济现象。我们认为,现有的社会主义政治经济学固然需要改革,但改革的方向是面对社会主义生产关系的实际,从实际出发而不是从经典教条出发论述社会主义生产关系。如果我们把不属于政治经济学研究范围的内容统统硬塞到它的框架中去,实用性固然加强了,但是,马克思主义政治经济学这门研究生产关系的学科本身就被弄得面目全非,不伦不类了。我认为,适应经济建设的需要,比较妥当的办法是在完善和加强原有学科(包括社会主义政治经济学)的同时,建立一门综合性的社会主义经济学。

随着社会主义经济建设的发展,迫切需要大批具有现代经济知识和其他科学技术知识的专门人才和通用人才,亟须在广大干部和青年中普及经济科学的知识。

需要普及的经济科学知识的内容是非常丰富的,既有社会主义经济的基本理论,又有社会主义经济的各种应用理论;既有宏观经济的理论,又有微观经济的理论;既有生产力方面的理论,又有生产关系方面的理论;既有生产关系各个环节:

生产、流通、分配、消费方面的理论,又有国民经济各个部门:工业、农业、商业、交通运输、建筑等的理论;既有边缘经济方面,如环境、生态、人口等的理论,又有经济核算工具:会计、统计、数学等;既有中外经济史方面的理论,又有中外经济思想学说史方面的理论,真可谓五花八门,品种繁多。

要掌握这样丰富的经济理论知识,仅靠普及研究生产关系的政治经济学显然是不够的。如果要每个人将所有这些学科一门一门都啃下来,则既没有必要又是不可能的。那么出路何在呢?我认为,一方面应改革社会主义政治经济学本身的内容,另一方面则需要建立一门综合性的经济学科——社会主义经济学。通过对它的学习,能够使读者对经济理论的概貌有一个系统而总括的了解,对与经济生活相关的主要分支学科的基本内容和基本技能也有一个概略的知晓和初步的应用。由于社会主义经济学的研究对象不受生产关系的限制,所以就能较快地、更广泛地对社会主义经济建设中的各类问题作出理论上的反映。反过来,这样又非常有利于经济科学本身的建设和发展。另外,由于社会主义经济学综合和吸收了一切主要经济理论和相关学科,又可以供学习者根据不同的目的和需要有重点地选择使用。

(二) 社会主义综合经济学是怎样一门学科

简单地说,社会主义综合经济学是研究社会主义经济运动规律的一门综合性的经济学。如何理解它是综合经济学,它综合的范围有多广,它与社会主义政治经济学到底有哪些区别呢?

第一,社会主义经济学作为一门综合性的经济学,它不仅研究生产关系,而且研究生产力和上层建筑。社会主义政治经济学是研究社会主义生产关系的科学,当然也要联系生产力和上层建筑,但它只是联系而已。社会主义经济学研究生产力不是一般地联系,而是作为一项主要任务。它不仅要研究社会主义社会生产关系与生产力的关系,也就是生产力对生产关系的决定作用,以及生产关系对生产力的反作用,而且要研究生产力的现状,如何发展社会生产力,以及生产力发展的方向。社会主义经济学研究上层建筑也不是一般地联系,而是作为重要任务之一来研究。它不仅研究社会主义社会上层建筑与经济基础的关系,也就是经济基础决定上层建筑,上层建筑又如何反作用于经济基础的问题,而且要直接研究国家的经济职能、经济体制以及经济政策等问题。

第二,社会主义经济学作为一门综合的经济学,是宏观经济、中观经济与微观经济的综合。过去的社会主义政治经济学主要侧重于研究宏观经济,社会主义经济学当然也要研究宏观经济,研究社会主义经济运行的总体概况以及国家对经济活动的宏观控制,但它还要研究中观经济,研究如何发挥各地区、各部门的优势和积极性,如何发挥中心城市的作用等。社会主义经济学还要研究微观经济,研究如何增强企业的活力,如何发挥劳动者个人的聪明才智和首创精神。它既要以纵的方面研究如何正确处理国家、地方、企业、个人之间的利益关系,又要从横的方面研究如何协调不同部门、不同地区、不同企业、各个劳动者之间的利益关系。

第三,社会主义经济学作为一门综合性的经济学,它要综合现有各国、各家、各派社会主义经济理论的合理成分。社会主义政治经济学在揭示社会主义生产关系运动规律的一般原则时,也要求综合各国、各学派对社会主义生产关系的客观分析,但其范围仅限于生产关系方面。近年来,一些社会主义经济的理论专著的研究对象和范围超过了生产关系的界限。此外,资产阶级的一些学者,无论是马克思主义的同情派还是反对派,对社会主义经济问题也从不同的角度作了研究和探讨。他们的研究兴趣主要集中在社会主义经济中的资源配置、需求分析、消费平衡、投资效果、市场机制等方面。作为综合性的社会主义经济学,应本着实事求是的态度,不仅综合各国、各学派关于生产关系理论中的合理成分,而且要综合其他有关社会主义经济运行理论分析中的合理成分。

第四,社会主义经济学作为一门综合性的经济学,是各门经济科学和相关学科的综合。社会主义政治经济学只是一门理论经济学,而社会主义经济学是理论经济学,又是应用经济学。它不仅为社会主义经济建设提供基本原理,而且告诉人们社会主义经济如何具体运行,要运用哪些工具,掌握经济运行的机制必须具备哪些基本的经济科学知识,要向前人或当代各家各派的经济理论吸取哪些养料。因此,它是理论经济学(包括生产力经济学、政治经济学等)、应用经济学(各部门、各方面的经济科学)、边缘经济学、经济工具学、经济学说史等各类经济学的综合。它还要综合与经济问题分析相关的一些自然科学和社会科学的有关内容。但它不是这些学科的简单相加,而是吸收它们的精华,将它们融为一体。

第五,社会主义经济学作为一门综合经济学,还是各种经济分析方法的综合。社会主义政治经济学的对象是生产关系,它主要研究社会主义经济质的规定性。社会主义经济学不仅要研究社会主义经济质的规定性,揭示社会主义经济制度的本质、优越性及其发展方向,而且要对经济效益、发展目标、经济成长、经济杠杆的运用等作出量的规定性。因此,社会主义经济学将以经济数学作为它的一个重要分析工具。此外,社会主义经济学不仅要对社会主义经济作静态分析,而且要作动态分析,因为社会主义经济本身是发展的、运动的、开放的,所以经济理论也要对经济运行机制从静态和动态两方面考察其运行、变化及其发展趋势。最后,社会主义经济学还要在对社会主义经济机制作了客观的实证描述的基础上,按照社会主义社会的伦理道德标准对经济行为作规范的论证。

总之,社会主义经济学是一门综合的经济学。它以社会主义经济建设活动为对象,从总体上研究社会主义经济的运行。但是,社会主义经济学不是要取消社会主义政治经济学和其他应用经济学科,而是与它们并列,在它们之上,对社会主义经济生活的各个方面加以综合概括和描述。

(三) 如何建设社会主义综合经济学

社会主义综合经济学所包括的内容决定了它的体系结构的建立是一项相当困难的任务。我们觉得,内容的多而杂,不应该导致体系的松而散。它不应当仅仅变成是各种经济学常识和相关学科介绍的百科知识词典,相反,它应当组织成一个有机的艺术整体。每一部分内容都应有适当的归宿。但是,社会主义经济学体系结构的最终形成,必须在实践中摸索,而且必然有一个从不成熟到成熟的过程。我们设想,最初只能是一个拼盘,然后变为杂烩,最后才能形成一个艺术的整体。

(摘自《当代中国百名经济学家自述——我的经济观(3)》,江苏人民出版社1992年5月版,作者:洪远朋)

奖 评 篇

获奖项目

(1) 1992年起,洪远朋为发展我国高等教育事业做出的突出贡献,获国务院发给政府特殊津贴。

(中华人民共和国国务院 1992年10月1日)

(2) 1990年,洪远朋荣获中青年有突出贡献专家称号。

(中华人民共和国人事部 1990年)

(3) 1989年,蒋学模、伍柏麟、洪远朋的《政治经济学的教学改革》获普通高等学校优秀教学成果国家级特等奖。

(中华人民共和国国家教育委员会 1989年)

(4) 1983年,洪远朋的《政治经济学入门》荣获全国通俗政治理论读物评选(1979—1983)一等奖。

(中国出版工作者协会 1983年7月)

(5) 2013年,洪远朋的《通俗〈资本论〉》获第六届高等学校科学研究优秀成果普及奖(人文社会科学)。

(中华人民共和国教育部 2013年3月22日)

(6) 2009年,洪远朋、卢志强、陈波著《社会利益关系演进论——我国社会利益关系发展变化的轨迹》获第五届高等学校科学研究优秀成果奖:二等奖。

(中华人民共和国教育部 2009年9月4日)

(7) 2006年,洪远朋等著《共享利益论》获第四届中国高校人文社会科学研究优秀成果奖:三等奖。

(中华人民共和国教育部 2006年12月14日)

(8) 2003年,洪远朋等著《经济利益关系通论——社会主义市场经济的利益关系研究》获第三届中国高校人文社会科学研究优秀成果奖:三等奖。

(中华人民共和国教育部 2003年7月3日)

(9) 2014年,洪远朋获世界政治经济学学会马克思经济学奖。

(世界政治经济学学会 2014年5月)

(10) 2012年,洪远朋的《新时期利益关系研究》(丛书)在上海市第十一届哲学社会科学优秀成果奖(2010—2011)评选中获学术贡献奖。

(上海市邓小平理论研究基金理事会、上海市哲学社会科学优秀成果评奖委员会 2012年12月)

(11) 2010年,洪远朋著《通俗〈资本论〉》在上海市第八届邓小平理论研究和宣传优秀成果(2008—2009)评选中,获著作类一等奖。

(上海市邓小平理论研究基金理事会、上海市哲学社会科学优秀成果评奖委员会 2010年12月)

(12) 1986年,洪远朋著《〈资本论〉难题探索》被评为上海市(1979—1985年)哲学社会科学著作奖。

(中国共产党上海市委员部宣传部、上海市哲学社会科学优秀成果评奖委员会 1986年9月)

(13) 2008年,洪远朋、卢志强、陈波《社会利益关系演进论——我国社会利益关系发展变化的轨迹》在上海市第九届哲学社会科学优秀成果(2006—2007)评选中获著作类一等奖。

(上海市哲学社会科学优秀成果评奖委员会 2008年10月)

(14) 2008年,陈波、洪远朋撰写的《协调利益关系、构建利益共享的社会主义和谐社会》在上海市第七届邓小平理论研究和宣传优秀成果(2006—2007)评选中获论文类二等奖。

(中共上海市委宣传部、上海市邓小平理论研究基金理事会 2008年10月)

(15) 1998年,洪远朋等《论社会主义市场经济体制下的十大利益关系》在上海市邓小平理论研究和宣传优秀成果(1995—1997)评选中,获论文类二等奖。

(中共上海市委宣传部、上海市邓小平理论研究基金理事会 1998年6月)

(16) 2006年,洪远朋、陈波、卢志强撰写的《制度变迁与经济利益关系演变》在上海市第八届哲学社会科学优秀成果(2004—2005)评选中,获论文类三等奖。

(上海市哲学社会科学优秀成果评奖委员会 2006年10月)

(17) 2006年,洪远朋、卢志强、陈波撰写的《中国当前经济利益关系的特点及其成因》在上海市第六届邓小平理论研究和宣传优秀成果(2004—2005)评选中,获论文类三等奖。

(中共上海市委宣传部、上海市邓小平理论研究基金理事会 2006年10月)

(18) 2006年,陈波、卢志强、洪远朋撰写的《弱势群体的利益补偿问题》在上海市第六届邓小平理论研究和宣传优秀成果(2004—2005)评选中,获论文类三等奖。

(中共上海市委宣传部、上海市邓小平理论研究基金理事会 2006年10月)

(19) 2004年,洪远朋、马艳撰写的《关于劳动和劳动价值论的十点认识》在上海市第五届邓小平理论研究和宣传优秀成果(2002—2003)评选中,获论文类三等奖。

(中共上海市委宣传部、上海市邓小平理论研究基金理事会 2004年9月)

(20) 2002年,洪远朋撰写的《中国共产党人对马克思主义经济利益理论的贡献》在上海市第四届邓小平理论研究和宣传优秀成果(2000—2001)评选中,获论文类三等奖。

(中共上海市委宣传部、上海市邓小平理论研究基金理事会 2002年9月)

(21) 2000年,洪远朋撰写《股份合作制是合作经济的新发展》在上海市第三届邓小平理论研究和宣传优秀成果(1998—1999)评选中,获论文类三等奖。

(中共上海市委宣传部、上海市邓小平理论研究基金理事会 2000年7月)

(22) 1994年,洪远朋等《新编〈资本论〉教程(1—4册)》在上海市哲学社会科学优秀成果(1986.1—1993.12)评选中,获著作类三等奖。

(上海市哲学社会科学优秀成果评奖委员会 1994年7月)

(23) 1996年,洪远朋主编《新编〈资本论〉教程》获95上海普通高等学校优秀教材二等奖。

(上海市教育委员会 1996年3月)

(24) 1997年,洪远朋编写的《合作经济的理论与实践》获1997年上海市高校优秀教材二等奖。

(25) 1984年,张薰华、洪远朋、宋承先《〈资本论〉提要(四册)》被评为上海市高等学校哲学社会科学研究一九七六——一九八二年优秀成果三等奖。

(上海市高等教育委员会 1984年12月10日)

(26) 1988年,洪远朋、沈德勤、吴健的《〈资本论〉与社会主义商品经济》荣获上海市经济学会1986—1987年度优秀论文奖。

(上海市经济学会 1988年9月)

(27) 1986年,洪远朋的《积累不是扩大再生产的唯一源泉》被评为上海市经济学会1979—1985年优秀奖。

(上海市经济学会 1986年1月)

(28) 1992年,洪远朋撰写的《我国的价格形成和价格改革理论探源》荣获1988年1991年经济科学优秀论文奖。

(上海市经济学会 1992年9月)

(29) 2005年,洪远朋撰写的《股份合作制是合作经济的新发展》被评为本会

1985—2005 年优秀论文。

(上海市集体经济研究会、上海市合作经济研究会 2005 年 11 月 29 日)

(30) 1986 年,洪远朋的《通俗〈资本论〉》获优秀图书(封面)三等奖。

(辽宁人民出版社 1986 年 1 月 22 日)

(31) 2008 年,徐惠平担任责任编辑的《新时期利益关系丛书》(主编洪远朋)荣获上海图书奖(2005—2007)二等奖。

(上海市新闻出版局、上海市出版工作者协会 2008 年 3 月 10 日)

(32) 1984 年,洪远朋荣获本校一九八四年科研优秀奖。

(复旦大学 1985 年 5 月 27 日八十周年校庆)

(33) 1980 年,洪远朋教学工作成绩优秀荣获二等奖。

(复旦大学 1980 年 5 月 27 日)

(34) 1986 年,洪远朋在科研工作中做出突出成绩。(《资本论》难题探索)获上海市哲学社会科学著作奖,特发荣誉证,以作纪念。

(复旦大学 1986 年 9 月 20 日)

(35) 2004 年,洪远朋荣获 2004 年度复旦大学复华奖教金文科科研成果个人奖。

(复旦大学)

(36) 2002 年,洪远朋荣获 2002 年度"复华奖教金"——伯乐奖。

(复华实业股份有限公司、复旦大学 2002 年 9 月 10 日)

(37) 2000 年,洪远朋的《合作经济的理论与实践》荣获 2000 年度"复华教学科研奖励基金"的奖励。

(复旦大学、上海复华实业股份有限公司 2000 年 12 月)

(38) 1998 年,洪远朋等《论社会主义市场经济体制下的十大利益关系》荣获 1998 年度"复华教学科研奖励基金"的奖励。

(复旦大学、上海复华实业股份有限公司 1998 年 9 月 10 日)

(39) 1996 年,洪远朋《新编〈资本论〉教程(1—4 卷)》荣获 1996 年度"复华教学科研奖励基金"的奖励。

(复旦大学、上海复华实业股份有限公司 1996 年 11 月 26 日)

(40) 洪远朋因教学、科研成绩突出,荣获 2000 年、2002 年、2003 年、2004 年、2011 年、2012 年复旦大学国泰奖教金。

(复旦大学保险所、复旦大学保险)

(41) 2012 年,洪远朋荣获 2009—2011 年度上海市高校系统退管工作"老有所为"精英奖。

(上海市高等学校休教职工管理委员会 2012 年 6 月)

（42）1980年5月,洪远朋获复旦大学教学优秀二等奖。

（43）1985年5月27日,洪远朋获复旦大学1984年科研优秀奖。

（44）1988年7月,洪远朋获上海市哲学社会科学学会联合会学会工作积极分子。

（45）1988年9月15日,洪远朋获上海市经济学会活动积极分子。

获奖证书(摘选)

证 书

洪远朋 同志：

为了表彰您为发展我国 高等教育 事业做出的突出贡献，特决定从一九九二年十月起发给政府特殊津贴并颁发证书。

政府特殊津贴第1923600938号　　一九九二年十月一日

姓　名　洪远朋
性　别　男
出生年月　1935.10.
工作单位　复旦大学
专业技术职务
或职称　　教授

中青年
有突出贡献专家
证　书

中华人民共和国
人事部

一九八九年普通高等学校

优秀教学成果

获奖证书

获奖项目：政治经济学课程的教学改革

获奖者：蒋学模
　　　　伍柏麟
　　　　洪远朋

奖励等级：国家级特等奖

中华人民共和国 国家教育委员会

证书编号(89)T0363　一九八九年十一月 日

沪社证【2012】058号

洪远朋 先生

主要学术贡献：洪远朋教授长期从事《资本论》研究教学和普及，影响广泛；对社会主义市场经济条件下的利益问题作了系统完整的论述，提出了富有创建的观点，为推动社会主义经济理论研究作出了重要贡献。

代表作：《新时期利益关系研究》（丛书）

在上海市第十一届哲学社会科学优秀成果奖（2010—2011）评选中，获 **学术贡献奖**，特发此证书。

上海市邓小平理论研究基金理事会
上海市哲学社会科学优秀成果评奖委员会

二〇一二年十二月

沪社证【2010】001号

洪远朋 撰写的《通俗〈资本论〉》在上海市第八届邓小平理论研究和宣传优秀成果（2008—2009）评选中，获 **著作** 类 **一** 等奖，特发此证书。

上海市邓小平理论研究基金理事会
上海市哲学社会科学优秀成果评奖委员会
二〇一〇年十二月

NO. 201402

DATE: MAY 2014

THIS IS TO CERTIFY THAT

MR. YUANPENG HONG

HAS BEEN GRANTED

MARXIAN ECONOMICS AWARD

FOR HIS CONTRIBUTION TO THE DEVELOPMENT OF ECONOMICS AND

THE PROGRESS OF THE HUMAN RACE!

THE WORLD ASSOCIATION FOR POLITICAL ECONOMY

上海市学术贡献奖颁奖典礼上的获奖感言

同志们：

大家好！站上这个领奖台很高兴，真的很高兴，讲几句感言。

今年是我的丰收年，一共得了三个奖。一是教育部的高等学校人文社会科学成果奖，二是上海市高校退管系统发的"老有所为"精英奖，还有就是今天这块上海市的"学术贡献奖"，这是一块含金量很高、分量很重的奖。

领到这个奖很不容易，这是对我大半生学习和研究工作的认可。当然，首先感到很高兴，不是一般的高兴，是非常高兴。其实能够获得这个奖，不仅是我个人努力的成果，而是许多人共同合作的结果，在这里我向所有指导、支持、帮助过我的人，表示感谢，不是一般的感谢，谢谢，谢谢大家。

其实，此时的心情是很复杂的，既感到高兴，又感到非常不安。今天坐在这里的，或者没有坐在这里的许多同志，无论年老的、中年的、青年的，他们的水平和贡献都比我高，我得了奖，他们没有得到，我心里非常不安，受之有愧。得到奖的，不一定是水平高的，贡献大的；没有得到的并不一定是水平不高，贡献不大的。我要向大家学习的东西很多，我的第二句话是向大家学习，向大家致敬。

能不能获得奖因素是很多的，当然有水平、有贡献的问题，还有一个重要的是机遇问题、运气问题。我得奖了很大一个因素，是我运气好，机遇好。但是有一句话说得很好，"机遇"是往往留给那些有准备的人的。怎样做好准备，抓住机会，我有三句话：一是学习、学习、再学习；二是创新、创新、再创新；三是努力、努力、再努力；努力才有希望。

我是学习和研究马克思主义政治经济学的，三句话离不开老祖宗，最后让我们重温一下马克思的名言：在科学上没有平坦的大道，只有不畏劳苦沿着陡峭山路攀登的人，才有希望达到光辉的顶点。

愿共勉之
谢谢大家

洪远朋
2012.12.25

世界政治经济学会"马克思经济学奖"获奖感言

复旦大学　洪远朋

各位专家学者：

您们好。授予我 2014 年"马克思经济学奖"，是对我的鼓励和关照，得到这个奖，当然很高兴，也受之有愧。

我 1935 年 10 月出生于江苏如皋一个小职员之家，此后一生即与书本结缘，学问与年龄齐长。16 岁那年，正在上高二的我即离开家乡转入江苏省财经学校读书，从此我又与经济结下不解之缘。1953 年，我以优异的成绩毕业分配在江苏省工业厅工作，成了政府机关里一个科员级的小干部。

1956 年我响应党中央、国务院"向科学进军"号召，作为调干生考入复旦大学经济系政治经济学专业。1961 年大学毕业后师从蒋学模先生做社会主义经济理论专业的研究生。1964 年学成后留校任教，一直从事《资本论》、价格理论、社会主义经济理论、比较经济理论、经济利益理论与实践、合作经济理论与实践等教学与研究至今。

我是复旦大学经济学院教授，博士生导师。历任复旦大学经济系系主任、经济学院院长、经济学院学位委员会主席、复旦大学理论经济学博士后流动站站长、中国国家社科基金学科组成员、中国《资本论》研究会副会长、全国综合大学《资本论》研究会名誉会长、复旦大学泛海书院院长、《世界经济文汇》编委会主任、中国社会科学院马克思主义研究院特聘研究员等。主要研究领域：《资本论》、社会主义经济理论、经济理论比较研究、经济利益理论与实践。主要著作和教材有：《政治经济学入门》、《〈资本论〉难题探索》、《新编〈资本论〉教程》（1—4 卷）、《社会主义政治经济学新论》、《价格理论的发展与社会主义价格形成》、《经济理论的轨迹》、《合作经济的理论与实践》、《经济利益理论与实践丛书》、《共享利益》、《经济理论的过去、现在和未来》、《新时期利益关系丛书》等 50 多本，以及论文 300 多篇，曾多次获得国家级、省部级教学和研究成果奖。

我今年按照中国的虚年龄正好是80岁,即将进入"80后",从事马克思主义经济学的学习、传播和研究也近60年。60年我对马克思经济学的贡献不大,但得到的荣誉却不少。总结一下60年来对马克思经济学主要做了两项工作。

第一项是长期从事马克思《资本论》的研究、教学和普及工作,取得了一些成果,也有一定的影响。

这些成果,在《资本论》研究方面,主要集中在《〈资本论〉讲稿》(三卷本)、《新编〈资本论〉教程》(四卷本)、《〈资本论〉简明教程》;在《资本论》学术专著方面,主要有《〈资本论〉难题探索》,还有就是《通俗〈资本论〉》。而在金融海啸席卷全球的21世纪,全世界重新出现了马克思热、《资本论》热,《通俗〈资本论〉》也被再版,并入选中国共产党中央宣传部推荐的优秀通俗理论读物,在社会上引起了广泛关注。

另外还有一些论文发表在相关报章杂志上,集中起来出了一个《论〈资本论〉》的"集子"。

对于马克思《资本论》的学习、宣传和研究还有待深入。我认为对待《资本论》以及整个马克思主义经济理论,一要坚持,二要澄清,三要发展。

第二项工作是对社会主义市场经济条件下的利益问题作了比较系统的研究和论述,也提出了富有创新见解的观点,为推动马克思主义经济理论研究做出了一定贡献。我和我的团队在利益理论与实践方面的研究成果主要集中在《经济利益理论与实践丛书》(8本)、《新时期利益关系丛书》(12本),以及《共享利益论》等20多本著作,也有一些论文发表在相关的报纸杂志上,需要集中起来出一个《论利益》的"集子"。

我把我们的研究成果概括为"中国社会利益关系的系统理论思考",有六个方面,共计六十条。

1. 关于社会利益理论和实践的十大见解。① 利益是人们满足自身需要的物质财富和精神财富之和。② 利益是永恒的,利益关系是不断变化的。③ 利益关系是一切社会关系的核心。④ 社会利益是总体多方面的利益。⑤ "利值"是量化社会利益的测度。⑥ 社会利益关系演进是有规律的。⑦ 人民的根本利益是一切工作的出发点和归宿。⑧ 社会利益关系是新时期我国人民内部矛盾的主要问题。⑨ 协调利益关系是构建社会主义和谐社会的关键。⑩ 马克思主义者一贯重视利益关系。

2. 关于利益理论和实践的十大概念。① 综合利益是经济主体在一定的时空条件下,与其他经济主体的相互关系汇总,通过经济活动过程实现各种经济利益的耦合;② 和谐利益是指社会利益关系在一定的社会经济条件下,利益主体在利益差异和利益矛盾的前提下实现利益均衡和利益共享,各利益主体的活力与创造力竞相迸发出来,在共同利益不断增进的同时,个人利益也得到不断丰富与发展;③ 共享利益观是社会主义利益观的核心;④ 开放利益是以国际交换为条件而在生产过程中创造出来的更多的使用价值和价值;⑤ 机会利益为在不对称信息的条件下,拥有信息优势的经济主体利用其信息优势所提供的经济机会而获得的经济净收益;⑥ 风险利益是对人们在不确定性经济活动中获得的那一部分额外收益,或蒙受的那一部分意外损失的经济现象的理论抽象;⑦ 交易利益是人们在交易中获得的、超过交易机会成本的收益;⑧ 保障利益,即劳动者个人积累、参与收益分享或收入再分配中获得的某种程度的效用满足;⑨ 休闲利益强调休闲活动的社会功效;⑩ 未来利益是一种可持续发展的利益,就是既保证当代人的利益,又不影响子孙后代的利益。

3. 新时期我国社会十大利益关系。① 中央与地方的利益关系是我国各种社会利益关系调整的轴心;② 国家、企业、个人三者的利益关系有一致的方面,也有矛盾的方面,需要及时调整;③ 地区与地区之间的利益关系,矛盾日益突出,并可能给整个经济改革和发展带来消极影响;④ 工农之间的利益关系,关系到巩固工农联盟的政治问题,尤其要正确处理;⑤ 行业与行业之间的利益矛盾呈扩大趋势,垄断行业与非垄断行业之间的利益关系失衡,应控制和限制垄断行业的利益;⑥ 企业与企业之间的利益关系主要是国有企业与非国有企业之间的利益关系、内资企业与外资企业之间的利益关系,应该让不同的企业得到相对公平的待遇,以推动企业之间的合理竞争;⑦ 个人与个人之间的利益矛盾凸显,主要表现在不同收入阶层之间收入悬殊;⑧ 脑力劳动者与体力劳动者之间的利益关系,逐步提高脑力劳动者的收入是合理的,但二者的收入差距不宜过大;⑨ 要素所有者之间的利益关系直接影响着各生产要素作用的发挥和社会生产力的发展;⑩ 在处理我国与其他国家之间的利益关系时,要在维护我国国家利益和民族利益的基础上,兼顾他国的利益。

4. 新时期我国社会利益关系的十大特点。① 利益观深入人心;② 利益主体多元化;③ 利益来源多样化;④ 利益表达公开化;⑤ 利益差距扩大化;⑥ 利益关系复杂化;⑦ 利益诉求全面化;⑧ 利益关系问题是当前人民内部矛盾的主要问题;⑨ 协调利益关系是构建社会主义和谐社会的关键;⑩ 利益理论和现实的研究方兴未艾。

5. 协调新时期社会利益关系的十大思路。① 促进利益增长;② 保证根本利益;③ 统筹兼顾;④ 利益共享;⑤ 利益综合;⑥ 利益保障;⑦ 利益补偿;⑧ 利益关系制衡;⑨ 社会公平正义;⑩ 及时调整。

6. 社会利益关系研究尚需探索的十大课题。① 利益概念的界定;② 社会利益及其内涵;③ 社会利益的量化;④ 对根本利益的认识;⑤ 利益补偿;⑥ 虚拟利益；⑦ 新时期的基本利益关系；⑧ 社会利益关系发展的基本规律；⑨ 社会利益关系与构建和谐社会的关系；⑩ 社会利益与社会科学的关系。

关于社会利益理论体系。我们提出：第一，一切社会活动的中心是利益；第二，一切社会关系的核心是利益关系；第三，一切社会科学的核心归根到底也是利益问题。

我和我们团队在马克思经济学基本理论的其他方面，如生产力理论、所有制理论、价值理论、再生产理论等也做出了一些研究，也有一些成果。

另外，我们在经济学学科建设上，提出了构建马克思主义政治经济学的新思维，提出建立经济学学说史的新体系，还有建立社会主义综合经济学的遐想，也有一些见解，供研究和参考。

马克思经济理论学习和研究的范围很宽，要走的路也很长。

最后，我以马克思的一句名言，作为我获奖感言的结束语。

马克思曾经说，在科学上没有平坦的大道，只有不畏劳苦沿着陡峭山路攀登的人，才有希望达到光辉的顶点。

愿共勉之。

谢谢大家

2014 年 5 月 23—26 日

附注：2014 年 5 月 23—26 日，"增长、发展与社会公正——世界政治经济学学会第 9 届论坛"在越南社科院举行，来自 22 个国家的百余名学者出席。学会颁发了 2014 年度（第 4 届）"世界马克思经济学奖"，学会副会长、美国麻省大学阿姆赫斯特分校经济系教授大卫·科茨和中国复旦大学经济学院教授洪远朋获此殊荣。

洪远朋教授在这次会议上发表了世界政治经济学会"马克思经济学奖"获奖感言。

ACCEPTANCE SPEECH FOR WORLD MARXIAN ECONOMICS AWARD (II)

Yuanpeng Hong

Yuanpeng Hong is Professor at the School of Economics in Fudan University. China, and Vice-Chairman of the Research Association for *Das Kapital* in China. His research focuses on Marxist political economics, studies of *Capital*, China's reform, etc. Please contact him by Prof. Bo Chen via email: bochen74@ mail.shufe.edu.cn

May 24,2014

It is a great honor to receive the World Marxian Economics Award in 2014, which encourages me and warms me.

In October 1935, I was born in Rugao County, Jiangsu Province. My father worked as a clerk. In such a family, I grew with books. When I was 16 years old, and a sophomore in high school, I left my hometown and transferred to Jiangsu Finance and Economics School, and have been devoting myself to the study of economics ever since. In 1953, I graduated with honors and started to work in Jiangsu Provincial Bureau of Industry.

In 1956, I was admitted by Fudan University as a cadre student through the enrollment program for advancing science and technology advocated by the CPC Central Committee and State Council. Political economy was my major. From 1961 to 1964, I worked as a graduate student under the supervision of Professor Jiang Xuemo, focusing on socialist economic theory. After that, I began to teach at Fudan University. My research covered *Das Kapital*, price theory, socialist economic theory, comparative economic theory, economic interest theory and practice, and coordinative economic theory and practice.

I served in Fudan University as Dean in the Department of Economics and its chair of the degree committee. I also earlier served in a lot of academic positions, such as Director of Postdoctoral Program for Theoretical Economics at Fudan University, advisory member of National Social Science Foundation, Vice President of the Association of *Das Kapital* in China. Honorary President of Association of *Das Kapital* Studies in Chinese Universities. Director of Fanhai Books in Fudan University, editorial board Director in *World Economic Papers*, distinguished research fellow at the Academy of Marxism (CASS). My publications include over 50 books and textbooks and more than 300 papers. With awards at national and provincial levels.

I am turning 80 years old this year and could soon be tagged as a member of the "post-80s generation." In the past 60 years. I have worked for the advancement of Marxist Economics, being awarded many times in spite of my humble achievement, which mostly fall into two areas.

The first one is the study of *Das Kapital*, which includes three volumes of *Lecture Notes on Das Kapital*, four volumes of *New Textbook on Das Kapital*, *A Brief Textbook on Das Kapital*, *Exploration of Hard Problems in Das Kapital*, and *Popular Das Kapital*. In a century beginning with global financial crisis. Marx and his *Das Kapital* attracted the public attention again, hence the reprint of my *Popular Das Kapital*, which was selected by the Propaganda Department of CPC Central Committee as the outstanding popularized theoretical work for the public, making it more visible to Chinese readers. Also, the articles I published in newspapers and journals were put together as a small book entitled *On Das Kapital*. In my opinion, there is still a long way to go in the studies and propagation of *Das Kapital* by Karl Marx.

The second area is my systematic studies of economic interest in the socialist market economy, which contribute to the Marxist economic theory. Results of my studies and my team's research appeared in the form of the *Economic Interest Series* (consisting of 8 books), *Contemporary Economic Interest Series* (consisting of 12 books) and *Sharing Interest*. etc. There are also papers published in newspapers and magazines that are to be collected for a booklet entitled *On Interest*.

I view our findings as systematic thought on interest relations in Chinese society, consisting of 6 aspects with 60 propositions.

The first aspect is on theory and practice of social interest, consisting of 10 propositions: (1) Interest is the sum total of material wealth and spiritual wealth that meets people's needs; (2) Interest is eternal while social interest relations are always changing; (3) Interest is at the core of all social relations; (4) Social interest is a multi-dimensioned totality; (5) The value of interest is the measure that quantifies social interest; (6) Evolution of social interest relations is bound by certain Law; (7) Fundamental interest of the people is the beginning and ending point of all our work; (8) Social interest relation is the major problem in the internal contradiction among people; (9) Coordinating social interest relations is a key to building a socialist harmonious society; (10) Marxists always pay special attention to social interest relations.

The second aspect consists of 10 concepts: (1) Comprehensive interest is the sum total of relations between one economic subject and all other economic subjects under certain conditions of time and space, and integration of all kinds of economic interests is achieved through economic activities; (2) Harmonious interest describes the case that the interest be redistributed and balanced among different subjects under certain socio-economic conditions, thereby realizing their creativity and promoting their common interests; (3) Interest sharing is the core concept of socialist views on interest; (4) Open interest is the result of more use value and value from production under the condition of transnational exchange; (5) Opportunity interest is the net economic gain by a subject with informational advantages under the circumstance of asymmetric information flow; (6) Risk interest is the theoretical abstraction of additional benefit or loss in uncertain economic activity; (7) Transaction interest is the benefit that exceeds opportunity cost in a given transaction; (8) Ensuring interest is the certain degree of satisfaction of a laborer during the process of individual accumulation, revenue sharing and income redistribution; (9) Leisure interest focuses on the social benefits from leisure; (10) Future interest is a sustainable interest which assures both people today and future generations.

The third aspect is the 10 major interest relations in the Chinese society: (1) Interest relations between central and local governments is the axis for adjusting all social interest relations in China; (2) Interest relations between state, enterprise, and individual can be both consistent and contradictory; (3) Regional conflicts in their interest relations are becoming more and more tense, which may negatively impact the entire economic reform and development; (4) Interest relations between workers and peasants concerns the consolidation of the worker-peasant alliance, and must be handled correctly; (5) Interest conflicts among different industries are growing, requiring control and restrictions on monopoly industries to balance the interest of monopoly industries and others; (6) Interest relations among enterprises mainly concerns the relations between state-owned and private enterprises, foreign and domestic enterprises, all should be given relatively equal treatment so as to ensure reasonable competition among enterprises; (7) Interest relations among individuals are becoming prominent, which mainly expresses itself as income gap among different social strata; (8) Interest relations between mental labor and manual labor should be adjusted with increase in the former's income while keeping the income gap from getting too big; (9) Interest relations among owners of different elements of production directly affect the effectiveness of each production element and the development of the productive forces; (10) Interest relations between China and other countries should be handled in a way that protects China's interest while taking into account that of other countries.

The fourth aspect is the characteristics of main social interest relations in the new era: (1) Views of interest are prevalent; (2) Interest subjects are diverse; (3) Interest sources are diverse; (4) Expressions of interest are open; (5) Interest gaps are enlarging; (6) Interest relations become complex; (7) Interest demands are comprehensive; (8) Interest relation is the major issue concerning the internal contradiction among the people; (9) Interest coordination is the key to building a socialist harmonious society; (10) Development in theory and practice of interest are gaining momentum.

The fifth aspect concerns the ways to coordinate contemporary social interest relations: (1) Promote interest growth; (2) Ensure fundamental interests; (3) Balancing interest among different subjects; (4) Interest sharing; (5) Interest integration; (6) Interest protection; (7) Interest compensation; (8) Interest checking; (9) Social justice; (10) Adjustment in time.

The sixth aspect addresses issues to be explored: (1) Defining the concept; (2) Social interest and its connotation; (3) Quantify social interest; (4) Understanding fundamental interest; (5) Compensating interest properly; (6) Virtual interest; (7) Basic social interest relations in tne new era; (8) Basic law of social interest relations; (9) Social interest relations and harmonious society building; (10) Social interest and social science.

In terms of a theoretical system of social interest, we present three propositions: (1) Interest is at the core of all social activities; (2) Interest relation is at the core of all social relations; (3) Interest is also at the core of all branches of social science.

My research team and I have also worked on and made some progress in other aspects of Marxist economic theory, including theories in productive forces, ownership, value, reproduction, etc.

Besides, we argue that a reinterpretation of Marxist political economy, history of economic thought and a comprehensive socialist economic theory is needed in the discipline of economics.

So there is still a long way to go for studies in Marxist economic theory, which in the meantime is a broad way.

Finally, I would conclude with the words of Marx himself: "There is no royal road to science, and only those who do not dread the fatiguing climb of its steep paths have a chance of gaining its luminous summits."

I hope to share with all of you the spirit in this remark.

Thank you all.

附录：洪远朋论著目录

一、主要著作

著作名称	署名	出版单位和时间	字数	备注
《资本论》提要（一）	张薰华 洪远朋	上海人民出版社 1977年6月	19.5万字	1976—1982年上海高校哲学社会科学研究优秀成果三等奖
《资本论》难句试解（1）	张薰华 洪远朋	上海人民出版社 1977年4月	4.9万字	同上
《资本论》提要（二）	张薰华 洪远朋	上海人民出版社 1978年10月	17.1万字	同上
政治经济学入门	洪远朋	江苏人民出版社 1980年8月	13.8万字	1983年获全国通俗政治理论读物一等奖
《资本论》讲稿（第1卷）	洪远朋	江苏省委党校 1982年1月	17.4万字	
《资本论》讲稿（第2卷）	洪远朋	同上	12万字	
《资本论》讲稿（第3卷）	洪远朋	同上	13万字	
城镇集体工业概论	洪远朋 翁其荃	轻工业出版社 1982年2月	7.8万字	
《资本论》难题探索	洪远朋	山东人民出版社 1985年5月	38.5万字	获上海市（1979—1985年）哲学社会科学优秀成果著作奖；北方十三省（市）哲学社会科学优秀图书一等奖

续表

著作名称	署名	出版单位和时间	字数	备注
通俗《资本论》	洪远朋	辽宁人民出版社 1985年9月	40万字	
社会主义政治经济学新论	洪远朋	工人出版社 1986年6月	21.3万字	
工人经济常识读本	洪远朋 陶友之 主编	浙江人民出版社 1986年12月	16.4万字	
新编《资本论》教程（第1卷）	洪远朋 主编	复旦大学出版社 1988年9月	34.8万字	1986—1993年上海市哲学社会科学优秀成果三等奖 1995年上海普通高校优秀教材二等奖
新编《资本论》教程（第2卷）	洪远朋 主编	复旦大学出版社 1989年4月	27万字	
新编《资本论》教程（第3卷）	洪远朋 主编	复旦大学出版社 1989年5月	39.2万字	
新编《资本论》教程（第4卷）	洪远朋 主编	复旦大学出版社 1992年7月	38.2万字	
价格理论的发展与社会主义价格的形成	洪远朋 主编	经济科学出版社 1989年10月	31.6万字	
经济理论的轨迹	洪远朋 王克忠	辽宁人民出版社 1992年7月	53万字	
寻找看不见的手——价格理论的发展与探索	洪远朋 主编	复旦大学出版社 1993年1月	33.2万字	
新编政治经济学入门	洪远朋	江苏人民出版社 1993年4月	23万字	
经济大辞典（政治经济学卷）	洪远朋 副主编	上海辞书出版社 1994年3月	91.6万字	洪远朋编18.4万字
社会主义市场经济体制的基本理论与实践	卫兴华 陈德华 张维达 洪远朋	经济科学出版社 1995年4月		
合作经济的理论与实践	洪远朋 主编	复旦大学出版社 1996年9月	35.2万字	1997年上海高校优秀教材二等奖
马克思主义经济周期理论在当代	洪远朋 主编	世界经济文汇增刊 1996年9月	13万字	

续表

著作名称	署名	出版单位和时间	字数	备注
现代经济学论纲	洪远朋 副主编	山东人民出版社 1997年9月	35万字	
经济利益理论与实践丛书 开放利益论	洪远朋主编 陈飞翔著	复旦大学出版社 1999年7月	24万字	
经济利益理论与实践丛书 经济利益关系通论	洪远朋主编 洪远朋等著	复旦大学出版社 1999年12月	32.3万字	第三届中国高校人文社会科学研究优秀成果奖
经济利益理论与实践丛书 综合经济利益论	洪远朋主编 余政著	复旦大学出版社 1999年12月	23.2万字	
经济利益理论与实践丛书 机会利益论	洪远朋主编 金伯富著	复旦大学出版社 2000年5月	23万字	
共享利益论	洪远朋 叶正茂等著	上海人民出版社 2001年6月	31万字	
经济理论比较研究	洪远朋主编	复旦大学出版社 2002年2月	52.3万字	
《资本论》教程简编	洪远朋主编	复旦大学出版社 2002年2月	62.7万字	
经济利益理论与实践丛书 风险利益论	洪远朋主编 马艳著	复旦大学出版社 2002年4月	25.3万字	
经济利益理论与实践丛书 分享利益论	洪远朋主编 刘宁著	复旦大学出版社 2002年11月	23.3万字	
经济利益理论与实践丛书 创业利益论	洪远朋主编 许玫著	复旦大学出版社 2003年8月	25.7万字	
经济利益理论与实践丛书 保险利益论	洪远朋主编 谢虹著	复旦大学出版社 2003年12月	27.2万字	
新时期利益关系丛书 社会利益关系演进论	洪远朋主编 洪远朋 卢志强 陈波著	复旦大学出版社 2006年10月	41.3万字	
新时期利益关系丛书 整体利益论	洪远朋主编 朱鸣雄著	复旦大学出版社 2006年11月	25.6万字	
新时期利益关系丛书 地方利益论	洪远朋主编 管跃庆著	复旦大学出版社 2006年12月	22.9万字	

续表

著作名称	署名	出版单位和时间	字数	备注
新时期利益关系丛书 经济全球化与我国利益关系的变动	洪远朋主编 王中保著	复旦大学出版社 2007年6月版	24.7万字	
新时期利益关系丛书 利益理论的比较研究	洪远朋主编 郝云著	复旦大学出版社 2007年12月	27.8万字	
新时期利益关系丛书 劳资利益论	洪远朋主编 马艳 周扬波著	复旦大学出版社 2009年1月	25.2万字	
新时期利益关系丛书 企业利益论	洪远朋主编 陶友之著	复旦大学出版社 2009年12月	26.9万字	
新时期利益关系丛书 环境利益论	洪远朋主编 严法善 刘会齐著	复旦大学出版社 2010年7月	28.4万字	
新时期利益关系丛书 老年利益论	洪远朋主编 许晓茵 李洁明 张钟汝著	复旦大学出版社 2010年8月	25.2万字	
新时期利益关系丛书 征地利益论	洪远朋主编 李慧中 张期陈著	复旦大学出版社 2011年5月	23.5万字	
新时期利益关系丛书 文化利益论	洪远朋主编 余政 吕健 李笑野著	复旦大学出版社 2012年7月	24.6万字	
新时期利益关系丛书 利益关系总论	洪远朋主编 洪远朋 李慧中 陶友之 孔爱国 陈波主编	复旦大学出版社 2011年7月	55万字	
《资本论》教程简编	洪远朋主编 严法善 马艳副主编	复旦大学出版社 2002年2月	62.7万字	
经济理论比较研究	洪远朋主编 叶正茂 许玫副主编	复旦大学出版社 2003年3月第1版 2010年9月第4次印刷	52.3万字	

续表

著作名称	署名	出版单位和时间	字数	备注
经济理论的过去、现在和未来	洪远朋著	复旦大学出版社 2004年9月	56.1万字	
通俗《资本论》(新版)	洪远朋著	上海科学技术文献出版社 2009年4月	36.5万字	
马克思主义政治经济学述评	洪远朋著	经济科学出版社 2009年12月	34.0万字	
论《资本论》——洪远朋《资本论》研究文集	洪远朋著	复旦大学出版社 2013年10月	48.3万字	
论利益——洪远朋利益理论与实践研究文集	洪远朋著	复旦大学出版社 2014年10月	59.7万字	
"中国腾飞"探源——中国特色社会主义经济概说	洪远朋等著	江苏人民出版社 2014年12月	15.3万字	
论价值——洪远朋价值、价格研究文集	洪远朋著	复旦大学出版社 2016年11月	36.6万字	

二、参编著作

著作名称	署名	出版单位和时间	作者承担的任务
学点政治经济学		上海人民出版社 1972年11月	洪远朋是实际两主编之一
政治经济学基础知识(上、下)		上海人民出版社 1974年4、5月	洪远朋是编写者之一
社会主义政治经济学(讲稿)	电视教育讲座	电视教育讲座 1975年7月	洪远朋：第三讲 社会主义公有是社会主义生产关系的基础 洪远朋：科学共产主义的纲领性文献——学习《哥达纲领批判》体会之一
政治经济学教材	蒋学模主编 洪远朋是八个作者之一	上海人民出版社 1980年7月第1版；1990年第10版	洪远朋参加编写原第十章社会主义生产的实质与形式

续表

著作名称	署名	出版单位和时间	作者承担的任务
政治经济学（资本主义部分）	国家教委社科司组编	中国经济出版社 1993年8月	洪远朋统稿修改人之一，承担第三章资本的积累过程，第四章资本的流通过程
政治经济学通俗讲座 上册	上海人民广播电台	上海人民出版社	洪远朋：从解剖"细胞"开始——谈谈商品及其二因素和生产商品的劳动二重性
《帝国主义是资本主义的最高阶段》学习体会		上海人民出版社 1976年1月	洪远朋：实际主编 洪远朋 陈麟勋撰写：苏修的援助是资本输出的代名词
《资本论》研究论丛（四）	北京师范大学政治经济学系编	1980年5月	洪远朋：试论生产力的内在源泉——学习《资本论》的一点体会
《资本论》研究论丛（六）	北京师范大学政治经济学系编	1981年	洪远朋：要用严肃认真的态度研究《资本论》
《资本论》研究论丛（八）	北京师范大学政治经济学系编	1983年	洪远朋：《资本论》与社会主义政治经济学体系
《资本论》研究论丛（九）	北京师范大学政治经济学系编	1985年8月	洪远朋：简论绝对地租与垄断价格的关系
《资本论》研究论文选	全国高等师范院校《资本论》研究会编	福建人民出版社 1982年12月	洪远朋：学习《资本论》第二卷中值得研究和思考的一些问题
《资本论》研究资料和动态(6)	中国《资本论》研究会编	江苏人民出版社 1985年2月	洪远朋：试析平均利润率的含义
《资本论》研究资料和动态(7)	中国《资本论》研究会编	江苏人民出版社 1986年6月	洪远朋：关于超额剩余价值的来源问题
《资本论》研究论文集	上海经济学会、《资本论》研究会主编	1983年2月	洪远朋：《资本论》与社会主义经济
《资本论》第一卷研究	陈征 严正编	福建人民出版社 1983年7月	洪远朋：积累不是扩大再生产唯一源泉
《资本论》第二卷研究	陈征 林述舜 严正编	福建人民出版社 1983年6月	洪远朋、陶友之：怎样理解生产资料生产较快增长的规律
《资本论》第三卷研究	陈征 严正 林述舜编	福建人民出版社 1983年11月	洪远朋：资本主义社会内部不可能产生社会主义经济因素吗？——读《资本论》有感

续表

著作名称	署名	出版单位和时间	作者承担的任务
《资本论》第四卷研究	周成启主编	四川省社会科学院出版社 1988年4月	洪远朋、程恩富:《剩余价值理论》与我国社会主义经济的两个理论问题
《资本论》研究	许涤新主编	吉林人民出版社 1988年10月	洪远朋撰写《浅析特殊的价值概念》
《资本论》与社会主义经济	上海市经济学会编	上海社会科学院出版社 1987年12月	洪远朋 沈德勤 吴人健:《资本论》与社会主义商品经济
政治经济学辞典（上、中、下）	许涤新主编	人民出版社 1980年	供稿导论部分30多条
《中国大百科全书》经济卷	编辑委员会主任许涤新	中国大百科全书出版社 1988年8月	洪远朋撰写货币等11个条目22 000字
《资本论》辞典	宋涛主编	山东人民出版社 1988年8月	洪远朋撰写商品储备等23条目17 830字
资本主义经济危机问题专辑	学习资料	上海人民出版社 1974年12月	翁其苓 洪远朋:"无可奈何花落去"——谈谈当前资本主义世界的经济危机
论经济危机		文汇报编辑部 1975年1月	翁其苓 洪远朋:"无可奈何花落去"——谈谈当前资本主义世界的经济危机
三十年代资本主义世界经济危机		上海人民出版社 1975年6月	洪远朋是实际主持编写者
关于城市集体所有制工业的理论探讨	薛暮桥等著	轻工业出版社 1979年10月	洪远朋 翁其苓撰写城市集体所有制工业与四个现代化
论生产力——建国以来关于生产力问题的论文选	《经济研究》编辑部编	吉林人民出版社 1980年10月	洪远朋编写试论生产力的内在源泉
无产阶级贫困化理论研究	蒋学模 陶大镛等著	中国社会科学出版社 1981年2月	洪远朋 周建平撰写《正确理解马克思关于无产阶级贫困的理论》
社会主义再生产、所有制、商品价值问题	《经济研究》编辑部编	山东人民出版社 1982年2月	洪远朋撰写《三论积累不是扩大再生产的唯一源泉》

续表

著作名称	署名	出版单位和时间	作者承担的任务
建国以来生产劳动与非生产劳动论文选	徐节文、马长山编	上海人民出版社 1983年8月	洪远朋：生产劳动的概念不能随便扩大——学习《资本论》的体会
价格学参考资料（一）	南开大学政经系价格学教研室编	南开大学出版社 1985年8月	洪远朋：试论工业品价格形成中的成本问题
价格论文集	上海市价格学会	上海市价格学会 1985年7月	洪远朋：析价格与价值的关系
价格工资改革论文集	上海市经济学会	上海市经济学会 1985年5月	洪远朋：关于新产品价格形成问题的一些初步意见
复旦经济论丛（一）	复旦大学经济学系	复旦大学经济学系 1985年5月	洪远朋：读《资本论》第二卷札记（三则）
复旦经济论丛（二）	复旦大学经济学系	复旦大学经济学系 1986年5月	洪远朋：浅析特殊的价值概念
中国当代著名经济学家（第二集）	林圃 孙连成主编	四川人民出版社 1987年5月	史家骅、洪远朋：潜心研究农业经济学与《资本论》的经济学家漆琪生
中国当代经济学家传略（四）	《经济日报》主编	辽宁人民出版社 1989年	洪远朋：传播、挖掘、创新——蒋学模传略
发展与改革	林炳秋等主编	上海人民出版社 1990年12月	洪远朋 陈文灿撰写《搞活国营大中型企业问题》
回顾、探索、选择（1949—1989）	社会主义经济实践研究丛书	四川人民出版社 1991年2月	蒋学模 洪远朋 严法善撰写《社会主义商品经济宏观运行的特点》
一九八九年年会论文选编	上海市经济体制改革研究会	上海市经济体制 1990年2月改革研究会	洪远朋 陈文灿：在治理整顿中进一步发挥国营大中型企业的骨干作用
经济学探索的丰硕成果	上海市经济学会编	上海社会科学院出版社 1988年3月	洪远朋：积累不是扩大再生产的唯一源泉——读《资本论》体会兼答奚兆永同志
论经济增长方式的转变	陈德华 王珍国 程民选编	西南财经大学出版社 1997年8月	洪远朋、邵平、陈磊：经济增长方式转变中的若干辩证关系

续表

著作名称	署名	出版单位和时间	作者承担的任务
经济改革与理论思考	社会主义经济理论与实践研究丛书	四川人民出版社 1989年6月	洪远朋 胡蕴玉 宇遐：社会主义市场价格
深化企业改革和治理通货膨胀	陈德华 蔺子荣 潘石 于良春编	山东人民出版社 1997年3月	洪远朋：通货膨胀的实质是利益关系
中国关系与亚太区域合作	廖光生主编	香港中文大学当代亚洲研究中心日本研究计划出版，日升（国际）公司1990年1月版	洪远朋：中国的对外开放与亚太经济合作
我的经济观（当代百名经济学家自述）	江苏人民出版社编	江苏人民出版社 1992年5月	洪远朋撰写《我的综合经济观》
毛泽东思想研究大系（经济卷）	蒋学模主编	上海人民出版社 1993年11月	洪远朋撰写革命和改革都是为了解放生产力
社会主义市场经济论	上海市经济学会编	文汇出版社 1995年6月	洪远朋、余政、孔爱国、徐宝林撰写《经济利益：经济学的核心》
深化认识劳动价值论过程中的一些问题	胡钧 樊建新主编	经济科学出版社 2002年9月	洪远朋、马艳撰写关于劳动和劳动价值理论研讨的十点认识
上海市经济学会学术年刊（2004）	上海市经济学会编	上海人民出版社 2004年12月	洪远朋等撰写中国当前经济利益关系的特点及其成因
上海市经济学会学术年刊（2005）	上海市经济学会编	上海人民出版社 2006年1月	洪远朋等撰写制度变迁与经济利益关系演变
上海市经济学会学术年刊（2006）	上海市经济学会编	上海人民出版社 2007年1月	洪远朋 卢晓云 陈波撰写特稿论协调新时期我国社会利益关系的十大思路
上海市经济学会学术年刊（2007）	上海市经济学会编	上海人民出版社 2008年1月	洪远朋撰写马克思主义政治经济学述评
上海市经济学会学术年刊（2008）	上海市经济学会编	上海人民出版社 2009年1月	洪远朋撰写社会利益理论与实践十议
社会主义经济理论研究集萃	卫兴华等著	经济科学出版社 2008年12月	全国高校社会主义经济理论与实践研讨会纪念中国经济改革开放30年大会上洪远朋做的闭幕词

续表

著作名称	署名	出版单位和时间	作者承担的任务
金融危机的马克思主义解读	张晖民　邓霆主编	复旦大学出版社 2009年12月	洪远朋撰写的关于当前世界经济危机的十点思考
纵论改革开放30年	刘国光等著	河南人民出版社 2008年12月	洪远朋撰写改革开放30年来我国社会利益关系的十大变化
纵论新中国发展60年	中国社会科学院马克思主义研究学部	中国社会科学出版社	洪远朋撰写60年来中国共产党人对社会主义经济理论的贡献

三、参编译作

著作名称	语种	署名	出版单位和时间	译者承担的任务
社会主义政治经济学	俄	[苏]鲁米采夫等主编	上海人民出版社 1973年1月	洪远朋翻译第五章社会主义下的商品货币关系
摘译(外国哲学历史经济)	俄	上海外国哲学历史经济著作编译组编	上海人民出版社 1975年第6期	洪远朋撰写苏修经济学的研究题目(洪马)
社会主义经济制度基本特征	俄	苏联科学院经济研究所	江西人民出版社 1989年5月	洪远朋翻译者之一
中国的生产资料公有制	英日	北京周报	英文版第51期 1972年；日文版第52—53期 1972年	署名郑旌(洪远朋提供中文稿)

后 记

编完这本文集后,感慨万千。我是从一个小城市小职员家庭出来的孩子。经过80多年的风风雨雨,今天还能平平安安地安度晚年真不容易。走进马克思主义政治经济学的殿堂是整整60周年。60年来一直在复旦大学学习和工作,一直从事马克思主义政治经济学的学习和研究。因此,我对马克思主义,对复旦大学有特别深的感情。感谢马克思主义对我的熏陶,感谢复旦大学的培育。

60多年来,贡献不大,但收益颇多。有一个老师曾经开玩笑地说:洪远朋应该得到的都得到了,不应该得到的也得到了。不是讲大话,说套话,这确实是中国共产党和社会主义的恩惠。感谢中国共产党的领导,感谢社会主义制度的优越性。

60多年来需要感谢的人很多。有在机关工作时的老上司、老同事,有进复旦后的老师、同学和学生,有经济理论界的老前辈、老战友,还有可亲可爱的家庭成员:老伴、女儿、女婿、外孙,以及亲朋好友。

在复旦大学60多年我没有做过什么好事,也没有做过什么坏事,60多年的风风雨雨我没有整过别人,别人也没有整过我。同志间、同事间和睦相处,亲密和谐。见到我们的人,都说我们不像"80后",仍然活得很健康很潇洒。我们则是:活一天,算一天,活好每一天。

出这本集子,复旦大学出版社、复旦大学文科处、复旦大学经济学院、复旦大学泛海书院,都有支持和赞助,一并表示感谢。特别要感谢复旦大学出版社的副总编辑徐惠平和编辑岑品杰、谢同君,他们对本书的编审非常认真细致。

不能忘记出一本集子,还有一批为我们写评论的作者、出版者,他们默默无闻地工作,辛辛苦苦地做贡献。特别值得感谢,不会忘记他们。深感抱歉的是有一些评论可能未选入,有些删节较多,有遗漏或重复之处,敬请原谅。

编 者

2017年9月于复旦

复旦大学泛海书院简介

复旦大学泛海书院是复旦大学于 2004 年 3 月 12 日批准成立的一个经济研究机构,隶属于复旦大学经济学院。

书院是开展经济学基础理论研究的科研中心。书院以马克思主义为指导,面对社会主义经济建设和改革的现实,加强马克思主义经济学基础理论研究,着眼于新的实践,积极推进创新,努力使泛海书院成为马克思主义经济学基础理论研究的基地,宣传马克思主义经济学的阵地,培训马克思主义经济学基础理论人才的场地。

书院除聘请在职研究人员外,还将聘请有志于经济学基础理论研究的成功人士,以及对书院的建设作出贡献的人士为兼职研究员或特约研究员。

书院至少每年举行一次全国性的经济理论研讨会,书院拟设立理论经济学研究基金,出版泛海书院丛书,资助经济学基础理论的研究和出版,书院还将举办"经济学理论前沿讲座""民营企业家论坛",鼓励对重大经济理论和现实问题进行研究与交流。

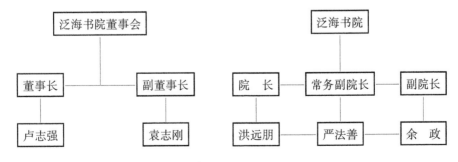

图书在版编目(CIP)数据

评论集——洪远朋教授学术评介选编/洪远朋主编. —上海：复旦大学出版社，2017.9
（泛海书院丛书）
ISBN 978-7-309-13033-1

Ⅰ. 评… Ⅱ. 洪… Ⅲ. 经济学-文集 Ⅳ. F0-53

中国版本图书馆 CIP 数据核字(2017)第 152616 号

评论集——洪远朋教授学术评介选编
洪远朋　主编
责任编辑/谢同君

复旦大学出版社有限公司出版发行
上海市国权路 579 号　邮编：200433
网址：fupnet@fudanpress.com　http：//www.fudanpress.com
门市零售：86-21-65642857　团体订购：86-21-65118853
外埠邮购：86-21-65109143　出版部电话：86-21-65642845
当纳利(上海)信息技术有限公司

开本 787 × 1092　1/16　印张 20　字数 361 千
2017 年 9 月第 1 版第 1 次印刷

ISBN 978-7-309-13033-1/F · 2381
定价：50.00 元

如有印装质量问题，请向复旦大学出版社有限公司出版部调换。
版权所有　侵权必究